父母这么管，孩子最幸福

李　丹◎编著

北京工业大学出版社

图书在版编目(CIP)数据

父母这么管，孩子最幸福 / 李丹编著. —北京：北京工业大学出版社，2013.4(2014.8 重印)

ISBN 978-7-5639-3427-0

Ⅰ. ①父… Ⅱ. ①李… Ⅲ. ①家庭教育 Ⅳ. ①G78

中国版本图书馆 CIP 数据核字（2013）第 028420 号

父母这么管，孩子最幸福

编　　著：李　丹

责任编辑：孙　澍　王　充

封面设计：翼之扬设计

出版发行：北京工业大学出版社

（北京市朝阳区平乐园 100 号　100124）

010-67391722（传真）　bgdcbs@sina.com

出 版 人：郝　勇

经销单位：全国各地新华书店

承印单位：北京建泰印刷有限公司

开　　本：787 mm × 1092 mm　1/16

印　　张：19.75

字　　数：271 千字

版　　次：2013 年 4 月第 1 版

印　　次：2014 年 8 月第 2 次印刷

标准书号：ISBN 978-7-5639-3427-0

定　　价：32.00 元

前　言

当今社会，“幸福感”是个非常热门的词语，甚至有人看准了商机，推出一系列的“幸福课程”。

为什么人们要用这样的方式来追求幸福？难道他们不幸福吗？答案不得而知。可是，如果您的孩子也是这些人中的一员，那您将作何感想？

可以说，孩子的幸福，是父母最大的成功。那么，您的孩子幸福吗？

有些父母以为只要让孩子衣食无忧，这就是幸福了。然而，仔细一想，幸福并不是这么一回事：当今时代，衣食无忧的孩子很多，但其中幸福的孩子却很少。

到底什么才是孩子的幸福？如何让孩子幸福？相信诸多父母正在进行并将一直进行探索。

每个孩子都是独一无二的天使，都有着属于自己的幸福。这些幸福，是不可模仿的，更是不可复制的。所以，父母在探索孩子的幸福之道时，不应该看到别人的孩子是怎样的人，就想着把自己的孩子也培养成怎样的人。

许多父母认为：只要成功了，就会幸福了。然而，成功并不是幸福的标准，更不是幸福的终点站。许多成功人士在接受采访时，甚至会说出“我没有一天是过得幸福的”这样令人沮丧的话。

如果孩子追求成功的过程是痛苦的，得到成功之后也并没有感受到幸福，那成功在孩子的生命中还有什么意义？

让孩子幸福，就从今天做起，从现在做起！

您的教导，应该似春风化雨一般，滋润孩子的心灵；

您的呵护，应当如天使之翼那般，温暖而柔和；

……

所有的这些，都是孩子幸福的素材。

您提供的素材，加上孩子自身对人生蓝图的描绘，这才是属于孩子的独一无二的幸福！

让我们一起努力，让孩子一边成长、一边幸福……

目　录

第一章　为了孩子的幸福，爱就大声“说”出来

第二章　父母的赏识是孩子最大的幸福

第三章　没有笨小孩，只有蠢父母

第四章 家教中的绝招，你学会了吗？

第五章　沟通一百分，幸福不打折

第六章　解决孩子的问题，就不会有“问题孩子”

第七章 孩子的交际，需要你一起经营

第八章 孩子成绩好，需要你指导

第九章 帮助孩子创造更好的环境

第十二章 让孩子接受“海外教育”

第一章

为了孩子的幸福，爱就大声“说”出来

父母都是爱孩子的，只是，你会向孩子表达你的爱吗？你的孩子知道你爱他吗？

或许跟绝大多数父母一样，你已经习惯了为孩子默默付出，你的爱深沉而含蓄。但是，你是否知道，为什么你对孩子的爱能使周围的人都为之感动，却感动不了孩子呢？

因为，你没有大胆地对孩子说出你的爱。

从现在开始，学会大方、直接地向孩子表达你的爱吧！只要掌握了方法，那么向孩子表达爱并不是一件难事。现在，就是现在这一秒，你就可以向孩子发出爱的信号！

第一节 爱在心头口难开

一直以来，中国父母的总是很少向孩子表达自己的爱。这里的“表达”，指的是大胆、直接地让孩子知道：你爱他。

由于中西方教育培养观念的差异，为了孩子，中国父母付出的心血，要比起国外的父母多出许多。

在美国，孩子成长到18岁，就会被视为一名真正的成年人，他必须为自己所有的一切负责。然而，在中国却远远不是这样！一朝怀孕，十月怀胎，三年哺乳，一世操心，这可以说是对中国父母最真实的写照了。

按道理来说，面对这么巨大的付出差距，那么体会父母的爱，中国的孩子应该比国外的孩子更深刻一些才是。然而，是事实却并不是这样。

中国的孩子在成长过程中，虽然父母一直在付出，但只有一小部分的孩子，较为完整、深刻地感受了父母的爱。大部分的孩子，很难真切地感受到父母的爱。甚至，有些孩子竟然会误以为“爸爸妈妈根本就不爱我！”

为什么会这样？有些父母该好好反省了！

从得知妻子怀孕的消息那一天开始，文锋比以前更加珍惜、爱护自己的妻子。每天起早贪黑地上班、兼职，为的就是让妻子在怀孕期间安心养胎，不再操心生计问题。

肚子里有了自己的小宝贝，刘珊当然也倍感幸福。刘珊不仅辞去了自己热爱的工作，每天小心翼翼地生活，而且还每天定时听胎教音乐、给宝宝讲故事。

孩子终于出生了！这一天，50岁的文锋抱着自己的第一个孩子，喜极而泣！

由于文峰夫妻俩都是上了年纪的父母了，所以在孩子面前总是觉得放不开，两人都自然而然地扮演起“严师”的角色。再加上，文锋觉得，父母就要有父母的“样子”，长幼有序，不可以破坏了规矩。因此，文峰在面对孩子时，总是一脸严肃，不苟言笑。

夫妻两人原本以为，即使没有开口，孩子也能从日常生活中感受到父母的爱。可是有一天，文锋看到，孩子的书桌上竟写着：“爸爸妈妈为什么不爱我？”

面对这张书桌，文锋夫妻俩都沉默了。

从孩子呱呱坠地那一天开始，父母就在孩子身上倾注自己所有的爱。孩子长出一颗小牙，父母能高兴好几天；孩子发烧了，父母会着急上火；孩子上学了，父母日夜不停地操心；孩子工作了……可怜天下父母心。

父母在用自己的行动，向孩子表达：孩子，我爱你。但是，作为父母，你是否能确定孩子感受到了你的爱？

文锋五十岁的时候，才有了第一个孩子，他的愉悦之情、他对孩子的疼惜之情自然是难以言喻的。但是，他却在“表达父爱”这门功课上被判了不及格。

实际上，在中国，有着千千万万个“文锋”。很多父母，或者是受到中国传统文化的影响，或者是出于羞涩，或者是想在孩子面前，为自己立下威严……总而言之，面对孩子，他们从不说“爱”。

这样导致的结果是什么呢？最直接的结果之一，就是孩子误以为“爸爸妈妈不爱我”。为孩子付出了大半辈子的心血，结果换来孩子的误解，请问父母，你们对此作何感想？是愤怒？是委屈？还是悲伤、无奈？

这样的苦果，想必父母们都不想尝试。那么，从现在开始，就请你直接、大方地告诉孩子：孩子，我爱你！

一、继承传统的父爱，学习新时代的表达

很多父母虽然很疼爱自己的孩子，但是并不懂得怎样向孩子表达他们的爱。这其中的原因，可能要追溯到父母的童年。

当孩子的爷爷奶奶谴责你，说你对待孩子太严厉了，说你不懂得向孩子表达自己的爱时，你是否也想回一句："小时候，你不也是这样教导我的吗？"是的，事实上，的确有很多父母从自己的父辈一代，继承了育儿方式。

时代在不断变化，育儿观是否也应该与时俱进，为了孩子而改变呢？难不成，你也想让你的孩子等到初为人父人母时，才懂得当初父母对自己的爱？如果你想让孩子更好、更快地感受你的爱，那么就从现在开始学习、改变吧！

在奥林匹克数学竞赛中，季驹又得奖了！这一学期以来，季驹已经获得了不少奖状，因此校长特意把季驹的父亲请到学校，作为家长代表发言。

这一天，季驹由奶奶带到学校，在"学生区"坐着。按照学校安排，要先请获奖学生上台领奖和发表感言，然后再请学生家长上台发言。

季驹捧着奖杯，看着下面黑压压的人群，说："谢谢大家，但是，我不开心。"在大家投来惊愕的眼神时，季驹又小声地补充了一句："因为他来了，等一下他就要上来讲话了，又要教训我了……"

主持人见情况不对，马上转移话题……

季驹的爸爸终于上台了，很失落的样子。他说："作为一位父亲，我感到深深的挫败！我不知道孩子为什么会因为我的到来而闷闷不乐，可能是我平时太严厉了吧，可是我的母亲……"说到这里，季驹的爸爸顿住了，摇摇头说声"抱歉"就离开了。

几乎所有的家长，都没有接受过"家长岗前培训"，在中国，也很少

有这样的培训机构。这是因为，孩子的情况不尽相同，一位家长可能要学习一万种教育方式，才能找到最适合自己和孩子的方式。

那么，从父辈那里继承而来的方式呢？它到底适不适合你和你的孩子，诸位家长有没有认真思考过呢？或许身为父母，你已经能感受到当初父母沉甸甸的爱，然后，你觉得父辈的教育方式是可行的。

但是，如果让你在二十年前，就感受到父母的这份爱，你是否会更幸福？你是否已经丢失、忽视了二十年的爱？本属于你的爱，你究竟少感受了多少年？

现在，你还认为，你应该按照父辈教育你的方式，来教育你的孩子吗？

表达爱的方式有很多种，为什么你只采用了一种？多渠道地表达，才能让孩子在感受你的爱时，感受得更全面、更深刻。多样化的表达，才能让你的孩子感觉到，他时时刻刻都生活在你的爱之中！

二、当一位很“有爱”的严父

很多父亲深信：棍棒底下出孝子。很多父亲也相信，父亲只有在孩子面前保持自己的威严，才能管得住孩子，孩子才会成才。因此，当孩子犯错时，当孩子试图与你亲近时，当孩子试图越过“父与子”这条界线时，都会被狠狠地教训，轻则一句“没大没小”，重则一顿打骂。

但是，几乎每一位采用这种管教方式的父亲都感到身心俱疲。更为严重的是：孩子越管越不听话，越管越叛逆！本想让孩子懂得你那“严厉的爱”，但结果孩子却只记得你的严厉，忽视了你严厉背后的爱。

试想，如果你是孩子，在你经历了一顿严厉的打骂后，你还有勇气和兴趣去探讨严厉的背后是什么吗？

在进行“家暴调研”时，两位学生截然不同的回答，让老师觉得很奇怪，细问之下才知道，原来，打的方式“有讲究”。

小刚不小心把花瓶打碎了。爸爸不问缘由，按住小刚就是一顿暴打。

小鑫挑食，把青菜连盘带汁儿地掀倒在地。妈妈没收了小鑫的饭碗，告诉他今天不准吃饭了。

小鑫哭着回到房间，过了一会儿，爸爸猫着腰端着饭菜进来了，说："小鑫，快吃！这是你亲爱的老爸我，冒着生命危险拿来的！"小鑫破涕为笑，再加上肚子确实饿了，把青菜和米饭一扫而光。

吃完后，爸爸说："这确实是爸爸冒着生命危险拿来的，你想，爸爸每天在外面辛苦工作，说不定哪一天就累倒了……你刚才把青菜掀了，是不是该罚呀？"

小鑫想了想，伸出手掌说："爸爸，我错了！您打我吧！"

爸爸说："做错事了，确实该打！不过，知错能改，值得奖励！这样吧，我一掌拍下去，你的手可以见机行事，迅速躲开！来吧，看你如何逃过爸爸的手掌心……"

门外的妈妈听着父子俩的笑声，幸福感油然而生。

同样是以"打"的方式教育孩子，为什么效果截然不同呢？问题就在"出手"与"出口"的顺序上。

小鑫的爸爸采用的顺序是：先跟孩子讲道理，让孩子明白，他错在哪里了，然后让孩子心服口服地接受惩罚。

而小刚的爸爸则是：不问缘由，上来就是一顿暴打！

这样产生的结果是什么？小刚非常愤恨爸爸，而小鑫则认识到了自己的错误，主动接受惩罚。同时，小鑫对爸爸的爱，也更深了一层。

严父，并不一定是终日板着脸的父亲。严，指的是对事不对人的严厉。作为成功的严父，面对孩子的错误，你应该严厉地对待，不能轻易放过。但是，面对你的孩子，你应该把你宽容甚至"有爱"的一面，直接、大方地表现出来。

真正成功的严父，不用担心自己嬉皮笑脸地对待孩子，孩子就会不"怕"自己，孩子就会不尊重父亲。这样的父亲，能做到不怒而威，让孩子心服口服地承认错误。相反，如果孩子向你的"霸权"屈服，表面上尊重你，实际上却怨恨你，这样的"尊重"要来何用？

三、当“严父慈母”遇上“爸爸不爱我”，怎么办?

很多家长在教育孩子时，经常会分角色扮演“红脸”、“白脸”。这里的“红脸”，指的是赞扬孩子、安慰孩子。而“白脸”，则是对孩子较为严厉、多加呵斥的角色。也就是说，在孩子面前，父母一个当好人，一个当“坏人”，轮流上阵。

由于男方心理承受能力较好，且容易在孩子面前树立威信，因此在大多数情况下，父亲经常是“白脸”的扮演者。这样一来，经常是父亲对孩子呵斥、打骂完了，然后母亲再上前安慰孩子。

且不论这种教育方式的效果如果，就父亲在孩子心中的地位而言，父亲们恐怕要担心、着急了。很多孩子跟母亲比较亲，见到父亲则像老鼠见了猫一般，这多少令父亲们感到挫败。

而且，如果孩子一直以来都只是接受母亲的爱，却一直感受不到父爱的话，也很容易造成心理问题，对孩子的成长非常不利。

黄韵是一位漂亮、好学的女孩子。谁也不会想到，这样一位“乖乖女”竟然会早恋！爸爸的打骂，妈妈苦口婆心的劝说，反而令黄韵越来越叛逆。

老师把黄韵的父母请到办公室，想了解一下他们的家庭教育方式。黄韵的父亲说：“这孩子一直很听话、很优秀，让人省心。可没想到，刚上了初中，就变成这样子。也不知道是不是初中老师的问题！”

老师心平气和地说：“您先别急，我们先了解情况，然后才能帮助孩子解决问题。请问，在家里您是不是对黄韵很严厉呢？黄韵的母亲是不是对孩子比较柔和呢？”

黄韵的父亲说：“是呀！为了教好孩子，我们是煞费苦心，一个唱‘红脸’，一个唱‘白脸’。没想到孩子还是出问题了！”

老师微笑了一下说：“问题就出在这儿了！这是黄韵的作文，您看一下吧。”

作文里，黄韵赞颂了母爱的美好，却极力控诉了父亲的严厉。

原来，一直以来，因为感受不到父亲的疼爱，所以当高一年级的学长像大哥哥一样疼爱黄韵时，黄韵觉得自己“坠入爱河”了……

在孩子的成长过程中，父亲的爱至关重要。假如在孩子面前，父亲只是展现自己严厉的一面，却把自己慈爱的一面遮掩得严严实实的话，孩子就会不愿意与父亲亲近，甚至会恐惧父亲。再加上，在母爱的对比下，孩子更容易觉得：爸爸不爱我。

正是因为黄韵的爸爸在家里一直扮演“白脸”，所以黄韵觉得爸爸不爱自己。当“大哥哥”关心自己后，黄韵就会很容易地把异性之间的照顾、依赖，误以为是爱情，这才产生了早恋这个问题。

导致这样的结果，黄韵的父亲固然应该自省，但是黄韵的妈妈也应该反省。

如果在平时，黄韵的妈妈能够多向黄韵提起爸爸的好处，在安抚被责骂的黄韵的同时，向黄韵说明其中的道理，让黄韵明白：爸爸是为你好，因为爸爸爱你。那么，或许黄韵就能或多或少地体会到父亲那严厉的爱，早恋问题或许就不会出现。

四、爱要说出口，孩子才会懂

人们总是说“父爱如山，伟岸无言。母爱如海，深沉无语。”确实，父母的爱总是含蓄的，一不小心，就会被忽略。既然大人们比孩子更早懂得这个道理，那么为什么不采取一些补救措施，让孩子感受原本就存在的爱呢？

孩子的世界是很单纯的，很多孩子在受到委屈时，会直接大声地哭喊：“我讨厌他！”孩子以为，这就是表达情绪的全部了。

不少父母在生气时，会恐吓孩子：“爸爸妈妈不要你了！”这个时候，孩子会大哭。孩子并不知道，爸爸妈妈不可能真的就这样抛弃他了。爸爸妈妈没有说出来的，孩子就不会知道：爸爸妈妈爱你，爸爸妈妈不可能不要你。

这说明了什么？孩子认为：说出来的，就是真的。父母说出口，孩子才会懂。

“小毅！妈妈不要你了！”妈妈站在公路上，朝着人行道上的小毅大声喊。小毅因为闯红灯而差点被车撞到，这已经是第五次了。

“呜……妈妈别丢下小毅，小毅不知道回家的路……”说着，小毅抬脚就跑向公路另一边的妈妈。车来车往，眼看着小毅又要再一次闯红灯，妈妈的心提到了嗓子眼。

这时，幸好一位路人及时抱住了小毅。绿灯亮了，妈妈从路人手中接过小毅，不停地道谢。路人笑着说：“没什么，大家都会这样做的。不过，教小孩子不能急，小孩子最依赖您了，如果您说不要他了，他比您更急！呵呵……”

路人的话，引起了妈妈的思考。回到家，妈妈给了小毅一颗巧克力，郑重地说：“小毅，对不起。妈妈刚才太心急了，妈妈很爱你，不可能不要你，你是妈妈的宝贝。”

小毅开心地笑了：“小毅也爱妈妈！巧克力给妈妈吃。”

妈妈接着说：“太好了！小毅也爱妈妈。那如果妈妈因为闯红灯，被车撞到了，小毅一定会不开心的。”

小毅连忙说：“不要闯红灯！”

妈妈露出笑容说：“这就对了！小毅，我们不能闯红灯！因为小毅爱妈妈。妈妈也很爱很爱小毅，对不对？”

……

在孩子接触的所有人当中，父母是孩子最信任、最依赖的。当你轻易地向孩子说出“爸爸妈妈不喜欢你，不要你了！”时，可能在你看来这只是一句气话。但是，对于孩子，这是一个晴天霹雳。

孩子对这个世界是陌生的，他可以完全信赖的人并不多。作为父母，你们要做的是给孩子安全感，而不是让孩子感到自己随时会被抛弃。

当你对孩子说“我不要你了”，孩子会哭，因为他以为这是真的。当你对孩子说："我爱你"时，孩子会笑，因为他相信你说的话，而且会为拥有你的爱而感到愉悦。孩子的心思很单纯，向孩子表达你的爱，就是这样简单。

第二节　向孩子表达你的爱，身体动起来

向孩子表达爱的方式有很多，但是父母知道的却很少。有些父母，即使懂得了表达方式，却因种种原因，而没有这样做。

其实，向孩子表达爱，是一件轻松、快乐的事情。有时候，你的一个手势、一个小动作，都能让孩子明白：爸爸妈妈爱我，他们在关注着我。

小学毕业前，学校举行了一次毕业生才艺比赛。

彭娟参加了学校的钢琴比赛，临上场前，她特意望了一眼嘉宾席。原本属于爸爸妈妈的位置空荡荡的。她以为，爸爸妈妈会来学校观看她比赛的。

演奏结束了，舞台下传来雷鸣般的掌声，可是彭娟却显得有些失落。"爸爸妈妈为什么不来听听这掌声？"她觉得有点伤心了。

就在这时，她眼角瞥见了座位席后的横幅。拉着横幅的，竟然是自己的爸爸妈妈！只见横幅上写着："娟娟，你是最棒的！爸爸妈妈以你为荣，爱你！"

彭娟几乎要跳起来了，这时爸爸又做了一个动作：摇摇头，然后转身做了个弹钢琴的姿势。彭娟笑得直不起腰。这是刚才演奏即将开始，她看不见爸爸妈妈时，做的一个小动作！"原来，爸爸妈妈一直都在！爸爸妈妈一直看着我呢！"彭娟幸福地笑着……

这样的表达方式，彼此之间虽然没有半句语言上的交流，但是双方

所要表达的，都已经尽情地表达出来了。

毫无疑问，彭娟的爸爸妈妈是准备给彭娟一个惊喜的。事实上，他们也确实做到了，因为这一系列举动，他们让孩子感受到了自己的爱。

在向彭娟表达爱时，爸爸的举动是最棒的！就这样一个“摇头、转身”的动作，爸爸就让彭娟感受到了：爸爸妈妈一直都在我身边关注我！

作为父母，你会用肢体语言向孩子表达你的爱吗？这是随心、随时的一个表达爱的动作，你今天这样做了吗？

一、大拇指：永恒不变的鼓励

当别人向我们竖起大拇指，我们就会知道，这是别人在对我们表示赞赏和鼓励。那么，你是否经常向孩子竖起你的大拇指，让你的孩子明白，他是你最棒的宝贝呢？这样一个简单的小动作，你一天向孩子做几次呢？

到朋友梁益家叙旧，真是令肖巡大开眼界了。朋友跟孩子之间的和谐、欢笑，几乎是自己想都不敢想的。

原来，在肖巡家里，孩子一直跟他不亲，甚至见到他就躲躲闪闪的。有一次他听见了孩子和妻子的欢笑声，刚进门，孩子看见他回来了，马上躲进房间玩积木了……

肖巡向梁益“取经”：“哥们儿，你怎样跟孩子打交道的呀？我看你们俩倒像亲兄弟！羡煞旁人啊！”

梁益的妻子听了，扑哧一笑：“他呀，还不是就靠个大拇指！”

“大拇指？”肖巡有些摸不着头脑。

“是呀！这大拇指的作用可关键着呢……”梁益把自己在生活中运用大拇指，向孩子表达爱和鼓励的方式娓娓道来……

原来，梁益刚开始时也不知道怎样教育孩子，孩子也不愿意亲近他。后来有一次，他看到孩子主动拾起地上的垃圾，就随手做了一个大拇指竖起的动作。这一天，孩子高兴极了，一直在模仿这个动作……

有时候，孩子哭闹，梁益一做这个动作，孩子也会乖乖听话。孩子知道：大拇指是爸爸送给听话的孩子的……

竖起大拇指，这个动作一点都不难，可是生活中有多少父母这样做了呢？

当梁益看到孩子做了一件正确的事情时，他马上对孩子竖起了大拇指。这无疑是在向孩子说："孩子，你真棒，你做的事爸爸妈妈一直都看着呢！"

孩子看到了父母的大拇指，就会想到：爸爸妈妈在关注着我，爸爸妈妈觉得我是最棒的。甚至会使孩子只要一看到别人竖起大拇指，不管别人是不是在对他竖大拇指，他都会想起爸爸妈妈的爱与鼓励。

大拇指，并非只在孩子做了好事、取得成绩时才用得上。从另一方面来说，如果孩子无理取闹，那么父母也可以利用"大拇指效应"。父母应该告诉孩子，大拇指是送给听话的孩子的，小孩子如果不听话，就不会有人为他竖起大拇指。

二、用你的双手，为孩子制作一颗"心"

将双手的大拇指和食指张开 60°，大拇指指头稍稍弯曲，再把双手拇指相对、十指相对，就组成了一颗"心"的形状。

你会做这样的"心"吗？你对孩子做过这样的"心"吗？

在从幼儿园回家的路上，妈妈问小雯："小雯，今天老师有没有教你们唱歌呀？"

"有啊！"小雯说。

"那都唱了些什么歌呢？小雯唱给妈妈听好不好？"妈妈笑着说。

"把你的心，我的心，串一串，串一株幸运草，串一个同心圆……"小雯奶声奶气地唱着。

突然，小雯停下来问："妈妈，心怎么能串在一起呢？心不是长在身体里面吗？"

妈妈笑着说，我们的手上也有一个心啊！说着，妈妈把拇指和食指围成了一颗“心”的形状。

“哦！原来是这样！来，妈妈把手给我……这样，妈妈和小雯的‘心’就串在一起啦！”

妈妈笑着说：“小雯真聪明！以后啊，如果妈妈把手上的‘心’捧出来让小雯看，那就是妈妈在对小雯说‘妈妈很爱很爱小雯’，好不好？”

小雯跳着说：“好！小雯也把‘心’放在妈妈面前，小雯也爱妈妈……”

只要这样一个简单的小动作，就能让孩子感受到你的爱，何乐而不为？现在就能让孩子感受到的爱，何必非要等到十几二十年之后？

把你的心和孩子的心串在一起，就是这么简单！

三、我们的爱，击掌为盟

父母与孩子之间的默契，从日常生活中可见一斑。或许在同龄人当中，有些孩子并不是特别出色，但是当孩子与父母在一起时，父母与孩子之间的默契会令所有人动容。

在生活中，我们经常看到，一群人在观看某场球赛，当某球队取得胜利时，这群人中间总会有那么一两个人一跃而起、四掌互击，表示共同的喜悦。这样的动作，或许你跟你的朋友们经常做，但是，你跟你的孩子做过这样的动作吗？你是否曾与你的孩子成为战友？

卓震是一位足球迷，“欧洲杯”的到来让他更是废寝忘食。由于大部分同事都是从外地来到广东发展事业的，还都是租房一族，卓震家里宽敞，因此每天下班，卓震的客厅总是挤满了看球赛的人。

“欧洲杯”结束之后，卓震余兴未尽，经常在家里播放录像带重温“欧洲杯”。这一天，四岁的儿子从幼儿园回来，刚打开门，就看见电视上的球员进球了。儿子迅速跑到爸爸身边，双手举在头上作“投降状”。

卓震愣了一愣，不知道儿子想要做什么。儿子急了，拍拍他的手掌，他才恍然大悟。他马上郑重地举起手掌，弯着腰跟儿子击了一下掌。儿子笑得很开心，说："上一次进球了，爸爸跟刘叔叔也是这样击掌的，哈哈！"

卓震惭愧极了，这阵子光顾着"欧洲杯"，忽视孩子了，他把儿子举到肩膀处坐着说："儿子，爸爸带你去公园打靶去！打中了，咱们击掌！"

儿子打靶的成绩还是像以前那样糟糕，但是从这以后，卓震只要双手举起，儿子马上就会露出笑容，并回应他"击掌"的动作。

卓震在看足球赛时，孩子一定很渴望爸爸能跟他玩，一定注意了爸爸很久很久。否则，当卓震重温"欧洲杯"时，孩子看到进球了，就不会马上联想到"上次进球时，爸爸击掌了！"

一场足球赛，多久才进一次球，孩子就关注了爸爸多久，甚至更久。因为，这个动作并不是一次就能记住、学好的。

当孩子模仿父母的动作时，父母千万不要以为这只是孩子一次心血来潮。孩子一定是暗中关注了你很久，才记住了你的动作，并把它学起来。

这个时候，父母手中如果没有什么非现在干不可的事情，那么一定要积极回应孩子。你可以做一个相同的动作，或者模仿孩子平时的动作，这些都是你表达、回应的好办法。这次的动作，或许就是你与孩子之间爱的盟约。

四、向孩子唱出你的爱

几乎每个孩子，都或多或少地会学唱一些儿歌，例如《世上只有妈妈好》、《幼儿园》、《拍手歌》等。由于孩子们对这些儿歌已经非常熟悉了，这个时候，如果父母能从孩子熟悉的儿歌找窍门，那么一定能更好、更快地向孩子表达你的爱。

妈妈买回来一张儿歌唱碟，对健健说："健健，我们一起唱歌好不好？你看，电视上的小朋友会唱歌，唱得真好听。不过，妈妈觉得健健一定能唱得更好听！"

健健信心满满地说："好！健健一定唱得比他们更好听！"说着，就跟着唱了起来。

"如果感到幸福你就拍拍手，如果感到幸福就快快拍拍手，看呐大家都一起拍拍手！如果感到幸福你就跺跺脚，如果感到幸福你就快快跺跺脚……"正唱着歌，妈妈说："健健，跺脚呀！唱歌跳舞，健健最棒了！"

"妈妈你幸福吗？"健健突然问。

"幸福啊！"妈妈回答。

"那你为什么不跺脚？"健健用力地跺了跺脚……

妈妈也跟着跺了跺脚，说："健健，以后妈妈要是想告诉你，妈妈爱你的话，妈妈就会跺脚哦！如果你看到妈妈跺脚了，你也跟着跺跺脚，告诉妈妈你也爱妈妈好不好？"

"好！"说完，健健用力跺跺脚……

对于孩子来说，利用儿歌里边的词语、动作来表达你的爱，是非常有效的途径。毕竟，在幼儿园中，孩子经常能听到儿歌，而且简单有趣的儿歌也更能让孩子心花怒放。

或许有一天，你的孩子会告诉其他孩子：这首儿歌唱的是"我爱妈妈，妈妈也爱我"。

第三节　向孩子传递你的爱，表情是王道

在生活中，孩子身上有许多东西值得父母借鉴、学习，其中之一就是表情。细心留意的父母们肯定会发现，孩子的表情是丰富多样的。尽

管表达的是同样的情绪，但是孩子的表情却比大人们生动夸张得多。

父母稍稍一皱眉，孩子就知道什么事情不应该去做；父母微笑着点点头，孩子就会受到莫大的鼓励……表情的作用不言而喻。

但实际上，只有一小部分的父母，懂得有意识地利用表情，向孩子传递爱的信息。

他们认为孩子做错了，可以这样利用表情，来表达他们的愤怒。但是，他们并没有意识到，表情更应该用来表达他们的爱。

邻居们都知道，杨文是“育儿能手”。

“育儿能手”这个称号传出来，是因为黎嫂的一句：“你们家的宝贝，怎么五个月就能‘把尿’了？”

黎嫂这一问，大家也觉得很好奇。杨文笑着说：“没什么啊！就是平时告诉他，该小便了。”大家笑着说：“别骗人了，五个月大的孩子，听得懂你说什么？”

杨文说：“我也知道他听不懂，但是我会想办法让他不听也能懂。刚开始给他‘把尿’时，如果他很顺利地就尿完了，那么我就会很夸张地做一个笑脸，逗他玩。这就相当于我在告诉他：这一次做得真不错！”

看大家还是半信半疑的，杨文又举了一个小例子：孩子夜里哭闹，我从来不抱他、摇他，只是静静地看着他。如果他停止哭闹了，那么我就会把他抱起来，亲他一口，露出个大笑脸。这样，他就会知道：哭闹是没人抱的。只有停止哭闹，才有人理他。

邻居们一回想，夜里确实很少听见杨文的宝宝哭闹。这一次，大家终于相信了杨文的“表情育儿”。

经过一系列调研，我们得出了一个可靠的结论：父母的表情，完全可以影响孩子的情绪、思维、认知。并且可以说，这种影响贯穿了孩子的一生。

孩子其实是很会“察言观色”的，当父母皱眉、抿嘴时，孩子会知道：这件事情会惹爸爸妈妈不开心；当父母微笑、眯眼时，孩子也会知道：爸爸妈妈很喜欢我。

杨文从育儿的一开始，就采用了非常有效的表情传达法。他用大大的笑脸告诉孩子：爸爸喜欢这样的你，爸爸更爱这样的你！这是杨文有效育儿的重要途径。

那么要想有效地利用表情表达爱，面对孩子，我们又应该做出怎样的表情呢？

一、上扬你的眉毛，赞扬你的孩子

有人说，头上每个东西都是有用的，除了眉毛。想想，好像确实是这样子：头发可以遮阳、保暖，眼睛可以看东西，鼻子可以呼吸，嘴巴可以吃东西、讲话，耳朵用来听话……那眉毛呢？

如果你也是上述观点的拥护者，那么非常遗憾地告诉你：你没有珍惜眉毛的价值，你的眉毛没有在自己的岗位上为你作出贡献！

眉毛，最大的作用就是表情达意。至少，你可以上扬你的眉毛，赞扬你的孩子，可以告诉孩子：爸爸妈妈很爱你。

几乎所有教过修翔的老师都一致认为：修翔良好的修养和优秀的学习成绩，离不开修翔那“严厉”的父亲。每次家访，教师们都能看到，修翔总是一脸顺服地接受父亲的教导。

老师们认为，修翔的父亲一定是一位非常严厉的父亲。事实上，确实有不少教师几次看见，修翔的父亲在很严厉地教训修翔。

修翔取得的好成绩，老师们当然为此感到欣慰。但同时，老师们又深深地为修翔的健康成长担忧。老师们担心：修翔的父亲不苟言笑，对修翔太严厉会对修翔的心理健康造成不好的影响。

为了解决这个问题，老师们决定找修翔谈一谈，听一下他的想法。没想到，当老师们说起修翔那严厉的父亲时，修翔脸上写满了崇拜和敬爱，一直帮爸爸说好话。

原来，修翔跟爸爸之间有一个约定：皱眉表示不喜欢，眉毛上扬表示“我爱你”。每次爸爸教导修翔后，都会故意夸张地扬起眉毛。

“虽然我做错了很多事，可是爸爸还是很爱我呀！我也爱爸爸!”说着，修翔学着爸爸的样子，夸张地扬起眉毛……

父母的爱，并不是与“严厉”成反比。中国有一句老话“爱之深，责之切”，指的是父母对孩子爱得越深，对孩子的要求就会越严格。

父母严格要求自己的孩子，望子成龙并没有错。但是，如果父母在严格要求孩子的同时，又能让孩子感受到他们的爱，使家庭更和谐，亲子关系更融洽，这不是更好吗？因此，在教训完犯错的孩子后，父母们一定要记得下一个步骤：告诉孩子，你爱他。

修翔受到父亲教训的次数并不少，在外人看来，修翔无疑是生活在父亲的“魔爪”之下的。但是，修翔自己却并不这样认为。修翔崇拜、敬爱自己的父亲。这一切，都少不了一个简单的表情：眉毛上扬。

父亲每次教训完修翔后，都会上扬眉毛，表达自己对孩子的爱。而孩子受到教训，心里一定很不好受，这个时候的孩子是很需要安慰的。父亲把眉毛上扬，告诉修翔：我爱你！这无疑是给修翔最好的安慰了。

从另一方面看，修翔受到了教训，认识到了自己的错误。这个时候，父亲扬起的眉毛，对修翔而言，即使自己犯了那么多错误，父亲还一如既往爱着自己，父亲的爱，是严厉而宽容的。

二、善用眼神，眼睛是心灵之窗

在所有表达爱的表情中，眼神的作用是最多、最有效的很多人经常说：眼睛是心灵的窗户。是的，你的眼神能表达你的情绪、爱恨。

细心的父母们会发现，当自己找孩子谈话时，如果瞪着双眼，那么孩子就会一脸警惕地看着自己，唯唯诺诺却听不进任何教导。

可是，如果自己用柔和的眼神看着孩子，那么孩子就会更愿意与自己交流、互动，表达自己真实的想法。这样，自己既能与孩子进行一次充满爱的交流，又能使对孩子的教育更有效果。

“明礼，你马上给我过来!”妈妈瞪着双眼吼道。

“妈妈……明礼知道错了……”明礼磨蹭着走到妈妈身边。

妈妈不解气般地说：“好！知道错就好！下次还敢不敢?”

“不敢了，真的不敢了!”明礼连忙摆手。

妈妈见状，才消了一口气，随口一问：“那下次要怎样做呢?”

明礼吞吞吐吐地说：“明礼不知道……”

“不知道？怎么会不知道！你错在哪里你知道吗?”妈妈的火气又上来了。

明礼更加慌乱了：“不知道，我不知道……”

“那你又说下次不敢了？你竟然敢撒谎？你……”妈妈气急，抄起身边的衣架就往明礼身上抽……

毫无疑问，这是一次非常失败的教育。在一开始，明礼的妈妈就“瞪着双眼”，摆出一副“找你算账”的表情。明礼还是小孩子，面对这样的情境，自然会感到害怕，进而向妈妈严厉的眼神屈服。

明礼的妈妈没有帮助明礼分析错误，甚至连孩子做错了什么事情都没有说清楚。可以想象，即使明礼的妈妈把明礼打得皮开肉绽，明礼也不会明白自己究竟“错在哪里”、“下次该怎么做”的。

假如在教训明礼之前，明礼的妈妈能用柔和的眼神，向明礼传递自己的爱，然后再对孩子进行教育。那么，明礼就不会一接触到妈妈的眼神，马上就处于警惕的状态。这样，母子间才有可能实现爱的交流，亲子教育也才会成功。

三、露出你的笑容，晒晒你的牙齿

在教育孩子的过程中，我们大部分时间依然还是靠嘴巴来“说”。但是，在表达爱这件事情上，嘴巴的作用除了“说”之外，还具有其他不可忽视的作用。

笑，是人类最基本的表情。人们通过“笑”这个表情，来表达自己的愉悦、喜爱之情。当你对孩子露出你的笑容时，孩子会觉得你是爱他的，至少是喜欢他的，不然你就不会对他笑。

在平时，一些家长不会主动地对孩子笑，他们觉得现在并没有什么值得开心的事情。

其实，难道非要有什么开心事才能对孩子笑吗？当然不是。如果父母们整天板着脸，很少在孩子面前露出笑容，那么孩子的脑子里就会形成这样一种观念：他是个严肃、不好相处的人，说不定他不喜欢我。

小仲最喜欢做的事情，就是到宠物馆看各种各样的宠物。

星期日这一天，小仲知道爸爸今天不上班，一大早就守在爸爸的房门门口，要爸爸带他去宠物馆。

宠物馆里，小仲兴奋地跑来跑去，一会儿逗仓鼠，一会儿拨弄小兔子的耳朵，玩得不亦乐乎。爸爸在后面跟着小仲，提醒他注意台阶。

“爸爸，你不喜欢这些宠物吗?”小仲问。

爸爸说：“喜欢啊!”

“那你为什么看起来很不开心的样子？你是不是不喜欢跟我一起来这儿看宠物啊?”小仲歪着头问。

爸爸笑着说：“爸爸没有不开心，也很喜欢跟小仲一起看宠物，只是爸爸有点累。”

看到爸爸露出笑容，小仲这才放心地说：“爸爸跟小仲一样喜欢宠物，哈哈……小仲再跟哈巴狗玩一会儿，爸爸你回去睡觉吧!”

爸爸哭笑不得：“这小家伙！看来在你心中，还是宠物比较重要啊！有了宠物就不要爸爸了，赶爸爸回家了……”

在小孩子看来，生气就是皱眉，而开心就是笑，如果父母们一直板着脸，那么小孩子很容易误会：爸爸妈妈为什么每天都不开心？爸爸妈妈是不是不喜欢我？

当小仲兴高采烈地逗宠物玩耍的时候，由于疲惫，爸爸只是机械地跟在小仲后面，提醒他注意台阶。小仲注意到了这一点，于是以为爸爸不喜欢跟他一起看宠物。幸而，爸爸听了小仲的疑问，知道孩子内心的想法，露出了发自内心的微笑，让孩子放下了心中的包袱，轻松开心地和爸爸一起享受于宠物玩耍的欢乐时光。

四、“扮鬼脸”是门艺术活，你会了吗？

两眼一挤，舌头一伸，这就是一个简单的鬼脸。你相信吗？只要你这样做了，孩子就会露出他的笑容，甚至回应你一个更夸张的鬼脸。你向孩子做出一个鬼脸，在孩子看来，这个时候的你是可敬可爱的。

从幼儿园回家，阳阳一直低着头，显得很不开心的样子。妈妈纳闷儿：这孩子今天是怎么了？是不是在幼儿园被其他小朋友欺负了呢？

妈妈把阳阳拉到身边，说：“阳阳，今天怎么不看动画片啦？”

阳阳抬起头说：“阳阳不是一个只会看动画片的笨小孩，阳阳会算数，还会背唐诗。”

妈妈觉得更奇怪了，问：“谁说阳阳是笨小孩啊？阳阳最聪明了！”

“可是……今天老师说我是笨小孩，说我在家里只会看动画片，什么都不会做……”阳阳慢慢地说。

妈妈急忙说：“阳阳很聪明啊！来，阳阳背一首诗让妈妈听听。”

阳阳摇头晃脑地开始背诗：“静夜思……”妈妈表现出认真听的样子，实际上却在思考怎样开导孩子。

“啪啪啪……阳阳背得真流利、真好听！”妈妈热烈地鼓掌。

阳阳低下头说：“可是……老师说……”

“老师说阳阳在家里只会看动画片，才不是这样呢！阳阳刚才不是背诗了吗？我们在家里做了什么事，老师是看不见的呀！所以啊，老师可能只是在开玩笑呢！

你看……妈妈做了个鬼脸哦！明天看老师知不知道妈妈今天做了鬼脸……”妈妈说着做了个滑稽的鬼脸，逗得阳阳哈哈大笑。

或许，阳阳还是会因为老师的那一句“只会看动画片”感到难过。

但是，让阳阳开怀大笑的，并不是阳阳真的相信“老师错了”，而是妈妈的那个鬼脸。

受到老师的批评后，阳阳的心里肯定很不好受。这个时候，妈妈不仅帮他找出自己的优点，还做鬼脸给他看，他所接收到的，是妈妈浓厚的爱和热切的关注。

有时候小孩子是很容易满足的，当他确信了妈妈是爱他的之后，那份被否定的失落就会有所减少。

第四节　看细微之处，让真情流露

虽然父母直白地表达爱，孩子能更好、更快地感受到，但是爱的细节，父母们也不应该忽视。

如果说父母直接、大方地向孩子表达爱，是一种表达爱的灌输式的方法，那么平时父母们通过细微之处表达爱，则是一种渗透式的方法。二者相辅相成，缺一不可。

如果父母们表达爱只依靠灌输式的方法，那么久而久之，孩子就会变得麻木，甚至不再相信这种表达。但是如果父母们表达爱只依靠渗透式的方法，孩子的领悟能力并未完全发展，感受爱的时间会推后许多，甚至会遗漏了这样细微的爱。

“明明，快点过来吃饭。要按时吃饭，才会长高哦！”妈妈在厨房大声说道。

明明正看动画片看得津津有味，压根儿不理会妈妈在说些什么。妈妈重复了好几遍，见明明还是没有任何回应，生气地把电视关掉，开始教训明明。

电视突然被关掉，明明当然不依，就地躺下大吵大闹。

哭累了，明明直接在沙发上睡着了。妈妈帮明明盖上小毛毯，把新买的动画碟子放在明明脚边……

明明醒过来时，看到了最喜欢的动画片碟子，开心极了。马上跑到正在厨房温牛奶的妈妈身边说：“妈妈，这是妈妈买给明明的吗？妈妈真好！”

妈妈把温好的牛奶端给明明说：“晚饭没吃，饿不饿？快把牛奶喝了，有小惊喜等着明明哦！”

一听到还有小惊喜，明明更开心了，两三口就把牛奶喝光了。

“惊喜在哪儿呢？”明明迫不及待地问。

“看看牛奶杯子，有没有发现什么有趣的东西呢？”妈妈指指明明手上的杯子。

原来，杯子里静静地躺着一颗巧克力，巧克力的形状、图案，都是明明最喜欢的米老鼠……

小孩子是很容易满足的，一颗小糖果，一件他自己喜欢的小玩具，就能让他开心大半天。其实只要父母用心，那么要让孩子生活中的细微之处都布满你的爱，是一件简单、有趣的事情。

妈妈在教训完明明后，并没有置之不理，而是在一些细微之处下工夫，让孩子重拾好心情。

如果妈妈事后没有做一些补救措施，或许明明一觉醒来还是会当作什么事情都没有发生。但是，这样一来，妈妈就失去了一次非常重要的向孩子表达爱的机会。

或许明明一觉醒来仍然记得这件事情，那么明明可能就会怀疑：为什么妈妈要这样做？妈妈平时不是总说爱我吗？

孩子一旦有了这样的疑问，那么父母们平时用“灌输式”去表达爱，往往就会事倍功半，甚至会产生副作用。因为孩子已经开始怀疑父母说的话了，父母本是孩子最信任的人，现在却不被孩子信任，这说明孩子对父母是多么的失望！

为了不让孩子失望，为了不让孩子以为“爱只是空口白话”，从现在开始，把你的爱，细心地填充在孩子生活中的细微之处吧！

一、细微的爱更动人

领悟细微的爱，孩子虽然能力有限，但是一旦孩子领悟到了，就是一次质的跨越。因为，孩子已经开始懂得发现更深一层的爱了。孩子对这种爱的感受，不是被动地靠爸爸妈妈灌输的，而是他自己主动发现、亲身体验的。

对于孩子感受爱的能力来说，感受到细微之处的爱，是一个具有重要意义的里程碑。有了这第一次的感受，孩子以后就会有意识地去发现、挖掘这种爱，孩子开始懂得：爸爸妈妈的爱，并不是只是靠爸爸妈妈的嘴巴来说，它还可以靠自己在生活中发现。

北奎最喜欢玩拼图了。从简单易拼的拼图，一直到复杂难懂的拼图，北奎都能耐心地琢磨，直至拼出完整的图为止。

这一天，是北奎6岁的生日，爸爸变魔术似的拿出一副新奇拼图，对北奎说："听说奎奎玩拼图很厉害哦！爸爸这里有一副超级无敌难拼的图，爸爸拼了好久都没拼成，看看奎奎是不是比爸爸还厉害！"

奎奎听说有新的拼图，兴奋得不得了，连蛋糕都没切就跑到房间玩拼图去了。

这幅拼图确实很新奇，不是奎奎常见的机器人、建筑物等。奎奎摆弄了半天，也没拼出个像样图案。

妈妈心疼孩子，说："实在拼不成，咱就不拼了吧？"

奎奎倔强地仰起头："不，我一定能拼出来！"

转眼间几天就过去了……

这一天晚上，奎奎突然大喊大叫地跑进爸爸的房间，把一副完整的图案摆在爸爸面前。奎奎兴奋地说："拼图上的人是奎奎！这是'奎奎拼图'……"

拼图上，是奎奎每次玩拼图认真、快乐的模样……

要想让孩子感受到细微之处的爱，父母们在平时就要加倍地留意、关注孩子。孩子平时最喜欢什么颜色？最喜欢什么玩具？甚至孩子平时的习惯、思维方式，父母也应该加以了解。

这一点，奎奎的爸爸做得非常好。儿子喜欢玩的玩具是什么？儿子玩拼图时认真的神情，完成拼图后快乐的样子……这一切都被爸爸收入眼底。甚至，爸爸还偷拍了奎奎玩拼图时的不同表现。所有的这一切，都是爸爸在为"细微之处的爱"作准备工作。

奎奎的快乐，并不全因为自己终于完成了复杂的拼图。奎奎的快乐，还来自于对"个人拼图"的惊喜，对爸爸的感动。这幅拼图，使奎奎对"拼图"这个智力活动更加感兴趣，也使奎奎真切地感受到了爸爸的爱，这是奎奎平时未曾感受到的沉默的爱。

二、小小的惊喜，大大的爱

孩子喜欢一切新奇的事物，当然也喜欢惊喜。惊喜是一次很大的情绪波动，很容易被孩子铭记在心里。父母们如果能充分利用惊喜的作用，那么向孩子表达自己的爱、让孩子感受细微之处的爱，就会事半功倍。

莉莉上一年级了，开学的第一天，家长们陪着孩子到学校。

老师为了了解入学的孩子，也为了让孩子更快地融入班级，于是举办了一场名为"说开心的事，做好孩子"的活动。活动的内容，是请孩子们按次序说出自己经历过的最开心的事情，在欢笑中度过开学第一天。

莉莉的妈妈也想知道女儿最开心的事情是什么，"这孩子，最开心的是肯定是有了新的洋娃娃，要么就是去游乐园！"妈妈心下想。

莉莉开始说了，妈妈认真地听着：

"有一天，是圣诞节，我以为圣诞老人不会到我们这儿来，也不会给我塞礼物。可是，第二天起床，我真的在床头找到了圣诞老人的礼物。是一个很小的布娃娃，放在袜子里。我知道礼物是妈妈放进去的，那只袜子有红心，是妈妈的……"

妈妈震惊极了，如果不是莉莉说起来，她几乎忘记了这件事情。袜子里的布娃娃，的确是她放进去的，但是那是一个很普通的娃娃，一点儿也不可爱。她怎么也想不到，莉莉竟然还记得这件事情……

为孩子制作一份惊喜，并不需要花费你多少时间、多少精力。只要你去做了，孩子就可能收获一份惊喜、一份快乐，你就可能在日后收获一份震撼、一份幸福。

莉莉最开心的事，不是像妈妈预料的那般“有了新的洋娃娃”或“去了游乐园”。她感到惊喜、开心并难以忘怀的，是那一个非常普通的布娃娃。

她觉得，这是妈妈扮成圣诞老人，精心为她准备的，是她独有的。从这份圣诞礼物中，她感受到了妈妈的爱，感受到了妈妈对她的在乎。因此，这件事是她难以忘怀的、最开心的一件事情。

为孩子制作的惊喜，可能只是一块小小的糖果，可能只是一件普通的玩具，甚至可能只是一句话……但是，到了孩子手中，这份惊喜会被扩大，快乐会加倍。可能孩子会忘记他曾经去过哪个游乐园，但却记住了爸爸在某一天变魔术般地拿出一个风筝……

父母们，你们为孩子准备过一次惊喜吗？当孩子出其不意地把一块甜丝丝的巧克力塞入你口中，当孩子突然为你端来一杯茶，你心里是什么感受？既然惊喜如此美好，为什么不让孩子拥有更多的美好？

三、跟孩子一起制造小感动

与孩子的相处，是一场马拉松。只有坚持跑到终点的人，才是最终的胜利者。参加过马拉松比赛的人都知道，在一开始跑得快反而会透支体力。合理分配体力才是马拉松的制胜之道。与孩子的相处，也是如此。

爱需要积累，厚重的爱更需要时间的沉淀。长期地与孩子共同做一件事情，或许这件事情本身并不大，但它却是你们积累爱的见证，这是你们共同储蓄的感动。日后，这份储蓄会为你和孩子带来丰厚的“幸福利息”。

在王鹤牙牙学语时，爸爸就告诉他：每天，爸爸都把鹤鹤做过的一件事情写在当天的日历上。鹤鹤不可以偷懒，也要学爸爸这样做哦！鹤鹤还不会写字，那鹤鹤就把爸爸做的那件事情画下来吧！鹤鹤看，这是一只碗，爸爸的碗，爸爸在吃饭……

每天，爸爸都教鹤鹤在日历上画画、写字……然后在旁边写上：鹤鹤今天玩了什么游戏、说了什么有趣的话……

上初中了，鹤鹤读的是寄宿学校。处于叛逆期的鹤鹤，到了寄宿学校，就像脱了缰的野马，自由地碰撞……

这一天，鹤鹤又跟爸爸顶嘴了。这一次，鹤鹤竟然口不择言地说爸爸是“老不死”！瞬间，爸爸沉默了。

回到房间，爸爸搬出几大箱子的日历，拿出其中的一本读到：“今天，爸爸带我去沙滩玩了，爸爸真厉害，用沙子雕成了一个‘鹤鹤’！我也雕了一个‘爸爸’！哈哈……”

“爸爸教我骑自行车，我摔了很多次，还学不会。爸爸笑着说：‘爸爸相信鹤鹤是最棒的，一定能学会！’”

“……”

爸爸才读了几页日历，鹤鹤就红了双眼……

一天写一件事，甚至一句话，这件事情并不是一件值得夸耀的大事。但是，日积月累，这件事可能会带来令人震撼的感动。只有真正的、深刻的爱，才能使一个人坚持十几年来都做同一件事情。

正是爸爸的这份爱，唤回了鹤鹤，使鹤鹤幡然醒悟。用爱经营一份感动，是需要积累的，而且是长时间的、十年如一日的积累。同时，这也是需要双方共同参与的积累，是双方情感的交流、互动。

你与孩子之间有这样的积累吗？当孩子长大之后，你如何让孩子重温昔日快乐、温暖的时光？所以，不要偷懒。从现在开始，就为你们自己储蓄一份感动吧！

第二章

父母的赏识是孩子最大的幸福

你是否有这样的经历：当你不经意间表扬了孩子一句，孩子就会高兴大半天。

父母是孩子最信赖的人，如果得到了父母的肯定、赞扬，那么孩子的幸福感就会油然而生。从父母的赞扬中，孩子感觉到了自身的价值，感觉到了他是受喜爱的、受欢迎的。被父母赞扬的孩子，是处于幸福中的孩子。

对孩子而言，你的赞扬是一种幸福，更是一种鼓励。只要你肯定了孩子，那么孩子下次依然会这样去做，以便再次获得你的赞扬。假如你对孩子说：孩子，你是个天才！那么请相信孩子，他一定会努力地朝着天才的方向行走！

第一节　自信的父母，才能培养幸福的孩子

每位父母，都希望自己的孩子能够自信地生活、勇敢地面对困难。但是，不是每一位父母都能意识到，只有父母自己足够自信，那么才有可能培养出一个自信的孩子。自信的传递，不是靠遗传，它更多的是靠后天的培养。

如果父母自己不够自信，总觉得低人一等，那么耳濡目染，孩子也会受到影响，认为自己就是比不上别人，认为自己就是“做不到”。

举个简单的例子，如果父母在遇到困难时，总是垂头丧气地说：“唉，还是算了吧！无论如何我都是办不到的。”孩子受这种影响，日后一遇到困难，首先想到的就是父母总是说的那句话：“唉，还是算了吧！无论如何我都是办不到的。”

但是，如果父母经常说：“我一定能办到的！至少，我要试着去做！”那么，孩子也会受到这种良好的影响，勇于挑战、尝试。

当老师告诉妈妈“孩子可能不够自信，她不愿意试着去做一件从未做过的事情”时，妈妈觉得心里像堵了一团棉花似的。

回家的路上，妈妈问沛沛：“沛沛，今天老师让小朋友们做了什么游戏呀？”

沛沛说：“老师让我们把线穿进针眼里，看谁穿得最快。”

“哦，那沛沛穿得快不快呀？”妈妈继续问。

“沛沛没有穿，怕针扎到手指，沛沛穿不进去……”沛沛低着头说。

妈妈停止了追问，想起了之前自己穿针时，总是大喊大叫：“怎么这么难！我穿不进，还扎手！”

晚上，妈妈拿出了针线，对沛沛说："沛沛，妈妈以前也总是穿不进。可是妈妈现在相信，这并不是一件很困难的事情。"说着，妈妈很轻松地就把线头穿过了针眼。

沛沛惊奇地说："好厉害！沛沛也可以吗？"

"当然可以！不信沛沛试试？"说着，妈妈扶着沛沛的手，很轻松地就让沛沛手中的线头穿过了针眼。沛沛一下子来了兴致，拿着针线穿了一次又一次……

孩子最信任的人就是父母。在孩子心目中，父母就像一个英雄，什么都难不倒他们。如果父母都说"做不到"，那么孩子肯定会认为这件事情是"上天下海的难事"，自己一定也做不到。但如果父母尝试着去做，那么孩子也会从中学到一种宝贵的品质：试一下。

自信的父母，才能培养自信的孩子。你面对困难时的举动，就是孩子遇到困难时的第一想法。

妈妈由于穿线功夫不行，因此每次穿线时总是大喊："怎么这么难！我穿不进，还扎手！"因此孩子的脑子里形成了一种反射条件：看到针线就想起妈妈说的"难，扎手"，然后离针线远远的。

如果没有妈妈自己一次次的练习，克服穿针的恐惧，那么沛沛心中就永远有一个难以逾越的坎。

妈妈经过一次次的练习，终于练就了轻松穿针的本领。当妈妈在沛沛面前，轻轻松松地把线头穿进针眼时，沛沛的惊奇、快乐是难以言喻的。从此沛沛知道：困难是可以被克服的，就像妈妈之前不能把线穿进针眼，可是现在却可以轻松办到。

培养孩子的自信，让孩子勇于尝试新事物，让孩子从容面对困难，需要父母们共同的努力。记住：你的自信，是可以传递给孩子的。

一、父母的怯懦，是孩子心中的阴影

根据调查研究的结果，我们发现：比起自信的父母，怯懦的父母培养出来的孩子，总是表现出比同龄人更多的内向、自卑。

自信的父母总是能给孩子这样一种感觉：我们是最棒的，世界上没有任何困难能难倒我们。而怯懦的父母，给孩子留下的印象则是：我们就是比不上别人，只能卑躬屈膝。

从农村走上繁华的都市务工，李娟总是觉得处处比不上别人。当同事们在高谈阔论时，李娟总是有意识地走开，害怕被别人笑话。公司里举办的联欢会她也从不参加，她觉得自己皮肤黑，穿什么都不好看。

李娟的孩子曼曼三岁了，李娟从来不鼓励孩子跟周围的小伙伴玩耍，因为她怕孩子被人欺负。

上幼儿园的第一天，孩子哭喊着拼命地拉着她的衣服，不让她离开幼儿园。看着其他家长、孩子，她觉得很丢脸，跟老师说了一句“麻烦您了”，就逃命似地跑出幼儿园。

可是，她前脚刚踏进公司，幼儿园的老师就打电话过来了。据老师反映，曼曼一直哭个不停，嗓子哭哑了，就坐到墙角，谁都不理。

让李娟头疼的是，曼曼越来越内向了。例如家里来了陌生人，曼曼马上就会吓得大哭，躲进房间……李娟无奈地看着曼曼，不知道曼曼为什么会变成这样……

当你觉得孩子不够自信、畏畏缩缩时，不要一味地责怪孩子。因为，孩子不够自信的原因，很可能正是出自你身上。有一句话是这样说的：你的今天，就有可能是孩子的明天。

李娟由于刚走出农村，走进了繁华的大都市，觉得自己的出身贫贱，因此而深感自卑。这种自卑甚至贯及她的工作、生活，影响了她的育儿方式。

因为怕孩子被人欺负，她又没有能力为孩子讨回公道，因此她从不鼓励孩子跟其他的小伙伴玩耍。可以想象，平时她教导孩子，应该也是让孩子不要惹是生非，要忍让、安静、听话等。

妈妈的怯懦，使曼曼从小就形成了这样一种想法：在这个城市，她们是弱势群体，她们低人一等。由于这种负面影响，曼曼后来的表现也就不足为奇了。

如果李娟想让孩子抛掉自卑、重拾信心，那么她自己首先要除去心病、克服卑微感。至少，在孩子面前，她应该自信地与人交往。只有这样，才能慢慢地使孩子摆脱怯懦，变得自信、勇敢。

二、你的强大，是孩子的幸福

父母强大了，孩子才会觉得自己是幸福的。当然，这里的强大，并不是指你必须家财万贯，也不是指你必须手握大权。它指的是，在孩子面前，你必须强大。

无论你拥有多少财富，无论你担任着怎么样的职位，请记住：你是孩子最大的依靠，你必须让孩子觉得：爸爸妈妈很强大。

每个人都会有自己恐惧的事物，无论是三岁小儿，还是一家之长。但是，作为一家之长，在孩子面前，你必须要有克服一切困难的勇气和魄力。

举个简单的例子，在女性成为一位母亲之前，可以因为看到一只虫子而大喊大叫。但是，在成为孩子的母亲之后，在孩子面前，就必须从容地指着虫子告诉他：

“孩子，这是虫子，它没有什么好怕的，它不会咬人。但是我们不可以随便碰它，因为一小部分虫子可能有毒。”

霞霞是个漂亮、乐于助人的宝贝，可是今天，霞霞从幼儿园回家后，一句话也不愿意多说。

爸爸纳闷儿：这孩子，平时一回家就叽里呱啦地说个不停，今天怎么这么安静？

“霞霞，今天怎么啦？是不是在幼儿园不乖，被老师批评啦？”爸爸问。

霞霞低下头，说：“老师说霞霞不安生，总是惹是生非……”

爸爸一听，急忙问：“老师为什么这样说呢？”

霞霞说：“今天小强抢走了鹏鹏的玩具，我帮鹏鹏把玩具拿回来了。但是小强跟老师说，我和鹏鹏两个人一起欺负他……”

“又是小强！幼儿园的老师也真是的，怎么这样不分青红皂白！”爸爸心里这样想道。小强是某公司董事长的儿子，仗着爸爸有钱有势，出了名的蛮横。

第二天，爸爸陪着霞霞一起来到幼儿园。虽然他自己就在小强爸爸所在的公司上班，但是，他一定要为女儿讨回公道。他要让女儿知道：幼儿园的小朋友们都是平等的，他们并不低人一等……

在社会上，可能你的地位并不是最高的。可是，在孩子面前，你的形象是最高大的！

当孩子遭受了不公平的待遇时，作为父母，你是唯一一位可以帮助孩子的人。这个时候，请你一定要让孩子相信：你会帮助他，你们并非低人一等，你们应该维护自己的尊严、维护自己的正当权益。

霞霞是个乐于助人的好孩子，当她看见小强欺负鹏鹏时，她挺身而出。这个时候，如果帮助别人却得到了老师的批评，那么霞霞的心里就会受到打击：为什么小强总是高高在上，连老师都迁就他？难道帮助别人是不对的吗？

如果父母在这个时候因为害怕失去工作，而教训霞霞：“多管闲事！小强他爸爸是董事长，得罪了他们一家，我们就别想有好日子过了！”那么，霞霞很可能从此变得自卑、冷漠。

因为周围的人都告诉她：小强他爸爸是董事长，我们惹不起的，我们比不上他们。而且，帮助了别人却反而被批评，会让霞霞产生错误的价值观：帮助别人只会为自己带来麻烦！很可能霞霞长大后就会变得自私、冷漠。

当你的孩子受到不公平的待遇时，当在孩子面前，你的正当权益被侵犯时，你应该维护本属于你们的权益。否则，日后孩子长大了，孩子也会变得怯懦、不敢维护自己的正当权益。

要想让孩子自信、勇敢，那么父母们一定要先让自己自信、勇敢。拥有一个强大的爸爸妈妈，是所有孩子的梦想和幸福。

三、相信自己，相信孩子

让你的孩子成为人中龙凤，你有这样的信心吗？其实，每个父母都应该相信：我能让我的孩子成功！有了希望，才有了创造奇迹的可能。如果连希望不曾拥有过，那么怎样朝着“人中龙凤”的目标行进呢？

相信自己，相信你会是一位非常成功的家长，相信你自己能把孩子培养好、教育好。如果连自己都对孩子都没有信心，那么谁能来帮助你的孩子成材呢？

从一出娘胎开始，轩轩的身体一直很羸弱，而且动不动就生病。

为了加强孩子的身体素质，轩轩的爸爸决定让孩子每天进行一定的体育训练，让孩子慢慢地强壮起来。

“轩轩，我们今天的任务是，围着这个圆跑一圈！”爸爸指着长长的跑道说。

轩轩看了看跑道说：“太长了，轩轩跑不动！”

“轩轩，还没开始跑呢，怎么就跑不动了？跑不动就走，走不动就爬！今天说什么也要绕这个圆圆一圈！”爸爸认真地说，并且做出了起跑的动作。

轩轩怕爸爸生气，只好慢慢地跟着爸爸跑了起来，一路上停了好几次，轩轩才把长长的跑道“跑”完。当轩轩重新回到起点时，轩轩又蹦又跳，可能他从未想过自己可以跑完这么长的路……

从此以后，爸爸天天带着轩轩跑步、做运动，逐渐增加每天的运动量……

当轩轩得到了第一个体育竞赛的奖状时，面对亲戚们充满疑问的眼神，爸爸只是说："我是一名体育老师，我相信能把轩轩培养成一个身体强壮的男孩子！"

对于自己教育孩子的能力，父母们都应该充满自信。因为，这是你的孩子！从孩子呱呱坠地、牙牙学语、蹒跚学步……你一直陪在孩子身边，见证孩子每一次进步。最了解孩子的人，是你。父母们有足够的理由相信：我们能把孩子教育好！

轩轩身体瘦弱，总是生病。可是，轩轩的爸爸并没有因此而丧失信心。作为一名体育老师，轩轩的爸爸使许多学生身体越来越强壮。因此，轩轩的爸爸深信：我能把其他孩子培养好，为什么就不能把轩轩变得更强壮？

正是因为有了这种自信，所以轩轩的爸爸不会轻言放弃，而是耐心地陪着轩轩跑跑停停……正是因为有了爸爸的这种充满自信和希望的坚持，才有了后来强壮的轩轩。

在生活中，很多父母遇到孩子调皮捣蛋时，在生气之余可能想：我真的拿这孩子没有办法了。其实，这是非常错误的观念。调皮，几乎是所有孩子的天性。父母的责任，正是要减少因孩子因调皮而产生的破坏力。

只要你相信：这是我的孩子，我能培养好他。那么你就能为此做出更多的努力，并最终取得成功。如果连你自己都觉得"拿孩子没办法"了，那么还有谁能帮助孩子呢？

第二节 想让孩子少犯错，先要学会原谅孩子

当孩子打碎了花瓶，当老师对你说"孩子太调皮"，当孩子当众犯错时，你的反应是什么？是严厉地教训孩子，还是问清楚事情的来龙去脉，

选择宽容？

在做出这个决定之前，请你先思考一个问题：我这样对孩子，是为了什么？是为了让孩子不犯相同的错误吗？那么我这样做是否有效果呢？

在孩子犯错时，很多父母的第一反应是生气、训斥孩子。甚至，有些父母的训斥、责骂，并不是出于帮助孩子改正错误的目的，而只是一种单纯的发泄。

例如，有些父母不分场合地教训孩子；有些父母不分青红皂白，动辄打骂；甚至有些父母会翻出孩子几年前做过的一些错事，一一数落……

带着儿子小嘉，薇薇来到闺蜜小枫家叙旧。

“呀！孩子都长这么高啦！你这孩子真可爱！”小枫笑着说。

“唉，快别提了，这孩子一点都不让人省心。”薇薇语带埋怨地说。

“来来来，好久不见了，快跟我说说这些年你都怎么样了……”闺蜜叙旧，一谈就是大半天。

突然，身后传来“砰”的一声，两个大人往后一看：小嘉竟然把客厅里的花瓶打碎了。薇薇连连道歉：“真是不好意思，我这孩子实在太调皮了，一上你家就搞破坏……”

小枫摆手：“说什么呢你，一个花瓶算什么……我先把碎片收拾好，咱再接着聊，免得玻璃片扎着了孩子……”

薇薇把小嘉拉到身边，抬手就是一巴掌：“叫你调皮！没礼貌！这下好了，打坏东西了吧！你怎么这么不让人省心……”

小枫连忙说：“快别骂了，孩子也不是故意的，我看这孩子机灵得很呢！”

薇薇说：“你是不知道，这孩子啊……”薇薇开始算“旧账”了，把小嘉踢翻奶瓶、砸坏别人窗子的陈年旧事都翻了出来……

孩子并不是故意犯错、给父母制造麻烦的，没有一个孩子喜欢被爸爸妈妈责骂。当孩子犯错时，父母应该做的，是帮助孩子分析错误、避免再犯。如果父母只是一味地责骂孩子，那么只会使孩子的自尊受损，而对孩子改正错误的帮助其实是很小的。

薇薇带着小嘉到小枫家后，至少做错了三件事情。

首先，在小枫夸奖小嘉“可爱”时，薇薇应该大方地表示感谢，并让孩子学会感谢别人的赞扬。而不应该马上否认小枫的夸奖，埋怨小嘉“一点都不让人省心”。

其次，当小嘉打碎花瓶时，薇薇应该关心小嘉是否受伤，而不是抬手就是一巴掌。在外人面前教训孩子，会令孩子的尊严受到极大的损害，甚至会导致孩子从此变得自卑、胆小、内向。

最后，薇薇不应该把那些旧账翻出来，把孩子贬低得一无是处。

孩子会犯错，是因为孩子在尝试一些他以前从未做过的事情。如果因为孩子做错了，父母不问原因就严厉地责骂孩子，那么久而久之就会打击孩子探索新事物的积极性、创造性，也会使孩子做任何事情都畏畏缩缩、缺乏自信。

人非圣贤，孰能无过？何况还是孩子。人生在世，有谁能问心无愧地说：我没有做过一件错事。不让孩子犯错，就是等于让孩子一直原地踏步。任何人都不可能杜绝孩子犯错，我们所能做的，就是帮助孩子分析原因，让孩子减少犯同样错误的次数。

一、孩子犯错了，父母先反省

孩子是由你一手调教出来的，如果孩子犯了错，那么父母应该先反省自己。孩子犯错，多数情况下是因为教育没有到位。

正如我国法律规定的那般：无民事行为能力人、限制民事行为能力人造成他人损害的，由监护人承担民事责任。这说明，孩子是由你养育、管教的，你必须为孩子的错误埋单！

当孩子做错事，父母不应该马上责备、打骂孩子，而是应该冷静下来，想一想：孩子为什么会犯这样的错误？是不是自己没有对孩子进行这方面的教育？

例如，在没有发生失火的情况下，孩子使用了公共消防工具，你受到了物业管理者的罚款。这个时候，你应该怎么做呢？把孩子打一顿？

当然不是。你应该先反省自己，之前有没有对孩子说过消防工具的用处。

假如，你之前没有跟孩子讲过什么情况下可以使用消防工具，那么孩子这次的犯错就是情有可原的：孩子不知道消防工具是不能乱动的，他只是想尝试一下。

如果父母不分青红皂白，直接把孩子打骂一顿，那么孩子可能还是不会懂得：只有在失火时，才能使用灭火器。

打开冰箱，妈妈惊呆了：冰箱里的鱼肉散发出一阵阵臭味，冰激凌全都融化了。往冰箱后一看，电冰箱的插头静静地躺在地上……

“子青，子青！出来！”妈妈大声地吼道。

洗手间传来“砰”的一声，妈妈知道，子青肯定躲到洗手间进去了。

“咚！咚！咚！”妈妈用力地敲着洗手间的门，可是洗手间里的门纹丝不动。过了一会儿，洗手间里传来轻轻的啜泣声。

妈妈突然想到：孩子犯了什么大错了，我竟然把他吓成这个样子？他并不是故意要让冰箱里食物发臭，孩子并不知道，插头会跟食物扯上关系。

“子青，出来吧！妈妈保证不生气了。妈妈带子青去坐旋转木马，好不好？”妈妈柔和地说。

洗手间的门打开了，子青慢慢地走了出来……

从游乐园回来，妈妈指着融化的冰激凌说：“这是子青最喜欢的香草味冰激凌，可是现在已经融化了，子青没有冰激凌吃了。子青知道冰激凌为什么会融化吗？”

妈妈接着说;“你看，子青把冰箱插头拔掉了，冰箱就不能保护冰激凌了。而且，插头是有电的，拔插头可能会烧坏子青的手指……”

此后，子青再也没有随意拔掉家里的任何一个插头了。

孩子做了错事时，父母应该先问问自己：之前有没有对孩子进行过相关的教育？孩子犯错了，难道自己没有责任吗？

子青并不知道，自己只是拔掉了一个插头，为什么妈妈会这么生气？这个时候，如果妈妈气急攻心，直接打骂子青，那么子青就会受到伤害：

难道子青比不上一个插头？

而且，如果妈妈没有对子青讲明情况，而是一阵打骂，警告他不许再动插头，那么或许子青同样会记住教训，再也不会去拔插头。但是，可能下一次，子青就会关掉电源的总开关……因为，子青无论挨了多少打，他都不会明白电与冰箱之间的关系。

妈妈先进行自我反省，这是比较好的。接着，妈妈指着电冰箱里融化的冰激凌，告诉子青他最喜欢的冰激凌已经融化了，不能吃了。这件事情关系到孩子的切身利益，那么孩子更会记住：电冰箱没有电，他就没有冰激凌吃。

二、父母生气，是拿孩子的错误惩罚彼此

人与人之间，经常会陷入这样的怪圈：越是跟自己亲近的人，犯错时越是不容易得到自己的原谅。对孩子，父母更是如此。举个常见的例子，孩子跟邻居家小孩打架，父母往往先责备自己的孩子。

仔细回想，其实孩子犯的错，都不是罪无可恕的滔天大罪，都是一些小错误。这些错误，本不应该为孩子带来如此之重的惩罚。但是一些父母或者由于工作不顺心，或者由于在外受了委屈，回到家，便只能拿无辜的孩子出气了。

但是，这样导致的结果是：父母生气过后负疚，孩子委屈之后怀恨。因此，当孩子犯错时，父母们在惩罚孩子之前应该仔细考虑：孩子做错的这件事情，到底该不该罚？应该怎样罚？

今天早上开会时，杨羽迟到了。上司狠狠地批评了杨羽，说她“没有办事效率，不想在公司干了就尽早滚蛋！”

过了一会儿，同事晓梅姗姗来迟。杨羽以为晓梅肯定要遭到一顿狠批了，可是，上司只是说了一句：“快到自己的座位上坐好。”就重新开始会议了。

杨羽愤懑不平：凭什么呀！就凭晓梅年轻一些、漂亮一些？太不公

平了！

晚上吃饭的时候，杨羽正想着白天遭受的不公平，耳边突然传来“砰”的一声：儿子辛辛把碗摔破了，饭菜撒了一地。憋了一天的杨羽终于爆发了，抬手对着辛辛就是一巴掌：

“你还有完没完了？吃个饭还调皮捣蛋，妈妈在外面辛苦工作，你就不能让妈妈少操一点心吗？你再这样子，妈妈就不要你了！”

辛辛哭着跑进了房间……

过了一会儿，杨羽想：自己是不是对孩子太严厉，孩子只不过是摔破了一个碗，自己小时候不是也经常摔破碗吗？杨羽蹲下来收拾碗筷，突然发现辛辛的碗沾满了油，原来是自己做饭时心不在焉，把油碗当成辛辛的饭碗了……

其实，打了孩子之后，杨羽的心情并没有因此而好过一点，相反的，她非常内疚。因为她意识到，孩子只不过是不小心打破了一个碗，犯了一个小错误，不应该得到这么严厉的惩罚。

尤其是，当她发现孩子的错误其实是因为自己的疏忽才导致的时，杨羽心里一定更难受了。辛辛摔破了碗，挨了妈妈的打骂，心里一定也很难过。只不过是摔破了一个碗，结果却可能导致母子之间出现裂痕，值得吗？

当孩子犯错时，父母完全可以控制住自己，让自己不生气。因为错误已经发生了，生气也是无济于事。倒不如跟孩子一起收拾残局，让孩子知道：这种错误是可以避免的，让孩子减少重复犯错的次数。

三、帮助孩子找原因，促进孩子成功

错误最珍贵的价值，就是让我们知道：这样做是错误的！

当孩子犯错时，帮助孩子找出错误的原因，远远比惩罚孩子来得重要。如果不能使孩子减少犯错的次数，那么这次惩罚不但没有任何意义，反而还会产生反作用，例如使孩子身体上、心理上受到伤害等。

孩子做错事，理性的父母总是能克制自己向孩子发火的冲动。他们首先想到的是：孩子为什么会犯这样的错误？怎样才能让孩子明白这样做是错误的？孩子在父母的教导下，可能再也不会犯相同的错误，自然也就比别人更容易取得成功。

比起学前班里其他的小朋友，逸然显得更迷糊、粗心一些。每次练习题发下来，逸然的作业本总是布满了红色的叉叉。

一天，当逸然拿着布满叉叉的练习题让爸爸签名时，爸爸发怒了："怎么回事？这么简单的'一加二'也会做错？你怎么这么笨啊？看看你的试卷！'一加一'等于三？'一加二'等于二？干脆不要上学了，别给我丢人现眼！"

拿着签了名的作业本，逸然回到了自己的房间。第二天，妈妈叫逸然起床，要带他上学前班时，逸然用棉被蒙住头，就是不愿意起床。妈妈没办法，只能让爸爸出马了。爸爸一进房门，逸然就大喊大叫："逸然再也不要爸爸，再也不要上学！"

妈妈连忙问："这是怎么一回事？"

爸爸把昨天晚上的事情告诉妈妈后，妈妈把爸爸赶出了房门，轻轻地掀开逸然的棉被说：

"妈妈觉得，逸然是最棒的！逸然并不是不知答案，只是把答案写错位置了，对不对？其实啊，只要逸然下次细心一点，做完练习题后再检查一遍，妈妈保证逸然一定能得到小红花……"

上学了，孩子比谁都想取得好成绩，得到爸爸妈妈和老师们的夸奖。当孩子做错题时，父母不应该轻易地把孩子定义为"笨孩子"，而是应该帮助孩子，让孩子明白他为什么会做错。

逸然做错题，并不是因为不懂得怎样做，而是因为粗心。如果逸然的妈妈也像爸爸一样，不懂得帮助孩子分析做错的原因，只会责骂孩子，那么逸然可能很难改掉粗心的毛病。

父母一定要记住：帮孩子找出犯错的原因，远远比惩罚孩子更加重要！

四、对孩子宽容，让彼此舒心

我们经常说：做人要将心比心。事实上，很多人也都这样做了。只是，当孩子犯错时，父母是否也将心比心了呢？

经过细心分析，父母会发现：孩子犯错，大部分情况下都是无意的。

在这种情况下，父母就更不应该责备孩子了。因为这个时候，孩子心里一定充满了恐惧、负罪感，如果父母这个时候选择了宽容，那么孩子对父母就会充满了感激。可是，如果父母对孩子破口大骂，那么孩子就会想：我做错了，可是你也骂我了，我没有什么好愧疚的了。

而且，父母这种处事方法也会影响孩子的性格。孩子会形成这样一种思维：做错事了，就应该惩罚。这样的孩子，是学不会宽容待人的。

既然孩子并不是故意的，而且孩子已经知道错了，那么父母们何不大方地选择宽容？当你选择宽容后，可能你会发现：要想让孩子下次不再犯错，那么宽容的效果远远比惩罚更好！

冬日的午后，秋露惬意地正坐在沙发上看书。突然，秋露感觉脖子一凉，然后整本书都被浇上了水。原来，是儿子林林端着的水不小心倾倒下来。

转过头，秋露看着林林惊恐的双眼，柔和地说："林林，怎么这么不小心呀？"

林林低下头说："妈妈，对不起，林林错了。林林只是想看看妈妈在读什么书，林林是不小心的……"

"妈妈知道林林不是故意的，妈妈没有生气。只是，林林你看，妈妈的脖子都湿了，很冷啊！林林快帮妈妈拿毛巾擦擦呀！"

林林的眼睛马上亮了起来，说："林林马上拿毛巾帮妈妈擦……"说着，林林拔腿就跑。帮妈妈擦干水珠后，林林更是殷勤地拿纸巾把书本上的水分吸干，把书拿到阳台上晒……

孩子闯祸了，他的心里一定比谁都害怕。这个时候，父母要做的，是缓解孩子惊恐的心理，减轻孩子的负罪感，让孩子从容面对错误。

林林把水洒在了妈妈脖子上，弄湿了整本书的时候，他心里已经知道自己做错了。这个时候的他，心里一定既愧疚又害怕。

秋露对这件事情处理得很好，她并没有勃然大怒，因为她知道：孩子并不是故意的，孩子已经知道自己错了，他在害怕。秋露先是安慰孩子，让孩子知道，妈妈并没有怪他。然后，秋露又让孩子为自己不小心犯的错误做出一些补救措施：拿毛巾。

这样一来，孩子不但会将惊恐转化为对妈妈的感激，而且还会懂得：做错事情可以得到别人的宽容，自己也应该为犯下的错误做一些补救措施。

假如秋露粗暴地对待林林无心的错误，那么林林就会想：我做错了，妈妈已经骂我了，我没有对不起妈妈了。林林也就不会主动为错误承担责任。

请记住：当孩子犯下一些无心的过错时，宽容孩子，让孩子学会为错误做补救措施，比惩罚孩子的无心之错更重要。

第三节　每个人，都是一个不完整的圆

孩子身上，总是承载着父母的许多期望。甚至可以说，孩子是父母梦想的延伸。亲爱的父母们，你们有足够的理由相信：你们的孩子是最棒的！但同时，父母们也应该清楚地知道，人无完人。

父母应该理解，接受孩子身上的缺点，并尽可能地帮助孩子克服缺点。只有这样，你的孩子才有可能在认识自身缺点的基础上克服缺点，取得成功。

从婴儿时期开始，珉珉就一直被夸“可爱”、“机灵”、“聪明”。上了幼儿园之后，珉珉也是众人目光的聚焦点。幼儿园里的每次舞蹈节目、

歌唱节目，几乎都有珉珉的身影活动其中。

珉珉这样优秀、受人疼爱，爸爸妈妈当然很高兴，也为珉珉感到光荣，觉得女儿就是完美无缺、最优秀的儿童。

珉珉刚满5岁，爸爸妈妈就迫不及待地把珉珉送进小学一年级。爸爸妈妈心里想：我的女儿这么聪明、这么优秀，不如让她早点接受正式的教育，不要在幼儿园里浪费时间了。先人一步接受教育，珉珉以后肯定更聪明！

可是，在珉珉上了几个星期的小学之后，老师就向爸爸妈妈暗示：珉珉还小，根本跟不上其他孩子的进度。这样下去，只会害了珉珉！

爸爸妈妈把老师的话当作耳边风，他们不相信一直引以为豪的女儿会跟不上其他人的进度。可是，现实狠狠地打了他们一个耳光：小学的第一次测试，珉珉考了全班最后一名。

爸爸妈妈开始责骂珉珉，认为她“骄傲”、“偷懒”，珉珉觉得委屈极了……

对孩子有所期望，把孩子当作自己的骄傲，这些都是很正常的，几乎每个父母都会这样做。但是，父母在对孩子有所期望时，也应该认清现实：没有人是完美无缺的，自己的孩子一定也有他的缺点。而且，这个世界上一定有其他小孩，比自己的孩子聪明一点点。

珉珉本来是一个很讨人喜欢的孩子，一直以来都受到众人的关注、疼爱。但是，也正是因为众人的赞誉，使珉珉的父母得意忘形了。他们以为珉珉就是世界上最聪明的孩子，他们以为珉珉可以比其他小孩早走好几步：他们把五岁的珉珉送进了小学一年级。

但是因为父母的错误认识，使一个可爱、聪明、机灵的小女孩受尽了委屈。假如父母能正确地了解自己的女儿，那么父母就不会提前把珉珉送进小学了。

或者，如果父母能正视、接受孩子的“跟不上进度”，及时改变决定，那么珉珉也不会受到那么多的委屈、经受“最后一名”的挫折。

父母为孩子做的每一个决定，都应该郑重其事，在充分了解孩子的基础上进行。因为，父母为孩子做出的每一个重要决定，都会影响孩子的一生。

一、孩子再聪明，也会有缺点

或许一直以来，你听到的关于你的孩子的评价都是正面的。毕竟，很少会有朋友见面就说你的孩子这儿不好、那儿不行。

或许，在你看来，你的孩子的表现一直比同龄人更出色。毕竟，你是孩子的父母，你爱你的孩子。

作为父母，你完全可以为此而感到高兴、自豪。但是，作为父母，你在高兴、自豪的同时，也应该清醒地认识到：孩子还是有他的缺点的，我们必须正视、理解这些缺点，并帮助孩子克服缺点。

易鉴一直把儿子尚宇当作自己的骄傲，上小学后，尚宇更是表现卓越，学习成绩总是全班排名靠前。

想到儿子，易鉴总是不自觉地露出笑容。用易鉴自己的话来说，就是：有这样的孩子，真是睡着睡着都会笑醒。

有一天学校开家长会，当老师把易鉴请到办公室时，易鉴已经做好了接受表扬的准备。可是，令易鉴大跌眼镜的是：老师批评了尚宇，也批评了易鉴。

原来，尚宇在学校十分傲慢，不但任意欺侮、嘲笑同学，而且连老师也不放在眼里。

回家的路上，易鉴一直在思考，是不是自己的教育方式出现了问题，才导致孩子形成了这种缺点？孩子聪明、成绩优秀是不错，但是孩子的缺点也确实是存在的。

为了帮助尚宇克服缺点，易鉴找他谈了一次又一次，并且在日常生活中，更加注意对尚宇的教育方式。经过易鉴的努力，尚宇终于也意识到了自己的错误，决心改正自己待人傲慢的缺点。

如果你的孩子一直都是佼佼者，那么当有人突然向你提出孩子的缺点时，你是怎样的反应呢？如果你是一位明智的父母，那么你应该认真地思考：他说的这些问题，真的存在在我孩子身上吗？如果答案是肯定的，那么你应该采取相应的措施，帮助孩子克服缺点。

每个人都有缺点，孩子当然也有。所以，有了缺点并不可怕，可怕的是不愿意承认确实存在的缺点，没有勇气正视缺点，没有毅力改正缺点。

好在易鉴能及时调整自己的心态，勇于反省，并敢于承认、正视孩子身上的缺点。只有当易鉴这样做之后，作为父亲，他才能帮助自己的孩子，使孩子克服缺点。

二、在父母心中，孩子是最棒的

我们经常这样鼓励孩子：“孩子，在爸爸妈妈心中，你就是最棒的！”确实，这样的鼓励对孩子是一种很好的激励，有利于培养孩子的自信，使孩子更加勇敢地面对困难、挫折。

只是，父母们也应该记住：在你心中，孩子是最棒的！但在这个世界上，总会有其他人比你的孩子更棒一点。

无论孩子最后是胜是败，你应该始终这样认为并告诉你的孩子：孩子，在爸爸妈妈心中，你是最棒的！

佳佳报名参加了幼儿园的短跑比赛，大家都这样说：佳佳平时跑得像兔子似的，这一次肯定能赢！

比赛开始了，不知道是因为太紧张，还是因为其他原因，佳佳发挥得并不好，很快就落在了队伍的后面……

当佳佳捧着“勇气可嘉”的奖状，垂头丧气地回到妈妈身边时，佳佳几乎要哭出来：“妈妈，佳佳跑得不快，佳佳输了……”

妈妈轻轻抚着佳佳的头，对佳佳说：“在妈妈心中，佳佳是最棒的！”

“可是……他们都跑得比佳佳快。”佳佳指着站在颁奖台上留影的小朋友说。

妈妈认真地说："比赛可以有两个一等奖，三个二等奖。但是，在妈妈心中，最棒的小朋友只有一位，那就是佳佳！"

佳佳终于露出了笑容，说："在佳佳心中，妈妈也是最棒的！"

……

当佳佳在比赛中失败后，佳佳心里一定无比沮丧。这个时候，如果妈妈表现得比佳佳更加沮丧，并失望地责备佳佳的话，那么佳佳可能就会陷入深深的挫败感之中，甚至变得自卑、不堪一击。

妈妈深深地明白"比赛可以有两个一等奖，三个二等奖"，自己的孩子不一定能成为所有人当中最棒的那一个。正是因为妈妈明白这一点，所以妈妈能更加从容地接受孩子的失败，一如既往地告诉孩子：在妈妈心中，你是最棒的！

作为父母，我们必须认清并接受这一点：孩子可能不会是所有人当中最厉害的那一个。

只有这样，我们才能从容地面对孩子的失败。只有这样，我们才能告诉自己：每个人都是一个不完整的圆，并不是每个孩子都能成为世界第一，但在我们心中，孩子是最棒的！

三、这真的是孩子的缺点？你想清楚了吗？

虽然每个孩子身上，都会有这样那样的缺点，但父母需要注意的是：你不喜欢的，不一定就是孩子的缺点。爱说话的孩子可能会让父母觉得心烦，觉得这是一个缺点。其实，这只是孩子喜欢与人交流的一个性格表现。

仔细回想，以往的生活中，孩子身上究竟有多少你不喜欢的特点，被简单粗暴地归结为"缺点"并勒令改正？

每个孩子都是一个不完整的圆。大人们尚且不能令所有的人都完全喜欢自己，何况是孩子呢？在孩子身上，肯定也有一些不讨"某个人"喜欢的地方，但是，这真的是孩子的缺点吗？

在确定孩子身上具有某个缺点的时候，父母一定要慎重再慎重，不能听风就是雨。例如，孩子爱搞小动作，可能在幼儿园老师看来，这是很大的缺点。但是，在邻居、家人看来呢？这可能是孩子具有丰富的想象力、创造力的表现，是孩子的优点。

女儿欢欢斯文、有礼貌、能歌善舞……就只有一点令父母不满意：欢欢就像驴子一样倔强！

刚入学，爸爸就向老师主动坦白：一般情况下，欢欢是个安静听话的女孩子。但是在“特殊”情况下，欢欢就会变得固执无比，十头牛都拉不动。

老师记住了爸爸的话，但是怎么也想象不到，外表看起来斯文、乖顺的欢欢，竟然也有执拗的时候。爸爸妈妈在家里则天天祈祷：欢欢千万不要跟老师耍驴脾气，不然可有她委屈受的！

学期末了，爸爸妈妈在家长会结束后，特意问老师：欢欢爱耍驴脾气的缺点，没给您添太多麻烦吧？

老师听了欢欢的爸爸妈妈询问后，笑着说：“欢欢的驴脾气我算是见识到了！”

老师接着认真地说：“但是，我并不认为这是欢欢的缺点。相反，这恰恰是难得的优点。有一次做数学题时，有一道题几乎大家都放弃了，但是欢欢却固执地做了一遍又一遍，直到得到正确答案。这类的事情还有很多呢……”

听了老师的话，爸爸妈妈陷入了沉思。

父母不应该把孩子所表现出来的、他们不喜欢的特点，视为孩子的缺点。在断定孩子的某个特点是不是缺点时，父母不应该掺杂太多的主观因素。毕竟，孩子是一个独立的个体，他有自己的思维、自己的处事方式，孩子不是你可以随意雕刻的作品。

在父母看来，欢欢什么都好，就只有一个“缺点”：太固执了！但是，固执究竟是缺点还是优点？这就得具体情况具体分析了，千万不能“一刀切”。

例如，在爸爸妈妈看来，固执是欢欢的缺点，一点都不讨人喜欢。但是，在老师看来，这恰恰是孩子的优点。因为这固执，欢欢具有其他同学没有的耐心与毅力，因为这固执，欢欢解开了难题……

每个人都是一个不完整的圆。没有人这样要求：必须在每一个时刻都赞同你的孩子，你的孩子必须讨所有人喜欢。但是，你不能因为不喜欢孩子某个特点，而不分青红皂白强制孩子必须丢掉这个特点。

第四节　请相信：你的孩子是天才

父母是孩子的第一任教师，自然也是第一个发现孩子是一个天才的伯乐。你相信你的孩子是天才吗？只要你坚信这一点，那么你就会按照培养天才的方式去教育你的孩子，你的孩子就能接受“天才儿童”的教育。

即使你的孩子表现得并不好，例如在一次短跑比赛中，你希望你的天才孩子能得到第一名，但他却只得到第三名。

这个时候，你仍然应该坚定地相信：我的孩子是天才。只有这样去做了，才能保持对孩子的期望值，而不是破罐子破摔，放弃对孩子的“天才教育”。从另一方面来说，应该这样想：第三名已经很不错了，有多少孩子跑在我孩子后面呀！我的孩子确实是天才！

如果因为孩子的表现不够好就开始怀疑：孩子可能不是天才，他的表现就只能是这样了。那么，下一次，孩子可能就会变成第五名、第六名……

总而言之，当你的期望值有所下降，那么孩子所达到的成绩也会随之下降。举个例子来说，很多父母在教育孩子时，总会发现孩子取得的成绩，跟自己所期望的总是差那么一点点。

刚满 3 岁的霖霖，用纸折叠了一个青蛙送给妈妈。霖霖妈妈大吃一惊，因为她从来没教儿子折这些东西。

霖霖妈妈充满怀疑地问："这是你折的吗？"

霖霖点头。

"那你倒是说说看，怎么折的？"

霖霖说不出来。

"说不出来啦？到底是不是你折的？小孩子可不许撒谎！"妈妈口气一硬，霖霖更不知道怎么说了，索性把头低了下去。

见此情况，霖霖妈妈就明白了，这真的是孩子自己折出来的。她也知道自己孩子是一个"嘴笨"的孩子，用语言来强迫他是不明智的。

为了不让霖霖感到为难，霖霖妈妈暂时放下了追问。之后，霖霖妈妈在生活中，对霖霖的一举一动就非常的留心。

霖霖妈妈认为霖霖能做出这些东西，绝不是"手巧"这么简单。她认为霖霖与通过语言来表达自己的人不同，他是通过"动作"来发挥自己才能的，而对于整个操作过程及其中原因，他却不一定能全面地说出来。因为，他的注意力、理解力全部集中在动作上，并在其中体验到了成功和乐趣。

正因为如此，霖霖妈妈在平时就经常鼓励霖霖，告诉他很棒、很聪明，这让霖霖的笑容越来越多，折出来的作品也越来越多，并逐渐地从纸质作品到制作木质模型上发展，霖霖妈妈相信自己的孩子以后将会发展得越来越好。

"千里马常有，而伯乐不常有"，很多孩子在孩童时期，就已经显得很聪慧，富有创造力，是一匹难得的千里马。但是，由于父母没有担任孩子的伯乐，总是按照"一般成人"的标准去培养孩子，因此才导致了天才总是被扼杀在了儿童时期。

律律的饭量其实远远不止小半碗饭，只是律律觉得自己"饱了"，因为待会儿还要吃一点儿零食。妈妈在经过观察之后，确定：律律一定能吃下一整碗饭！

于是妈妈改变了碗的大小，盛了之前饭量的双倍。事情果然按照妈妈想的那般：律律还是只吃了半碗，就说"饱了"。但是妈妈已经感到很满足了，因为现在的半碗相当于以前的一整碗，自己的目的已经达到了。

其实在之前，律律并不是真的吃不下剩下的那半碗，只是律律总想着“我只能吃半碗”，因此每每吃完一半，就再也不肯动筷。

正是因为妈妈坚信：孩子能吃下一碗饭。然后才会采取后来的措施，最后使孩子真的吃下了那么多饭。

父母们，请你们相信：孩子真的是天才，请你按照培养天才的方式去培养他吧！当然，值得注意的，这需要在了解孩子的基础上进行，不可操之过急，妄下决定。正如律律的妈妈也是经过观察分析，才得出一个结论并决定：我的孩子能吃下这么多饭。

一、天才总是特别的

实际上，每个孩子都是天才。注意，一定是天才而不一定是全才。也就是说，你的孩子至少是某一方面的天才。

例如，你的孩子爱说话，这可能是孩子表现出来的“演讲天才”。你的孩子爱涂鸦，这可能是孩子的画画天赋初现端倪。你的孩子爱顶嘴，那么可能你的孩子正处于“思想家”的儿童时期……

11 岁时，他显得特别地叛逆、不听话、爱顶嘴，是家里最令父母头疼的孩子。父母想控制住他，但他强烈地抗拒父母为他制定的一切规定：生活中的每一件小事，他都要跟父母吵得脸红脖子粗。

在一次剧烈的争吵后，父母实在拿他没有办法了，只能带他去看心理医生。当心理医生询问他为什么要这样做时，他说他不想被父母控制住，即使会爆发战争。

心理医生告诉他的父母，他们的儿子有一股独立、勇于抗争的蛮力，任何人都不能试图控制住他。父母没办法了，只能听从心理医生的劝告，放弃试图控制住儿子的念头。

17 岁时，他赚到了人生中的第一桶金。并且，他没有像一般青年那样，考上大学后完成学业：他放弃了进行到一半的大学学业，开始创业。

1994 那一年，他 39 岁，已经成为全球首富。他，就是连续 13 年蝉联世界首富的比尔·盖茨。

现在你相信了吗？每个孩子都是天才。即使你的孩子再淘气、再调皮、再爱恶作剧，这些都只是他在表现他天才的特点。父母需要做的是从正面引导，帮助孩子把精力用在做有意义的事情上，而不是让孩子彻底放弃他的特点。

如果比尔·盖茨的父母当初没有听从心理医生的劝告，而是一意孤行，坚持要使比尔·盖茨成为一个乖顺的孩子，那么比尔·盖茨可能就会变得按部就班，顺利完成大学学业后进入某一公司当职员。今天，我们也就不会知道“比尔·盖茨”这个名字。

二、天才是培养出来的

这个世界上，并不存在一出娘胎、没有受到教育就会写字、心算、唱歌的神童。但是，这个世界上存在着许多经过教育的天才。

你可能听说过：某小孩 14 岁上大学，某小孩才 7 岁，心算能力非常棒，某小孩 11 岁会写诗……但是，你知道这些小孩他们曾经付出了多少努力吗？

假如没有上过小学，没有启蒙老师的教导，连字都不认识，14 岁的小孩怎么上大学？

假如没有人教他怎样算数，那么 7 岁的小孩怎能把心算运用得得心应手？

如果不认识汉字，没有人告诉他：什么是“诗”，那么 11 岁的孩子怎会做诗？

要想让你的孩子成为天才，那么父母们就不能偷懒。想让孩子在哪一方面成为天才，就必须在了解孩子的基础上加以教育、培养。

当幼儿园的小朋友们认真地读拼音、做数学题时，婷婷只想玩耍、涂鸦作业本。好在只是上幼儿园，老师们对孩子也不会太严格，只是任其发展。

但是，婷婷的父母心里急啊！每次到幼儿园接婷婷回家，看到其他小朋友奶声奶气地背唐诗，而婷婷只会把衣服弄得五颜六色时，婷婷的爸爸妈妈心里很不是滋味。

有一天，婷婷的姑姑对婷婷的爸爸妈妈说："既然婷婷这么爱画画，为什么不让她往美术这个方向走呢？"

一言惊醒梦中人，爸爸妈妈帮婷婷报了美术班。当婷婷涂鸦时，爸爸妈妈也会鼓励婷婷，让她把"作品"留在白纸上，否则"擦地板时就会被妈妈擦掉了"。

经过一系列引导，婷婷再也不在墙上、地板上乱涂乱画了，而是认真地画在了纸上。更令人惊喜的是，上课时，婷婷也不画画了，而是专心听讲，她要把自己的"作品"留在家里的画本上呢！

上了小学，学校举办学生画展，婷婷的画一举取得一等奖。社区里的邻居一遇见婷婷就喊："小画家来啦！"

高考填报志愿时，婷婷选了美术专业……

只要你对自己和孩子有信心，并相信能把孩子培养成天才，那么孩子就会成为天才。

在幼儿园里，可能会拼拼音、会简单算术的孩子有很多，甚至只有婷婷不会拼拼音、数数字。但是，从另一个角度来看，整个幼儿园，不是只有婷婷的画画得最好吗？

当孩子上小学时，在老师的教导下，几乎大家都会拼拼音、数数字，婷婷当然也不会例外。可是，婷婷比其他孩子多了一个优势：婷婷会画画。在大家眼中，婷婷是个天才画家。

如果婷婷的爸爸妈妈没有听从她姑姑的建议，没有从正面引导婷婷，而是坚决要让婷婷彻底改掉涂鸦的习惯，跟其他小朋友一样学拼音、算算术。那么很可能，婷婷也能学会拼音、算数，但是婷婷从此就失去了当"天才画家"的机会了。

天才都是培养出来的，父母们不应该以别人的孩子为标准，来要求自己的孩子。当孩子在某一方面出现特点时，父母应该积极观察，制定最适合自己孩子的成材方案。

三、可能孩子长成了大人，才能发现他是天才

每个孩子拥有的先天条件、接受的后天教育，都是不尽相同的。也就是说，可能当其他孩子已经开口讲话时，你的孩子刚刚学会叫“妈妈”；可能当其他孩子已经会走路时，你的孩子刚开始蹒跚学步；可能其他孩子会背诗了，你的孩子正在认字……

这个时候，你灰心了吗？你还相信你的孩子是天才吗？无论如何，请你要继续相信自己、相信孩子。因为这些情况，都是非常常见的。如果因为这些常见的情况，你就失去了信心，觉得孩子“可能不是天才”，那么你的天才儿童很可能就会被埋没了。

经过对不同儿童的跟踪调查，我们发现：相同年龄段的儿童，可能表现出不同的智力与非智力特征。也就是说，就像有些儿童长牙较早，有些儿童说话较早那样，每个儿童都存在着个体差异。有些人可能是“早慧儿”，有些则大器晚成。

爱因斯坦在童年时期并不出彩，甚至被人认为是白痴。因为他既不活泼，也不聪明，3岁了才刚刚学讲话。上小学了，爱因斯坦也不能很好地接受老师的教导，他经常走神、犯困，而且行动缓慢。总而言之，小时候的爱因斯坦并不讨人喜欢。

幸运的是，爱因斯坦有一对好父母。

他的爸爸从来没有对爱因斯坦失望过，而是坚持不懈地鼓励他，使他相信：他并不比别人差，他能做别人做不到的事情。

爱因斯坦的妈妈，则抓住孩子表现出来的任何一个特点，教他学会了小提琴。爱因斯坦非常喜欢问一些奇怪的问题，当别人都认为这是白痴的表现时，妈妈却耐心帮助他，并自信地认为：我的孩子一定会成为大学教授！

在父母的鼓励和帮助下，爱因斯坦的智力、才华渐渐地表现出来，

并以惊人的速度不断向前发展。最终，爱因斯坦成为一位著名的科学家，取得了举世瞩目的巨大成就。

判断孩子是否优秀，你以什么作为标准呢？以其他孩子的表现，还是以孩子试卷上的分数？其实，判断孩子是否优秀的最好参照，就是孩子自己。

或许孩子的心算比不上其他孩子，或许孩子试卷上的分数并不高，但是，你这样判定你的孩子不是天才吗？孩子身上还有许多其他才能，难道你都视而不见吗？

如果因为孩子现在的表现，你就对孩子产生失望的情绪，那么孩子的未来怎么办？在未来，你的孩子可能是天才！

正如爱因斯坦一般，如果他的父母在他并不出色的时候，就放弃了对他的期望，那么或许爱因斯坦永远都不会有出色的时候了。孩子还没成为天才，孩子还没成功，你怎么舍得放弃？

孟子曰："天将降大任于斯人也，必先苦其心志，劳其筋骨……"这是大器晚成的最好注解了。先人的智慧至今熠熠闪光，既然这是经得起历史考验的真理，你还怕什么？你有足够的理由坚信：即使你的孩子现在并不出色，但在未来，你的孩子一定是天才！

第三章

没有笨小孩，只有蠢父母

从来没有一个孩子，在出生的那一刻，就被断定为成功人士。无论你的孩子是优秀还是平庸，他都是由你培养出来的。

一个优秀的孩子，他的背后一定有一对懂得教儿育女的父母！

每一位孩子在出生时都是一张白纸。最先在白纸上留下痕迹的，正是你们：孩子的父母。最终，白纸呈现出怎样的图案，既离不开白纸本身的质地，更离不开最初的那一笔。那一笔，正是白纸上图案的色彩基调。

第一节　有不会教的父母，才有不幸福的孩子

每个小孩刚出生，都像一张白纸，彼此之间并没有什么差异。那么，为什么长大后，有的孩子显得乐观、自信，每天都生活得很快乐，而有些孩子则显得悲观、自卑，觉得自己一点都不幸福呢？问题就出在父母对孩子的教育方式上。

或许有些父母会反驳：这并不一定对，孩子幸福与否，有可能也是因为物质条件。

但是，如果父母教育得当，那么孩子是不会刻意追求物质的，孩子并不懂得什么叫作名牌。举个例，比起让孩子一个人玩一整套玩具，孩子更愿意跟其他小伙伴一起追逐、嬉戏。

父母是帮助孩子形成正确的世界观、人生观和价值观的第一任教师。孩子是否幸福，并不完全取决于物质是否丰富，而在于孩子的思维、心理。

例如，有些孩子即使每天玩着高档玩具，但如果他不懂得满足，那么他的快乐肯定是十分有限的。有些孩子即使没有多少玩具，但他如果知足者常乐，积极乐观，那么他的整个成长过程，肯定伴随着许许多多独特的快乐。

作为孩子心理、性格塑造的第一任助手，你能给你的孩子幸福吗？

建阑和妻子都是工薪一族。尽管如此，夫妻俩都抱着“再苦不能苦孩子”的信念，尽力不让儿子小辉觉得委屈。虽然家里经济拮据，但是小辉的生活用品、玩具却一应俱全，而且全是中高档次的。

上小学了，小辉的开销越来越大。见到同学们有了新衣服，小辉也

吵着要。

“不就一件衣服吗？爸爸这就给你买！”这个月，爸爸戒掉了烟酒。

同桌有了新奇的“变形金刚”笔盒，小辉也吵着要，尽管小辉的笔盒刚买不久。

“既然小辉这么喜欢，那妈妈今天下班一定给小辉买回来！”这一天，妈妈卖掉了身上唯一的首饰，一对金耳环……

这阵子，小辉一直觉得闷闷不乐。因为他发现，很多同学都有爸爸妈妈的小轿车接送，但是他却只能徒步走回家，只有遇到下暴雨时，才能奢侈一回：坐计程车。

当建阑知道小辉的烦恼时，建阑束手无策。因为，对于经济一直拮据的家庭而言：他们是无论如何都买不起一辆小轿车的。

小辉越来越觉得比不上同学们，越来越自卑。慢慢地，小辉开始拒绝上学校……

孩子幸不幸福，很大程度上取决于父母的教育。只有在少数情况下，孩子才会因为物质上得不到满足，而感到失落、不开心。这个时候，只要父母及时给予正确的引导，那么孩子也是能从失落中走出来，获得更多快乐的。

家里经济状况不好，那么建阑和妻子就不应该“打肿脸充胖子”，让小辉从小就“要风得风，要雨得雨”。

毕竟，当小辉的需求只在于一个高档笔盒时，他们是可以稍微节俭一些然后给小辉买的。可是，一旦小辉的需求增长到一辆小轿车时，建阑他们是远远没有办法满足孩子的欲望的。

假如建阑在孩子还很小的时候，就坦白地告诉孩子：家里的经济并不宽裕，不可能满足你所有的要求。你应该跟爸爸妈妈共患难，而不是一味攀比。

如果建阑他们这样做了，那么可能后来小辉就不会越来越追求物质上的享受，而乐于与家里共渡难关。这样一来，当小辉得到了一个新的笔盒，即使这个笔盒一点都不新奇，也不能“变形”，小辉依然会觉得无比快乐、满足。

请记住：幸福的孩子，是父母教出来的，而不是物质、功利培养出来的。

一、会教的父母，能让孩子的幸福成为一件简单的事

孩子的世界很简单，孩子没有太多的欲望。一颗糖果、一个亲吻、一场游戏……都能让孩子露出幸福的笑容。孩子的幸福很简单，“简单”就是孩子的幸福。

是的，对孩子而言，“简单”就是幸福。不要把孩子的问题想得太复杂，这样反而会使孩子纯净的心灵掺进杂质，变得不再单纯。

例如，在平日里，父母们不必操心孩子在幼儿园是否学到了东西？是否会被其他小朋友欺负？

在孩子上幼儿园的时候，孩子的主要任务就是“玩耍”。如果这个时候父母把“学习”这件事情放进孩子的心里，那么孩子就会背负压力，失去许多童年的快乐、幸福。

而且，在幼儿园里，小伙伴之间有自己的一套交往方式，这种方式父母们是很难懂得的。例如孩子之间刚刚才打过架，转眼间又玩到了一块儿。这个时候，父母千万不要因为“怕孩子受欺负”而横加干涉。

因为孩子既然重新玩到了一块儿，那么就说明孩子之间已经达成了协议。至少：孩子已经忘记了不愉快。你又何必重新提起孩子的“伤心事”呢？

这一天，小楼如往常一样，到幼儿园接回3岁的女儿小谨。到了幼儿园，令小楼大觉吃惊的一幕出现了：跟小谨同班的小男孩壮壮，竟然当众亲了小谨的脸颊一口！

震惊的小楼很快反应过来，跑到小谨身边，把小谨拉到自己身后。然后，小楼扯住壮壮的衣领，想把壮壮拖到老师身边，让老师评个理。正巧，也是到幼儿园接儿子壮壮的妈妈，看到了这一幕。

壮壮的妈妈马上拍开小楼的手，指责小楼的粗暴。小楼也是不依不

饶，直骂壮壮是“小流氓”。正当两位家长吵得不可开交时，老师们赶到了。经过调解，双方各自回家，只是嘴里还嘀咕个不停。

回到家里，小楼马上告诫小谨：以后不准再跟壮壮一起玩了，跟其他小男生也要保持距离。

因为自那以后，不但壮壮再也不愿意跟小谨玩耍，其他小朋友也害怕小谨的妈妈，不敢再亲近小谨。小谨在幼儿园，成了大家都避之不及的女孩儿，变得越来越孤单，越来越自卑……

孩子的世界很简单，没有太多的束缚、太多的规则，这也正是孩子天真烂漫的表现。这个时候的孩子是最幸福的，因为他不必顾虑任何因素。父母们可以回想一下，自己人生中最无忧无虑的日子，不正是少不更事的儿时吗？

正在读幼儿园的小谨才 3 岁，相信同班的壮壮年龄也是差不多。

这个时候的他们，是亲密无间的小伙伴。可能他们在玩积木的时候，共同取得过成功；可能他们在丢沙包时，有过难得的默契；可能他们在学习时，共同帮助过彼此……总而言之，他们建立了深厚而纯洁的友谊。

这种友谊是很难得的，它不带任何功利色彩，只是彼此之间的感情、默契。可能当孩子长大之后，再也不会拥有这样的一位朋友，建立起这样的友谊。拥有简单的、纯洁的友谊，这个时候的孩子们，无疑是幸福的。

但是，小楼不适当的处理问题的方式，破坏了孩子之间珍贵、纯洁的友谊，也破坏了孩子简单的幸福。3 岁的孩子之间，互相亲亲脸颊，这只是小朋友之间很单纯的一种表达喜爱之情的方式。

父母们应该知道，孩子的思维很简单，孩子的心理是很单纯的，孩子的幸福也大都来自于此。破坏了这份简单，毁灭了这份单纯，就是破坏了孩子的幸福。孩子的幸福，本来就是“简单”的事情。

二、永远不要贬低孩子

当受到别人的嘲笑、贬低，甚至是歧视的时候，每个人都会感到愤怒、自卑或者压抑。孩子也会有这样的感受，尤其当嘲笑、贬低他的人是爸爸妈妈的时候。要知道，父母是孩子的第一个伙伴，是孩子的第一任教师，是孩子最信任、最依赖的人。

当孩子试着去做一件事情，但又没有把它做得很完美时，作为父母，我们应该鼓励、安慰孩子，而不是责骂孩子。因为，孩子已经经受了一次失败，他的心里一定是不开心的，甚至是充满挫败感的。

这个时候，如果父母不但没有即使给予孩子指导、安慰和鼓励，反而嘲笑、责备孩子，那么无疑是在孩子的心灵创伤上撒上盐。这样，你认为你的孩子还会感觉幸福、感觉世界是美好的吗？

小赋正踮着脚、双手努力在橱柜上摸索：他要自己拿饭碗。

这时，妈妈走了过来，对小赋说："小赋太矮了，拿不到碗的。让妈妈帮你拿吧？"

"小赋自己可以拿到碗。"小赋满头大汗，双手仍然在橱柜上摸索。

过了一会儿，小赋感觉自己抓到了碗的边缘，于是用力拖拉，想把碗拖出来。但令小赋意想不到的是：他抓住的是一个宽大的盘子，盘子上面摆着一整套瓷盘……

"砰"！小赋的脚边落满了破碎的瓷片。妈妈冲进厨房，看到这一幕，几近失控发火。可是当妈妈看到小赋泪眼汪汪、惊恐地看着她时，她一下子气消了：孩子已经知道错了。

"妈妈……小赋不是故意的，小赋以为就要拿到碗了。小赋再也不胡闹了，妈妈以后帮小赋拿碗……"小赋带着哭腔说。

妈妈思索了一会儿，把碎片清理干净后说："小赋，你应该继续拿碗，直到你拿到碗为止。"说着，妈妈不动声色地把放在橱柜最里面的碗，挪到橱柜中央。

小赋想了想，重新踮起了脚尖。很快，小赋露出了得意的笑容：他拿到碗了。

有一句是这样说的：初生牛犊不怕虎。孩子对一切新事物充满了新奇感，孩子是勇于尝试的。在尝试的过程中，孩子会犯下很多错误、经历许多失败。

这个时候，如果父母们不注重对孩子进行正面的引导，而是嘲笑、责骂孩子，那么就会严重地打击孩子的自尊心、好奇心以及孩子敢于征服一切的勇气。

长此以往，孩子会变得自卑、对周围的事物漠不关心，不敢尝试新事物、遇到困难就开始畏畏缩缩。这样的孩子，是很难通过自己的努力获得幸福的。

之前是妈妈在帮小赋拿饭碗，但是当小赋成长到一定程度时，小赋开始尝试着自己拿饭碗。无论如何，这是一件好事情。这说明，小赋有了自己动手、勇于尝试的想法及行动。

当小赋失败时说："妈妈以后帮小赋拿碗时"，妈妈陷入了沉思。她知道，如果这一次没有让孩子的尝试进行到底，那么可能孩子就会失去信心，孩子没有从第一次尝试中得到任何东西，孩子会觉得自己"不行"，甚至孩子会自卑……

意识到了事情的严重性，妈妈选择了让小赋重新开始。但同时，妈妈也清醒地认识到：小赋是不可能拿到摆在橱柜最里面的碗的，于是妈妈不动声色地帮助了小赋，让小赋在第二次尝试中获得了成功，让小赋感到满足。

父母们，当孩子遭受失败时，千万不要贬低孩子。你是孩子最崇拜、最信赖的人，孩子最大的幸福，就是得到你的认可、表扬。

三、警惕"幸福适应症"

在生活中，很多孩子丰衣足食，玩具多得数不胜数，但还总是觉得不够。难道真的是孩子拥有的还不够多吗？显然不是。

心理学上有一个词，叫“感觉适应”。感觉适应，指的是刺激物持续作用于感受器，然后使感受器的性能发生变化。举个生活中的例子，当我们从电影院里走出来时，我们会觉得外面“太亮了”，甚至刺眼。可是，再过一会儿，我们就不会这样觉得了。

也就是说，外面的阳光相当于“刺激物”，而我们的眼睛则是“感受器”。

当我们的眼睛刚开始接受猛烈的阳光照耀时，我们会觉得刺眼。可是只要经过一段时间，我们的眼睛（感受器）就会逐渐适应，觉得阳光不刺眼了。实际上，阳光依然是阳光，只是我们的眼睛适应了。

孩子的幸福也是如此。孩子在拥有第一件玩具时，玩具会强烈地刺激孩子的情绪，使孩子表现出前所未有的快乐。可是，当孩子拥有第二件玩具、第三件玩具……以后的玩具带给孩子的幸福感，就明显比不上第一件玩具了。要知道，幸福也是有“感觉适应”的。

这一天，骆岩看上了一个新的变形金刚，非吵着妈妈买下来不可。事不凑巧，妈妈钱包里只带了一些零钱，不够买变形金刚。骆岩不依，一屁股坐在超市门口，就是不跟妈妈回家。

围观的人越来越多，妈妈只能强拉着骆岩回家。

回到家，骆岩大发脾气，摔椅子、蹬桌子。爷爷拿着果汁哄骆岩开心，竟然被骆岩拿果汁泼了一脸。爸爸看不下去了，把骆岩拉到身边，按住屁股打了一顿。

妈妈把骆岩拉到电脑前，指着西部一些贫困地区的儿童照片，对骆岩说：“你看，他们跟你的年纪差不多，可是他们既没有小皮球，也没有机器猫。有时候，他们连饭都吃不饱，更不用说好吃的糖果和饼干了……”

教育了骆岩之后，妈妈开始鼓动骆岩把自己的一些玩具捐献给孤儿院的孩子，骆岩答应了。此后，妈妈更是有意识地节制了骆岩的玩具，将近半年没有给骆岩添置新玩具。

半年后，当妈妈把变形金刚放在骆岩手上时，骆岩简直乐翻了天，比之前得到任何玩具时都开心。

孩子幸福感的高低，很大程度上取决于父母的教养。假如父母一直顺应孩子的要求，让孩子想要什么就有什么，那么孩子的幸福感就会越来越低，直到有一天完全消失。因为，父母不是超人，不可能一直让孩子的每一个要求都得到满足。

与其让孩子一下子达到幸福的巅峰，而后幸福感越来越低，直至消失，倒不如让孩子在幸福的高山上慢慢攀爬，让孩子越来越幸福。

驹岩就是因为之前要什么，爸爸妈妈就会给什么，所以觉得这一切都是理所当然的，不是什么难得的幸福。当妈妈偶然有一次不能满足驹岩的要求时，驹岩就觉得自己受到了不公平待遇、受到了莫大的委屈。

后来妈妈采取了一系列补救措施，让驹岩了解贫困地区儿童的生活，并鼓动驹岩捐出自己的玩具。在见识了其他人的痛苦之后，驹岩才感受到了自己的生活究竟有多幸福。

当驹岩听从妈妈的建议，把自己的玩具捐献出去后，驹岩肯定有一段时间是非常失落、无聊的。但只要熬过了这一段时间，驹岩以后就能更好地感受幸福。事实证明，半年后，当驹岩得到新玩具时，他的幸福感达到了前所未有的高度。

让孩子幸福，是每一位父母的愿望和责任。但是，父母们也要注意给予孩子幸福的方式，警惕“幸福适应症”。

四、孩子的幸福是：只做第一个我，不做第二个谁！

从孩子呱呱坠地的那一天开始，孩子就受到了来自各方的关注。在关注孩子的同时，很多人还会拿孩子与其他人进行比较。例如，孩子三个月时有多重？孩子什么时候长第一颗牙？孩子什么时候会开口讲话了……

类似的比较，甚至会一直伴随着孩子的成长，贯穿孩子的生活、学习、工作……很多父母也会要求孩子：字要写得像小莉那么工整，饭要吃得像小铭那么多，钢琴要弹得跟小创一样好……那么，孩子什么时候能做“自己”呢？父母们想过这个问题吗？

请相信，你的孩子也很优秀，不必让孩子抛掉自己，踩着别人的影子走路。孩子的幸福，是能够自由自在地做自己想做的事情，成为一个独立、独特的人。

这一天，肖梅带着戴新去朋友家叙旧。朋友也有一个女儿在上幼儿园，名字叫馨沁。

到了朋友家后，肖梅跟朋友两人聊得很欢畅，两个孩子则跑到房间玩游戏去了。

突然，房间里传来戴新的哭声，肖梅急忙跑进房间。原来，戴新看到了滑板，觉得很新奇，就踩上去试了一下。没想到，刚踩上去就重重地跌了一跤，这才哇哇大哭。肖梅气恼，说：“你就不能像馨沁那样安静一点儿吗？非要惹出事情来！”

刚说完这句话，肖梅就知道自己错了，戴新是男孩啊，自然是比女孩好动一点儿的了，自己不应该拿孩子这样做比较。

从朋友家告辞后，戴新一直闷不作声。肖梅带着戴新到超市，给戴新买了一个滑板，说：“新新，妈妈刚才说错话，妈妈不是想让新新像馨沁那么安静。妈妈只是告诉新新，下次玩滑板的时候，一定要注意安全。”说着，妈妈把滑板递给了戴新。

戴新接过滑板，恢复了之前的活泼，拉着妈妈的手让妈妈扶着他学滑板……

你是否跟孩子说过类似的话：“你就不能像隔壁小美那么安静吗？”、“你就不能像幼儿园里的小朋友那么听话吗？”如果是的话，那么请你从此以后忘记这些话吧！这些话，对孩子幸福的杀伤力是非常强大的。

每个孩子都有自己的特点，有的孩子显得活泼，有的孩子显得斯文。当你要求孩子学习其他人身上的特性，而这些特性与孩子的特性完全相反时，实际上你已经否定了你的孩子。

为什么一定要学习其他孩子的安静呢？或许活泼就是你孩子身上的特点、优点。或许其他父母还在羡慕你有一个活泼、可爱的孩子呢！

让孩子成为他自己吧！假如一直让孩子跟在别人后面，学习别人的特点，那么你的孩子只能成为别人的影子。这样的孩子，你觉得他会幸福吗？

当孩子丢掉自己的独特，学习别人的特点时，孩子的幸福也随之被丢掉了。更糟糕的是，孩子可以学习别人的特点，但却学不来别人的幸福。

第二节　孩子好不好，只在父母一念之间

孩子的心灵是一张白纸，父母是最先在白纸上涂上颜色的人。白纸上的第一笔，无疑会影响白纸以后的图案、颜色，因此，第一笔就显得无比重要。父母的一念之间，对孩子的影响可能是终生的。

在心理学界中，我们把这种现象称为“首因效应”，通俗地说，也就是先入为主。孩子形成的第一个观念，会成为孩子日后行为举止的重要标准，并且这个观念是很难被撼动的。因为孩子判断一切的标准，就是最先驻扎在他心里的这个观念。

爸爸的严厉，让媛媛形成了怯懦、胆小的性格，从来不敢主动与其他小朋友交往。

这一天，当爸爸到幼儿园接媛媛回家时，看到媛媛很投入地在玩泥巴。爸爸顿时生气极了：女孩子玩得满身泥巴，不像样！

正当爸爸准备冲到媛媛身边时，幼儿园里的老师突然对他说：媛媛很少这样高兴地跟大家一起玩耍的，您看她笑得多开心！

爸爸再回头一看，幼儿园里的每个小孩都在尽情地玩着泥巴，每个孩子都笑得那么开心、快乐。回想一下，这还是自己第一次见到自己的女儿笑得这么忘怀。爸爸陷入了沉思。

在回家的路上，爸爸问媛媛：“今天是不是玩泥巴了？”

媛媛顿时紧张地说：“媛媛只玩了一小会儿……媛媛再也不跟小朋

友们玩泥巴了。”

媛媛怯懦的样子刺痛了爸爸的心，爸爸温和地说：“以后，媛媛想跟小朋友们玩泥巴，就跟小朋友们玩。爸爸只是觉得，媛媛玩泥巴的时候，笑得特别好看，媛媛是个漂亮的小女孩……”

自此，媛媛逐渐开始主动跟小朋友们打交道，变得越来越自信，越来越开朗。

当爸爸看到媛媛正在玩泥巴时，爸爸正处于愤怒当中。如果不是老师及时叫住了爸爸，那么爸爸很可能会当众训斥、甚至责打媛媛。一旦爸爸这样做，那么爸爸就会对媛媛造成极大的伤害。

但很快爸爸发现：孩子的天性本是如此，这才是最快乐的媛媛！于是爸爸没有对媛媛实施惩罚，因为这本是不必要的。

父母们，当你愤怒的时候，请你千万不要对孩子做出任何惩罚。因为这个时候，你的惩罚要么是不必要的，要么就是过于严厉的。当你冷静下来，经过分析之后发现孩子确实该罚时，再对孩子实施适当的惩罚，这不是更好吗？

如果你在愤怒的时候惩罚孩子，那么对孩子造成的伤害是很难弥补的。甚至，孩子会以为，你之所以惩罚他，是因为他惹怒了你，而不是他自身出现了错误。

父母的决定只在一念之间，但是父母的决定所产生的影响，却可能会伴随孩子一生。因此，当父母处于一念之间时，请一定要慎重再慎重。

一、请你把手放在口袋里

请根据实际生活，如实回答下面的问题：打孩子时候，你是否处于冷静的状态当中，你知道自己用了多大的力气吗？你是否只是针对此次事件，没有牵涉到其他方面？假如你的答案是否定的，那么下次当你觉得孩子犯错了时，请把你的手放在你的口袋中。

开完家长会，小凤的情绪一直很糟糕。老师当着所有家长的面，批评了儿子小安作业不认真、不按时完成，并埋怨小凤只顾着赚钱，把孩子丢到学校后就不管孩子了。

回到家，刚打开门，小凤就看见了小安正在玩水，把整件衣服都弄湿了。小凤正想打人，小安突然笑着说："妈妈，你摸摸口袋！"妈妈下意识地把手放进口袋，是一个果冻。

小凤弯下腰说："这果冻哪里来的？"小安说："今天我帮小鹏打扫教室了，他送给我的。"

妈妈想了想，说："小安帮助了同学，值得表扬。但是小安玩水，万一感冒了就要打针吃药了！快去换衣服。"

妈妈边帮小安擦头发，边说："小安，水是很宝贵的资源，而且玩水感冒了怎么办呢？"小安低头说："小安知道错了。"

妈妈说："今天老师说小安没有按时完成作业……"

"小安不是没有做作业，只是小安忘记带作业本了，所以才第二天交作业的……"小安急忙说。

妈妈说："那小安以后要记得带作业了，不然老师们还以为小安没做作业呢。"

按照常理来说，小安第一次在家里玩水，是不至于招到父母的打骂的。这是孩子第一次犯错，只要跟孩子讲清楚其中的利害关系，并告诫孩子"下次不可以这样做"就足够了。

刚开始小凤之所以想打人，并不真的完全因为小安在玩水。小凤在家长会上受到老师的批评，因此情绪不好，而恰巧小安又在家里玩水，这就成了小凤想打人的导火线。家长会上老师的批评，才是真正的炸弹。

事实证明，小安的确是不应该受到如此之重的责罚的。小安并不是因为偷懒而没有写作业，小安是因为粗心而忘记了带作业。

平息你的怒火，你才能真正地帮助孩子。不要让愤怒的"一念之间"，毁坏了你与孩子之间的亲密、温馨，让孩子受到伤害。

当你觉得愤怒的时候，此时的你是令孩子非常惧怕的。不信？那么当下次你充满怨气地想找孩子算账时，请你先照一照镜子：怎么样？你觉得镜子中的您，会是一位成功的父母吗？此番找孩子算账，您能让孩子从此变成好孩子吗？

请您对着镜子，深呼吸 15 次，这个时候，您还觉得无比愤怒吗？您可以放下手中的藤条了吗？现在，您可以去找孩子谈话了。

如果你依然觉得怒不可遏，而且非立刻找孩子谈话不可，那么请您把手放在口袋里，真真正正地跟孩子使用您的嘴巴，跟孩子进行一场“谈话”。要知道，当您处于愤怒时，您的一念之间对孩子的伤害可能是不可弥补的。

二、一句气话，也许影响孩子一生

每位父母，都希望自己的孩子日后能够成功，能够成为有用的人，不希望孩子吃亏。父母的这种期望，本来是无可厚非的。但是，如果父母在培养孩子的时候，因为受到某些外物刺激，而产生错误的“一念之间”，那么这对孩子的成长是非常不利的。

小兴是一个乐于助人的男孩子，在幼儿园里，频频受到老师家长们的表扬。作为小兴的妈妈，小璐看到孩子在幼儿园里这样受欢迎，当然也十分高兴。

这一天，小璐到幼儿园里去接小兴的时候，小兴正在跟同学们玩耍。小璐看天色还早，就坐在一旁，看着孩子们玩耍。

突然，一个小女孩儿打了小兴一个耳光！

这可不得了！就是在家里，小兴也没有这样挨过谁的打啊！小璐马上站起来，冲到小兴身边把小兴拉到身后。小女孩儿也机灵，见到小兴的妈妈来了，拔腿就跑。

小璐火冒三丈，只能回头数落小兴：“你怎么这么没用啊？别人打你怎么不还手？任人欺负！我怎么教出你这样的傻儿子……”

“以后你要是再这样被别人占便宜，就不要说是我的儿子，丢我的脸！”小璐最后说。

小兴低着头说："那以后我再也不让着其他小朋友了，谁不小心碰到我了，我就揍谁！"

听了小兴的回答，小璐愕然。坐在远处看孩子们玩耍的小璐并不知道，女孩儿是看到了小兴脸上的蚊子，动手想把蚊子拍死的。

小璐看到儿子挨打，并且儿子丝毫没有还手的迹象，心里又气又急。作为一位母亲，她心疼孩子，为孩子感到委屈。可是，小璐并不知道，小女孩儿是因为看到了小兴脸上的蚊子，才拍打小兴的脸颊的。小璐更不知道，她的责骂，比小女孩儿的"巴掌"更让小兴受伤。小璐在又气又急的一念之间，对小兴进行了错误的教育：以后不准让别人占你的便宜。

这一念之间的错误教育，对小兴产生的影响是：谁不小心碰到我了，我就揍谁！这样的小兴，还会像之前那样受人欢迎、被老师家长们赞扬吗？肯定不会。小璐在一念之间做出错误的教育，很可能会让那个懂礼貌、乐于助人的小兴从此消失。

父母在带负面情绪的时候，尽量不要对孩子进行人生教育。因为，这个时候父母所传递给孩子的，大都是一些负面信息，对孩子的健康成长是十分不利的。请记住：你的一念之间，可能影响孩子的一生。

三、消灭错误的"一念之间"

由于现在的孩子大多是独生子女，比较容易受到家人的溺爱。在家人的溺爱下，孩子会变得越来越娇气、蛮横，吃不了苦。

在家里，孩子可以为所欲为，大人们会因疼爱而不断迁就孩子。可是当孩子走出家门，谁还会以孩子为中心，不断地迁就孩子呢？

在家里，孩子是你的宝贝，你可以事事以孩子为先。可是在幼儿园里，每个孩子都是父母的宝贝，每个孩子都是平等的。如果你的孩子在家里被溺爱惯了，那么在幼儿园，你的孩子是很容易吃亏的。

在幼儿园里，老师们要管教众多的孩子，不可能所有的老师都只围着某一个孩子转。你的孩子，跟幼儿园里的其他孩子并没有什么分别，不可能享受特殊待遇。这个时候，孩子就会觉得受到了冷落、委屈。这也是为什么一开始孩子并不喜欢独自待在幼儿园的原因。

不要让孩子成温室里的花朵，而是要适当地让孩子“吃点苦”。很多家长大概也尝试过锻炼孩子、培养孩子，希望孩子能变得更独立、坚强一些。但由于孩子过惯了“好日子”，家长一开始锻炼孩子，孩子就哭闹，于是家长们也没办法了。

其实，在培养孩子吃苦时，孩子越是哭闹，父母们就越是不能心软，越是要坚持锻炼。因为，锻炼的目的，不就是为了让孩子在遇到困难时能够坚强吗？

因为吃多了零食，小恬的身体一直不好，不是发烧就是肚子疼。而且，小恬几乎满嘴都是蛀牙。

小恬的妈妈枫蕾觉得：再这样下去，孩子的身体肯定好不了。于是跟丈夫普肃一合计，一致决定：控制小恬的零食量，直至小恬的身体恢复健康。

两个大人跟一个小孩的“战斗”打响了！爸爸妈妈的法宝是藤条，虽然藤条从不落在小恬身上，但是只要一拿出藤条，小恬就再也不敢自己到冰箱里拿零食了。

小恬的秘密武器：眼泪。只要小恬往地上一坐，眼泪一抹，爸爸妈妈就会忙不迭地从冰箱里拿出零食哄小恬。

半个月过去了，枫蕾和普肃拿小恬一点儿办法也没有。当小恬因为急性肠胃炎进医院时，枫蕾下定决心：一定要让小恬戒掉零食！

当小恬再次坐在地上哭时，枫蕾还是会心软。有好几次，枫蕾就要投降了：不就是一点零食吗？让孩子吃吧！可是，只要一想到小恬瘦弱的身体，枫蕾就马上告诉自己：不行，一定要坚持住，这是为了孩子的身体！

一个月后，枫蕾终于成功控制住小恬的零食量了……

在控制小恬的零食量的过程中，枫蕾和丈夫就是因为经不住小恬的哭闹，所以一次次地“投降”，使原本的计划彻底失败。

当父母们不能满足孩子的愿望时，孩子的哭闹是理所当然的。这个时候，很多父母会心软，会闪过类似“还是算了吧”的念头。父母们与孩子之间的“战役”，往往就是输在这一念之间。

其实，只要父母们坚持自己最初的计划，当“一念之间”的想法出现时，马上告诉自己：一定要坚持，熬过这几分钟、这几秒钟，一切就都好了！是的，“一念之间”的想法来得快，去得也快。父母们，坚持就是胜利！

第三节　习惯成自然

当优秀已经成为孩子的习惯时，那么孩子的一只脚已经踏入了成功、幸福之门了。无论怎样，家里的大人们，学校的老师们，机构的领导者，都是喜欢优秀的人的。优秀的人，比别人就多了许多机会。不可否认，成功是需要机会的。

从幼儿园开始，小捷就是众人口中的好孩子。三岁的小捷懂礼貌、讲文明，而且小捷平时十分活泼可爱。幼儿园毕业，小捷的照片被留在了“校史”上，其他小朋友的家长们都羡慕极了。

上小学了，小捷保持着幼儿园时的好习惯：上课不做小动作，回家按时完成作业，帮助同学搞卫生。很快，小捷就被老师们注意到了。家长会上，每位老师都对小捷赞不绝口，家长们纷纷向小捷的父母请教“育儿经”。

小学毕业时，记者采访小捷：“小朋友，你的成绩一直都这么好，平时一定很努力学习吧？爸爸妈妈对你的要求这么严格，你会不会觉得不快乐呢？”

大家都以为小捷会说“很辛苦”，可是，小捷的回答却出人意料：“我习惯这样子了。就像每天都要睡觉那样子，怎么会觉得辛苦呢？”

所有人都明白了，大家纷纷报以热烈的掌声：优秀，已经成为小捷的习惯了。

习惯了，也就自然而然会这样去做了，于是也不会感到辛苦、委屈。

一直保持优秀，在很多人看来是很难的，至少是很辛苦的。想要让孩子做到“一直优秀”，似乎也是不可能的。

但是，只要我们把“优秀”，分解成一个个优秀的行为，让孩子在生活中不断重复这些行为，直至养成习惯。那么，这些别人看似优秀而难以做到的事情，对于孩子而言，就像吃饭穿衣那样简单，它已经成孩子的一种习惯了。

那么，怎样让优秀成为孩子的习惯，伴随孩子的一生呢？这是许多家长都想知道的。并且，有许多的家长为此孜孜不倦地寻找方法。其实，要想让优秀成为孩子的习惯，那么家长们首先要做的，是坚信：你的孩子是一位优秀的孩子。

在此基础上，父母们再朝着优秀的方向，带着孩子前进。什么是习惯呢？习惯就是行为的不断重复。父母们应该试图让孩子重复优秀的行为，当孩子能自觉地做出一些优秀的行为时你就会获得成功，孩子也会获得幸福。

而且，在生活中，父母们也应该逐渐地把“优秀”装进孩子的心里，让孩子的心里装满了关于“优秀”的点点滴滴。

一、告诉孩子：“你是一个很优秀的孩子！”

不少父母们都有过这样的经验，如果你对孩子说：爸爸妈妈相信你不会这样做的，对吗？因为你是一个好孩子。那么，孩子就会认真地记住：他是好孩子，他不该这样做，因为好孩子是不会这样做的。

孩子做一件事情的动机，可以分为内因和外因。外因指的是外界所施加的压力、动力，而内因则指的是孩子本身就觉得：我不能这样做。很明显，当一件事情具有内因促动时，孩子是比较容易去实行的，因为孩子觉得本来就应该这样子。

告诉孩子你是一个好孩子，无疑是孩子让内因来决定某件事情的施与否。当孩子想要把垃圾丢在地上时，你说：好孩子会把垃圾丢在哪里呢？妈妈考考你是不是好孩子，看你知不知道好孩子应该把垃圾丢到哪里。这样一来，孩子就会重新检视自己的行为，经过思索后把垃圾丢进垃圾桶。要知道：每个孩子都想成为好孩子！

吃晚饭时，熠熠一边往嘴里塞饭，一边玩球。

“熠熠，安静地坐在椅子上吃饭！”妈妈说。

可是熠熠玩得正欢，根本不听妈妈的劝告。

过了一会儿，熠熠突然把球踢到了饭桌上，打翻了鱼汤。被溅了一脸鱼汤的妈妈生气了，拉过熠熠就是一巴掌。

熠熠哭着跑进了房间。爸爸放下了饭碗，走向熠熠的房间。

“不是说不可以打人吗？妈妈为什么打熠熠？”熠熠问。

爸爸帮熠熠擦干眼泪，说：“妈妈打人是不对，但是熠熠也有做得不对的地方呀！在妈妈心目中，熠熠一直都是一个听话的好孩子。可是今天，妈妈说的话熠熠都没有听进去，还把鱼汤打翻了，熠熠你说，这是好孩子应该做的事情吗？”

“不是……”熠熠低下头。

“所以呀，妈妈因为太爱熠熠了，怕熠熠再也不能当好孩子了，所以一时心急才会不小心打了熠熠。不信熠熠现在就可以去问妈妈，看妈妈是不是因为一时心急才不小心打了熠熠。不过，熠熠刚才做错事了，应该先向妈妈道歉才对……”

此后，熠熠在吃饭时，再也没有心不在焉。

告诉孩子：你是个好孩子，你很优秀。那么孩子就会潜意识地按照“好孩子”的标准来做事，孩子心里知道：我是个好孩子，我应该这样做。

熠熠正是因为知道了妈妈把自己当成了好孩子，所以才会觉得惭愧，然后下定决心整改。

如果熠熠不知道妈妈把自己当成好孩子，那么熠熠就不会以“好孩子”的标准来检视自己，就会觉得自己并没有做错，做错事的是妈妈。因为，虽然自己把汤打翻了，但是妈妈也动手打人了。

父母教育孩子的时候，告诉孩子“你是个好孩子”的教育效果，远远要比责骂孩子“你这个坏小孩”好。如果父母责骂孩子“你这个坏小孩”，那么孩子很容易破罐子破摔：既然你都说我是个坏小孩了，那么坏小孩就是这样子的！

可是，如果父母告诉孩子“你是个好孩子，你很优秀”。那么孩子自己都会以“优秀”的标准来审视自己。

二、让优秀成为孩子的习惯

孩子上学后，父母们可能会发现：孩子在学校表现得很优秀，可是在家里又是另一副样子了。为什么呢？

这是因为，孩子还没有真正地把优秀作为自己的习惯。孩子认为：只有在学校时，我才不能乱丢垃圾；只有在学校时，我才要安静听话；只有在学校时，我才要讲文明、懂礼貌……

班里要评选“文明之星”了，每位同学都想让自己的名字登上“光荣榜”，都尽量在老师面前表现得彬彬有礼，讲卫生、爱文明。

秀秀也希望自己能被评上“文明之星”，所以在学校对老师非常恭敬，还帮老师搬作业、擦黑板，表现得十分勤快。老师们私底下也在讨论：秀秀这孩子，确实不错！于是，班主任决定周末去秀秀家进行一次家访，进一步了解秀秀的情况。

当老师将秀秀在学校的表现一一告诉秀秀的妈妈时，妈妈惊呆了，失口说道：“怎么会这样？秀秀在家里从来不会主动跟人打招呼，更不用说做家务活了……”老师告辞后，妈妈把秀秀拉到身边，对秀秀说：

“老师说，在学校里，秀秀是最优秀的！那么，秀秀在家里，能不能也像在学校那样优秀呢？妈妈觉得，秀秀不应该在学校的时候，才做个勤劳的孩子，在家里，秀秀也应该做个勤劳的孩子呀！秀秀能不能把扫地的习惯带到家里来呢?”

秀秀想了想，说：“其实扫地是一件很容易的事情……那好吧!”

……

孩子在学校能做到的事情，在家里也一定能做到，只不过孩子愿意不愿意罢了。当孩子在学校能养成好习惯时，那么父母们就要鼓动孩子：把好习惯带回家!

父母们应该让孩子明白，不是只有在学校时才需要勤勤恳恳，我们要把勤勤恳恳当作自己的习惯，至少每天重复一次。

在懵懂时期，孩子对任何事情都没有一个明确的辨别能力，就如他们在学校才会积极表现，那是因为他们知道只要在学校里如此做，就会被同学、老师夸奖，而家里则不会。所以，父母们就要适当引导孩子，让他们保持在学校里养成的好习惯，适当的夸奖以及奖励都是不错的方法。

三、培养好习惯从小事开始

孩子这个“优秀”的习惯，需要从生活中培养，从点滴小事中培养。一个好的行为，多次重复后就成为一个好的习惯。即使这个好的行为是很小很小的事情，但是积少成多，生活本来就是由这些小事组成的。

让孩子从各个方面养成良好的行为习惯，那么当这些行为习惯围绕在孩子身边时，你的孩子能让优秀成为习惯。

因为，我们判断一个人是否优秀，正是根据他的行为举止作出判断的。假如，你的孩子因为有了好习惯而一直表现出好的行为举止，那么你的孩子不正是优秀儿童了吗?

妈妈发现儿子小宏的铅笔用得特别快，不到一个星期，一整盒铅笔就被用光了。

小宏写作业时，妈妈绕到他身后仔细观察，这才发现了小宏用笔快的原因。

原来，小宏在用铅笔的时候，只要铅笔稍微短一点儿了，小宏马上就把它丢进垃圾桶里，然后换上新的铅笔。妈妈偷偷地把小宏丢弃的铅笔捡起来，重新削尖……

第二天小宏做作业时，妈妈递给小宏几只铅笔说：这是妈妈今天刚买的，已经削好了。

过了一会儿，妈妈问小宏："这些笔好不好写呀？"

小宏说："好写！新笔当然好写！"

妈妈蹲下来，拿起那几只笔对小宏说："妈妈刚才弄错了，这几只不是新买的，是昨天小宏丢掉的笔。你看，这些笔写起来仍然像新的一样，对不对？我们不应该这么浪费，以后不能再随便扔掉铅笔了，知道吗？把削铅笔当成一个好习惯！"

小宏发现铅笔削过之后像新的一样时，既惊喜又惭愧。从此，小宏总是要把铅笔用得只剩一小截才丢弃。老师们都连连夸赞：小宏勤俭节约，是个懂事的好孩子！

好的行为，成就好的习惯；好的习惯，成就优秀的孩子。很多时候，孩子对"优秀"的概念理解，只是停留在"听话"、"懂礼貌"上。但是我们知道，要让优秀成为孩子的习惯，单单做到"听话"、"懂礼貌"，是远远不够的。我们还要帮助孩子重复更多正确的行为，帮助孩子养成更多良好的习惯。

只要我们这样去做了，那么终有一天，即使孩子没有刻意地保持优秀，"优秀"也会成为了孩子摆脱不掉的习惯。

一开始，小宏在用笔上并没有保持节俭的好习惯，而是随意地浪费铅笔。这个时候，妈妈并没有要求小宏直接养成珍惜铅笔的习惯，而是亲力亲为地把铅笔削尖，然后告诉小宏：削铅笔。就能让铅笔像新的一样。

妈妈的教导，可谓是循序渐进。先是让小宏认同、肯定"削铅笔"，然后鼓动小宏，让小宏重复"削铅笔"这个行为。当小宏在重复这个行为的时候，实际上小宏已经在慢慢养成"不浪费"的好习惯。

告诉孩子：这样做更好！然后让孩子不断重复这些行为，直至这种行为成为孩子的习惯。然后，告诉孩子更多更好的行为，继续让孩子重复……

这样一来，孩子的好习惯就会越来越多，直到孩子所做的大部分事情都是“好习惯”促使的，那么你的孩子将一辈子都是优秀的！

第四节　让你的孩子赢在终点线上

相信很多家长都听过这样一句话：别让你的孩子输在起跑线上。

每个人都知道，在跑步比赛中，最先到达终点的人才是冠军。从来没有一场比赛，在一开始就判定了谁是真正的胜利者。相反，在比赛中“抢跑”的人会被犯规，甚至淘汰出赛。而且，一开始就铆足了劲地跑，是很容易摔跟头、后劲不足的。

因此，我们说：宁愿让孩子刚开始的时候“跑”慢一点，然后越来越快，也不要让孩子一开始就“冲刺”，后来连跑下去的劲头都没有了。

文新非常重视儿子小铿的教育，在小铿两岁的时候，文新要求小铿每天学背一首唐诗。小铿三岁时，文新开始教小铿英语……文新这样做的目的很简单：让孩子出众，让孩子比其他人先走一步，让孩子最先取得成功！

上了幼儿园，小铿果然没有辜负爸爸的希望，一直是众多小朋友中的佼佼者。当小铿在众多家长、老师面前背唐诗、讲英语，然后受到赞扬时，文新的心里像喝了蜜似的。

文新原本以为，儿子小铿已经先走一步了，以后一定能遥遥领先。但令文新意想不到的是：上了小学之后，小铿的成绩一直在中下游徘徊。

原来，当语文老师讲课时，小铿认为：这太简单了，我都会了。

当其他同学因为首次接触英语，而对英语产生莫大的兴趣时，小铿早就背单词背腻了，早对英语失去了兴趣……

小学升初中，小铿因为成绩不好，只考到了一所很普通的中学。

上了小学，小铿之所以不爱学习，是因为爸爸早在小铿儿时，就把小铿的学习兴趣消灭在“摇篮中”了。

在幼儿园时，小铿确实是非常出色的：幼儿园并没有开始“唐诗”、“英语”的教育，而小铿竟然能背唐诗、懂英语单词。不得不说，小铿确实赢在起跑线上了。

但是，等小铿上了小学了，班里的同学都开始学唐诗、英语了，小铿的优势就慢慢地消失了。甚至，小铿之前的这些优势还为他带来了许多负面的影响：骄傲，对学习没有任何兴趣。

其实，父母们明明知道，现在你教孩子的英语单词、唐诗，到了小学后，学校里的老师还是会再教一遍的。既然如此，那么父母们又何必如此心急呢？

“龟兔赛跑”的故事，相信父母们大都听说过。故事中的兔子不也是赢在起跑线上吗？但是，冠军最终是乌龟。

一、赢在起跑线上？倒在了起点线上？

望子成龙、望女成凤，是众多父母的共同特点。希望自己的孩子取得成功、获得幸福，这无可厚非。但是父母们也应该牢记：欲速则不达，物极必反。

看到其他人家的孩子上美术兴趣班，你马上逼着孩子上围棋“兴趣”班；看到其他孩子会算数，你马上要求你的孩子学唐诗。这样一来，不仅孩子被折腾得够呛，相信你也一定身心俱疲。

更糟糕的是，本以为这样就不会让孩子输在起跑线上了，但事实上孩子却倒在了起点线上……

菲菲是一个聪慧、机灵的孩子，大家都说：菲菲以后肯定有出息！

菲菲受到好评，父母自然得意，琢磨着怎样才能让菲菲更快成材。正当菲菲的父母绞尽脑汁，怎样让菲菲“先走一步”时，邻居家的莫莫学起了钢琴，这让菲菲的父母兴奋不已，因为他们知道菲菲该学什么了——钢琴！

菲菲的父母认为，学钢琴不仅能陶冶情操，而且以菲菲的聪慧，以后当上音乐家的可能还是很大的。

当父母花重金，替菲菲请来钢琴教师时，菲菲却告诉父母：我不喜欢钢琴，弹琴很沉闷。一心希望菲菲在钢琴上有所成就的父母，哪里听得进菲菲的埋怨？为了让菲菲学好钢琴，父母甚至限制了菲菲的自由，要求菲菲每天必须花两个小时弹琴。

菲菲觉得非常委屈，在家里也不愿与父母多说话了。慢慢地，菲菲变得越来越沉默，越来越自卑。从前那个快乐、聪慧而机灵的菲菲，已经再也看不到了……

即使菲菲已经明确表态：我不喜欢钢琴。但父母为了让菲菲早日成材，一意孤行地强迫菲菲，甚至限制菲菲的自由。

不喜欢钢琴却被逼着学钢琴，菲菲的钢琴一定也弹得并不好，菲菲遭受的打击是可以想见的。这样一来，原本快乐、聪慧而机灵的菲菲，变得沉默、自卑，也就不难理解了。

如果菲菲的父母能够遵循孩子的身心发展规律，尊重孩子，那么菲菲还是有着自己的优势的：机灵、聪慧。一旦菲菲把机灵、聪慧用在日后的学习上，那么菲菲的成绩一定不会差到哪里去。

菲菲的父母强硬的态度，不但没有使菲菲“先走一步”，反而让菲菲还没开始走就倒了下去。

二、赢在起跑线上？停在中点线上！

你是否还记得“龟兔赛跑”的故事？

在开始赛跑的时候，兔子遥遥领先。跑到一半时，兔子就把乌龟甩得不见影子了。于是，兔子骄傲地想：乌龟怎么会是我的对手？我先睡一觉，说不定等我醒过来时，乌龟还没爬到这儿呢！兔子一觉醒来，乌龟已经爬到了终点。

艺术来源于生活，生活中实际上并不缺少这样的故事。或许你的用心良苦，再加上孩子的努力，孩子确实跑在了其他人前面，甚至遥遥领先。但是，你能保证：你的孩子不会是半途停止奔跑的兔子吗？

比起其他孩子，李翔拥有更好的教育条件：爸爸妈妈都是大学教师。

“在生活中学习，在学习中生活，不浪费任何一寸教育的光阴”，这是父母的教育信条。在父母的教育下，李翔确实表现得比其他孩子更优秀。幼儿园、小学，李翔都是老师眼中的优秀学生。

即使是初中，李翔也不孚重望地考到了市内的重点中学。上了初中，自恃成绩优秀的李翔开始骄傲自满了。他觉得，别人辛辛苦苦才能考上的重点中学，其实也不过如此，自己“闭着眼睛”就考上了！

李翔越来越不把学习当一回事了，每次听老师讲课，他都觉得自己是受过大学老师教育的人，自己懂的比老师还要多！

不交作业、迟到早退、旷课……李翔几乎样样齐全了。成绩在班里越来越靠后，李翔却并不在乎，他还是觉得：这只是自己没有认真去考，要是自己认真起来，肯定是全校第一！

中考时，李翔只考上了一所普通高中。遭受打击的李翔几乎失去了所有信心，开始自暴自弃。

最终，李翔中途退学了。

原本优秀的李翔，其实考上大学的概率是非常大的。但是由于刚开始起跑时，李翔就遥遥领先，以至于李翔后来变得无比骄傲。“祸兮福之所倚，福兮祸之所伏”，一开始就遥遥领先，并不一定是一件好事。

而且，太早地让孩子接受太多的赞誉，使孩子习惯了成功的祝贺，而受不了失败的挫折，只会让孩子离成功越来越远。

毕竟，通过你的努力，确实可能让孩子赢在起跑线上。但是，无论你如何努力，你都不可能去除孩子半路摔跤的可能性。如果孩子一直成长在蜜罐中，一直生活在赞扬中，那么孩子一旦遭受打击，就很有可能从此一蹶不振。

三、赢在起跑线上？输在终点线上！

人生是一场马拉松，跑到最后才能笑到最后。

可能孩子一开始确实能跑在队伍的前方，但因为一开始起跑，孩子已经拼尽全力、气喘吁吁，所以孩子更容易被其他人超越。

为了让孩子取得最终的胜利，父母应该把目光放得长远一些、更具战略性一些。对于孩子的未来而言，关注日后的发展，比计较目前的得失更为重要。

为了让孩子接受更好的教育，春霞“托关系、找后门”，终于让儿子晓峰转学，进了当地的重点小学。春霞想：这样一来，孩子的起点就会比许多人高，孩子也能接受更好的教育。

但事实的发展，却是春霞始料不及的：孩子的学习跟不上同学们的进度，成绩一直排名靠后。

原来，在重点中学读书的学生，要么是聪慧过人，要么是基础牢固。老师上课时，只能照顾整个班学生的进度，不可能为了晓峰一个学生而耽误了其他孩子。这样一来，晓峰的成绩越来越差，人也越来越自卑。

小学升初中时，晓峰转学之前的同学们都考上了市内的中学，而晓峰因为成绩太差，只能到县里的一所普通小学就读……

其实，如果当初春霞没有让晓峰转学，不贪图“重点小学”这个所谓的高起点，那么晓峰可能也不会越来越差。

可能相比较于转学之前的那些同学而言，晓峰的起点确实是被拔高了。但是，起点再高又有什么用呢？最好的不一定是适合孩子的。但是不适合孩子的，就一定不是最好的。

父母们一味地追求高起点，那么很可能就会让孩子后劲不足。即使暂时看来孩子是领先的。但随着时间的发展，别人的奔跑越来越有力，你的孩子却只能被远远地抛在最后。

第四章

家教中的绝招，你学会了吗？

家庭教育是一门非常独特的课程。这门课程，是每对父母的必修课。这门课程呈现出丰富多彩的内容，更神奇的是，这些内容在随时随地地不停变换着。

每一位孩子都是独特的，因此家庭教育也不可能具有统一的课程内容。作为一个个体，孩子虽然拥有自己的独特个性。但是，作为一名儿童，孩子身上也有着儿童应有的共性。

如何利用这些共性，成功地培养幸福的孩子？这更是必修课中的重中之重。家庭教育有绝招，你今天上学了吗？

第一节　树立好榜样，教育好孩子

帮助孩子树立榜样，使孩子朝着榜样的方向努力，对孩子的教育就会事半功倍。因为这个时候，已经不是父母要求孩子“怎样做”，而是孩子从心底里认识到“我要向……一样”。这个时候，出于内因的激励，即使没有父母的监督，孩子也会自发地行动。

通过帮助孩子树立榜样，使孩子自发地朝着某个方向努力，这种教育方法，我们把它称之为“榜样教育”。

在我国，榜样教育并不是一个新兴的教育方式，而是历史悠久、薪火相传的教育方式。我国古代文学作品中，就有不少关于榜样教育的书籍。被称为“蒙学”的《三字经》，是对孩子进行榜样教育的最好教材。

《三字经》里，有半夜利用雪的反光读书的孙康；有七岁就饱读诗书的刘宴；有头悬梁的孙敬；有锥刺股的苏秦；有四岁让梨的孔融……

一旦孩子欣赏这些人，那么孩子就会以这些人为榜样。

晓波是一位爱哭的小男孩儿，得不到玩具会哭、轻轻摔了一跤会哭、甚至突然停电也会哭……

“一个男孩子，这么爱哭，以后可怎么办……”爸爸忧心忡忡。

这一天，临睡觉时，爸爸如同往常一样给晓波讲故事：

“从前，我们国家的部队里，有一位勇敢的战士，他的名字叫黄继光。这一天，我们的部队占领阵地时，被几支火力很强的机关枪挡住了去路。这个时候，勇敢的黄继光站出来了！

“他对参谋长说：‘首长，让我去吧！我坚决完成任务！’首长同意了，于是黄继光带领两名战士，向不断开炮的机关枪冲去……

"战士们死的死、伤的伤，黄继光着急极了，他艰难地爬向机关枪，用自己的胸膛堵住了抢眼……战争胜利了，黄继光成了人民心中永远的英雄!"

晓波听得入神了，过了一会儿，他说："爸爸，我也要像黄继光那么勇敢，我也要当人民英雄……"从此，每当晓波哭闹时，爸爸就会提起黄继光的勇敢。慢慢地，晓波变得越来越坚强，再也不因小事就哭鼻子了。

原本爱哭的晓波，因为受到了战士黄继光的影响而变得越来越坚强，这是一个很成功的榜样教育事例。

爸爸利用战士的勇敢、坚强，传递给晓波这样一个信息：你应该学习战士们的勇敢，不应该因为这样一点小事就哭。

事实上，爱哭的晓波一旦见识到这样勇敢的人民英雄，是很容易被感动的。因为英雄身上具备自己极度匮乏的品质：坚强，勇敢。

每个人看到别人拥有自己所缺乏的东西时，都会心生羡慕。小孩子也不例外，当晓波看到了坚强、勇敢的人物代表时，晓波幼小的心灵就会被大大地触动。

中国历史上的先进人物事迹有很多，父母们应该充分利用榜样教育的力量，在了解孩子的基础上，帮助孩子竖立孩子自己的榜样。

这样，父母们在教育孩子的时候，就可以以榜样身上的美好品质来指导孩子、鼓励孩子。父母采用这样的方式教育孩子，会达到事半功倍的效果。

一、你知道孩子需要怎样的榜样吗?

要对孩子进行榜样教育，那么父母们就应该充分地了解孩子，明白孩子身上缺乏怎样的品质，或者孩子需要克服什么缺点。这样，父母们才能有针对性地为孩子选择合适的榜样。

例如，如果孩子养成了浪费的坏习惯，那么父母们可以用周总理的勤俭节约来教育孩子；如果孩子显得比较自私、以自我为中心，那么父母们可以用“孔融让梨”的事例来教育孩子。

总而言之，了解孩子，是为孩子竖立榜样的第一步。这第一步至关重要，如果第一步做错了，父母们没有帮助孩子树立适当的榜样，那么这个榜样不仅不能为孩子带来好处，甚至会对孩子造成负面的影响。

小婷的妈妈认为：自信的人，才能成就美好人生。因此，小婷的妈妈很注重对小婷自信的培养。

从小，小婷就不断地被妈妈教育：做人一定要自信，不要理会别人的否定，要坚持做自己！妈妈还跟小婷讲过著名的音乐指挥家小泽征尔的故事。

故事说的是，有一次，小泽征尔到欧洲参加指挥家的比赛。突然，小泽征尔发现：乐谱是错的！尽管众多评委都坚持认为乐谱没有错，但是小泽征尔对自己的判断非常自信，他断定：乐谱一定是错的。

事实证明，小泽征尔的判断是正确的，乐谱是评委们故意弄错的，为的是考验参赛选手。结果，小泽征尔夺得了比赛冠军。

这个故事，被妈妈贴在了小婷的床头上。妈妈还鼓励小婷把小泽征尔当成榜样，学习他的自信。

小婷确实这样做了，也确实变得非常自信。但是令妈妈始料不及的是：由于小婷本来就很有自信，再加上妈妈的不断刺激，小婷已经由刚开始的自信，变得越来越自负了。慢慢地，小婷变得越来越目中无人，听不进所有人的劝告……

因为想要把孩子培养成自信的人，因此妈妈为小婷选择了自信的小泽征尔作为小婷的榜样。这看来并没有什么不妥，但是最终的结果却是令所有人始料不及的：小婷变得自负、独断。

为什么会这样子？问题就出在榜样的选择上。在为小婷选取榜样时，妈妈只凭自己的主观意愿行事，想把孩子培养成自信的人。妈妈没有考虑到：孩子已经足够自信了。

如果妈妈再慎重一些，在充分地了解小婷之后，根据小婷的实际需要而不是自己的主观意愿去为小婷选择榜样，那么也就不会对小婷造成这么大的伤害。

父母们在为孩子选择榜样时，一定要先了解自己的孩子，根据孩子的需要来进行榜样教育。切记：众人心中的榜样，不一定适合你的孩子。

二、你了解孩子的榜样吗？

当有人问你：你了解自己的孩子吗？可能你会说：这还用说？我自己的孩子我当然了解！可是，如果有人问你：你了解孩子的榜样吗？你会怎么回答？

是的，或许你比任何人都要了解你的孩子。可是，你却不一定了解孩子的榜样，或者说，对孩子的榜样，你了解得并不全面。

在为孩子选择榜样时，我们固然要了解孩子，然后对症下药。孩子的“症结”找到了，那么孩子的“药”你找对了吗？一种药，可能并不是单单适用于某种症状。某一位榜样，身上可能有着值得你的孩子学习的地方，但也有可能：这位榜样会从另一方面强化孩子的缺点。

开学时，老师发现耀祖比上学期更加暴躁了，动不动就打架、骂人，甚至不听老师们的教导。老师想：是不是耀祖家里发生了什么事情呢？耀祖怎么越来越暴躁了？老师决定对耀祖的父母进行一次家访。

来到耀祖家，一进门，老师就看到了客厅墙上贴满了大大小小的“张飞像”。顿时，老师就明白了半分。

在跟耀祖的妈妈谈话时，老师貌似不经意地问：“怎么家里贴满了张飞像呢？”

妈妈笑着说：“这都是耀祖他爸爸的好办法……”

原来，暑假期间爸爸妈妈带耀祖回老家。在老家，耀祖有许多的表哥表弟，但是耀祖却总是欺负弟弟妹妹。于是爸爸就想出了一个“好主意”，不停地跟耀祖讲述《三国演义》里边的张飞。爸爸说张飞怎样讲义气、跟兄弟怎样出生入死，还鼓动耀祖像张飞看齐。

妈妈得意地说：“这招还真有效。耀祖很少欺负弟弟妹妹了，并且在弟弟妹妹受到别人欺负时还经常为弟弟妹妹出头呢!”

老师听了之后，马上把耀祖在学校的表现如实地告诉了妈妈。听了老师的话，妈妈惊呆了……

张飞讲义气、维护兄弟，这是人所皆知的。针对晓波喜欢欺负弟弟妹妹，用张飞来教育晓波确实不错。但是，我们也都知道，张飞性格上还有一个很大的特点，那就是脾气暴躁。

在帮助晓波竖立榜样时，爸爸只注意到了榜样身上有利于孩子的一方面，却忽视了榜样身上另一个突出的特点，对孩子造成了不良的影响。

其实，如果爸爸在了解晓波的基础上，多花一点力气去了解榜样，多花一点时间去选择榜样，那么这种不良影响是可以避免的。

在为孩子选择合适的榜样时，不仅要了解你的孩子，也要了解这位榜样身上的品质以及他所代表的精神。在条件允许的情况下，父母们也可以将多位榜样身上的重点品质列出，然后一一对照，选出最合适的榜样。

磨刀不误砍柴工，宁愿多花一点时间为孩子选取正确榜样，也不要等到日后出现问题了，才发现这位榜样并不是孩子的最佳榜样。

三、怎样让孩子把“他”当成榜样?

在为孩子选择了合适的榜样之后，父母们应该做的，就是让孩子了解榜样，接受榜样，进而产生向榜样学习的动力。

这是榜样教育非常关键的一步，如果孩子根本不了解榜样，从心底就不愿意接受榜样，那么孩子就不会产生向榜样学习的想法和动力，榜样教育也就无法进行了。

那么，怎样才能让孩子把“他”当成榜样呢？首先，父母要充分的了解“他”，把“他”身上的所有美好品质都挖掘出来。这样，父母才有足够的理由说服孩子，让孩子把“他”当成榜样。如果父母连“他”好在哪里都不知道，那么就更别提孩子了。

其次，父母们自己应该认同“他”。如果父母自己都不认可“他”，那么父母在向孩子宣传他的时候，也就少了许多激情，说服孩子当然也就比较难了。

最后，父母们应该对孩子讲述“他”的故事。也就是说，父母们要把“他”的美好品质，通过具体事例表现出来。否则，没有具体的事例，父母们是很难把“勇敢”、“诚信”、“勤俭节约”这些形容词变得具有强大的说服力的。

家里经济宽裕，再加上小舟是“三代单传”，因此家人总是无限度地满足小舟。小舟想要什么，家人就会马上送到跟前，长期下来，小舟养成了浪费的坏习惯，什么东西都可以随意丢弃。

刚开始，家人觉得只要孩子开心就好了。可是渐渐地，小舟的爸爸发现，这样下去只会害了小舟！于是爸爸下定决心，要让小舟养成节俭的好习惯。

由于娇生惯养，打骂肯定是行不通的，而且家人也舍不得。因此，爸爸决定让小舟把勤俭节约的周总理作为榜样，向周总理学习。

为了了解周总理的生平，爸爸搜集了许多资料。在了解周总理的生活后，爸爸也深深地被周总理勤俭节约、艰苦奋斗的精神所折服。跟小舟讲述周总理的事迹时，也总是眉飞色舞，让小舟听得津津有味。

这一天，妈妈端着吃剩的白菜想要倒掉时，小舟突然说：“妈妈，周总理从来不浪费，就是剩菜汁儿也要用开水冲一冲喝掉……”

听到小舟这么说，爸爸暗暗欢喜：“果然！周总理伟大的人格魅力，到今天还能征服一代人！”

在帮助小舟竖立榜样时，爸爸自己也做足了功课。在了解小舟养成了浪费的坏习惯，而且娇生惯养时，爸爸采用了比较缓和的教育方式：榜样教育法。在实施榜样教育法之前，爸爸先是到处搜集周总理的生平资料，然后自己也被周总理所的人格魅力所折服。

这样一来，爸爸在向小舟讲述周总理时，就会思路清晰、滔滔不绝、眉飞色舞，小舟也才会听得津津有味。

从小舟的那一句“周总理从不浪费，就是剩菜汁儿也要用开水冲一冲喝掉”，可以看出，周总理勤俭节约的形象已经深入小舟的心了。小舟开始认为，倒掉食物是一种浪费的行为。

如果不是爸爸平时经常讲述周总理生平的事迹，通过具体的例子表现周总理的勤俭节约，那么小舟是不会懂得：这样做就是勤俭节约。小舟也不会记得这样一个小细节：周总理把剩菜汁用开水冲一冲喝掉。

父母们在帮助孩子树立榜样时，应该从实际出发，少讲大道理，多说些人物身上真实发生的、生活中的平常小事。唯有这样，孩子才能更好地了解榜样、欣赏榜样，并在实际生活中受到榜样的教育。

四、对榜样，不应只停留在认识上

榜样教育法的最终目的，是让孩子在认识榜样、欣赏榜样之后向榜样看齐，克服自身缺点、发扬优点。所以，当孩子真正地把“他”当成榜样之后，父母们一定要趁热打铁，鼓励孩子向榜样学习。

儿子小轩不爱学习，是小慧最大的烦恼。

刚上小学一年级，小轩动不动就闹着不去学校上课。为了让孩子变得更勤奋好学一些，小慧决定用童第周勤奋好学的事例来鼓励小轩，让小轩以童第周为榜样，学习童第周的刻苦精神。

小慧告诉小轩：还没上一年级的童第周，通过努力考上当地最好的学校，在里面读三年级。小慧还告诉小轩，童第周通过勤奋学习，考上了一所好大学，还到国外留学，此时，小轩对童第周崇拜极了！

小慧见目的已经达到，心里喜滋滋的，以为小轩一定会好好学习了。

可是，两个星期过去了，小轩还是原来的老样子：放学不做作业，早上不想上学……小慧想不明白：小轩不是已经把勤奋学习的童第周当成榜样了吗？为什么小轩还是老样子？

只是让儿子小轩知道勤奋学习的童第周，最终考上了大学、留学国外还不够。小轩在把童第周当成榜样之后，之所以没有任何改变，是因为小轩对童第周这个榜样，仅仅停留在认识、欣赏的层面上。

小轩并没有萌发“要向童第周那样勤奋学习”的想法，也没有为此付出行动。如果在小轩把童第周当成榜样之后，小慧能够趁热打铁，鼓动小轩向榜样学习，并在日常生活中加以督促，那么小轩肯定会有所改变。

父母们在成功地帮助孩子树立榜样之后，不可或缺的一个步骤，就是鼓动孩子向榜样那么勇敢、勤奋、节俭、诚信……

而且，在日常生活中，父母们还要注意观察孩子，一旦孩子“老毛病又犯了”时，一定要让孩子知道：如果是“他”，那么他是一定不会这样子做的！

第二节　正面的力量，培养健康的孩子

什么是正面的力量？简单地说，正面的力量指的就是一件好事、一个好人。正面的力量，总是能让人觉得温暖、愉悦以及充满希望。

例如，在发生了一场车祸后，我们更愿意听到医生们救死扶伤，而不愿意听到肇事司机逃逸。前者让我们觉得这个社会充满爱，让我们充满安全感。而后者，却让我们觉得这个社会很冷漠，让我们觉得害怕、压抑。

经过大量的调查研究，我们发现在儿童的成长过程中，如果儿童一直受到负面信息的影响，那么长大后，这些儿童就会变得暴躁、怯懦、多疑。但如果这些儿童所接触的大部分是正面信息，那么长大后，这些儿童往往会显得乐观、自信而勇敢。

“小喻！跟你所过多少次了，不要跟陌生人讲话！”正在跟幼儿园老师道别的小喻，突然听到身后传来的妈妈的吼声。

妈妈急忙奔跑到小喻身边，把小喻拉到身后，一脸警惕地看着眼前的陌生女人。

只见陌生女人微笑了笑，拿出工作证说：“您好！您是小喻的妈妈吧？您看，这是我的工作证，我是小喻的新老师。”一时之间，大家都陷入了尴尬……

回家的路上，小喻问妈妈：“妈妈，为什么不能跟陌生人讲话呢？”

“这还用说？现在的社会多乱啊！人贩子那么多，一不小心小喻就被人贩子卖了……”妈妈絮絮叨叨地说。

因为一直受到“有很多人贩子骗小孩”的教育，小喻的胆子越来越小了。小喻不敢一个人走出家门，即使是帮爸爸把放在门口的拖鞋拿进来。小喻也不敢跟幼儿园新来的小朋友讲话……渐渐地，甚至家里来了客人，小喻都会惊恐至极、坐立不安。

人之初，性本善。孩子的心灵本来是纯净而善良的。可是，如果父母们一味地教育孩子“世界是邪恶的”，那么就会使孩子的心灵受到伤害。孩子会认为：这个世界是很危险的。这样一来，孩子就会对身边的人、事、物失去信任感，变得多疑、怯懦。

为了培养孩子的自保意识，适当地对孩子进行安全教育是有必要的。但是，安全教育并不等于恐吓。如果孩子一直生活在对周围环境的恐惧中，那么孩子的心理就很难得到健康的发展。孩子的成长，也会多了许多忧虑、恐惧，失去了本应拥有的童年的快乐。

父母们在对孩子进行安全教育时，应该客观、公正，不应该为了引起孩子的警惕，而一味地夸大事实。

如果父母们一味地夸大“恶”的范围与程度，那么孩子就会草木皆兵，生活得战战栗栗，非常压抑，显然这对孩子的健康成长是非常不利的。

而且，一旦孩子发现了事实并不是这样子，那么孩子就会认为父母之前说的都是骗人的。这样，父母们不仅不能使孩子在危险面保持警惕，还会使孩子觉得：所有的危险都是爸爸妈妈编出来吓小孩子的。

父母们应该知道，利用正面的力量来教育、影响孩子，远远比只传递负面的信息要好得多。

一、带孩子寻找雨中的乐趣

有一首歌是这样唱的："爱上一个人，一定要让他相信，这世界多么美好……"

你爱你的孩子吗？你的孩子觉得这个世界很美好吗？作为父母，你希望孩子健康、快乐成长，那么你为此都做出了什么努力了呢？是努力赚钱，给孩子买玩具？还是努力工作，让孩子享受奢侈的物质？

其实，对于每个人来说，如果他感受到了"世界很美好"，那么这个时候的他就是充满希望、快乐而幸福的。

相反的，如果一个人觉得"世界很糟糕"，那么无论他拥有多少物质，他都不会快乐。因为，即使拥有得再多，他还是生活在一个"很糟糕"的世界里，他会觉得压抑、恐惧。

想让孩子享受幸福，想让孩子健康、快乐地成长，那么就让孩子知道这个世界有多美好吧！让孩子知道，他正生活在一个充满鸟语花香、多姿多彩的世界，让孩子对整个世界都充满好奇、充满希望、充满期待……

暑假到了，妈妈带着儿子小晋会到乡下外婆家，想让孩子见识见识田园风光。没想到，刚到外婆家，就遇上了连日大雨。

这一天，连门都出不了的小晋，趴在窗上看着天空的乌云，突然冒出一句："生活真没意思！"正择菜的妈妈听见了，吓了一大跳，小晋才五岁，怎么就觉得生活没意思了呢！

妈妈把菜放到一边，走到小晋身边说："谁惹小晋不开心了？生活怎么就没意思啦？"

小晋扁着嘴说："天天下雨，到处都是泥巴，不能出去玩，还有什么意思啊！这个破乡下地方！"

妈妈笑了笑，说："小晋啊，其实乡下可有意思了呢！特别是到了下雨的时候，就更有趣了！你跟妈妈过来……"

妈妈把小晋带到屋外，绕道老屋后面。弯下腰，妈妈摘起一个蘑菇，笑着对小晋说："小晋，快过来！你看这是什么？"小晋惊奇地说："蘑菇！这是蘑菇……"

这一天，妈妈带小晋摘了许许多多的蘑菇，跟小晋讲了乡下下雨时的许多乐趣……

又是一年暑假，小晋问妈妈："妈妈，我们什么时候才回乡下呀？"

生活中，到处充满着乐趣、充满着新鲜事，关键在于我们是否能发现并享受它。小晋刚到乡下时，就碰上了连续的雨天。再加上乡下里没有那么多玩具、游乐园，因此，五岁的小晋竟然会觉得生活"没意思"了。

其实，这只是小晋还没有感受到乡下独特的乐趣而已。

妈妈带小晋到老屋后找蘑菇，跟小晋讲述下雨时乡下的乐趣……这个时候，乡下生活独特的乐趣和魅力，已经在小晋的脑海中留下了深刻的印象。小晋已经被乡下生活所吸引，觉得"生活真有意思"了，所以才会在下一个暑假时催促妈妈"回乡下"。

当孩子百般聊赖，觉得生活无趣时，父母们应该让孩子知道：这个世界上，有很多有趣的事情等着我们去发现。只要我们用心去探索，去发现，就能感受到世界的美好。

只有当孩子感到世界充满乐趣、生活充满希望与快乐，孩子才会愿意更多地去体验生活、期待生活。这样，孩子才能健康、快乐地成长。

二、"她是装的"

当孩子跟你一起出门时，你可能会对孩子说："出去的时候，一定要把家里的门锁上，不然小偷就会把家里的东西偷走。"

当孩子上幼儿园时，为了安全起见，你可能会对孩子说："放学了要等爸爸妈妈来接你，你才可以离开幼儿园，不然就会被人贩子卖到山里……"

为了孩子的安全起见，你无时无刻不在对孩子进行安全教育。只是仔细想想，你是否确定你是在培养孩子的防范意识，而不是在恐吓孩子？

孩子对这个社会是很陌生的，我们应该帮助孩子正确地认识社会、融入社会，而不是恐吓孩子，让孩子对社会充满恐惧、厌恶。

小朋友们做游戏时，小志从不参加；老师组织小朋友做活动时，小志显得非常不配合……老师们以为这是孩子的性格比较内向的缘故，也不十分勉强，只想着慢慢改变就好了。

这一天，幼儿园里的一位老师在跟小朋友们做游戏时，不小心踩到积木摔倒了。其他小朋友帮忙扶起老师，给老师拿药酒时，小志却在一旁冷眼旁观。幼儿园园长看见了，觉得非常奇怪。

于是，园长走近小志，温和地问小志："老师摔倒了，小志怎么不帮忙把老师扶起来呀？老师平时很疼小志呢！"

小志冷冷地说："她是装的！"

小志的回答让园长大吃一惊，急忙问："为什么呢？小志比较聪明，告诉我好不好？"

小志这才说："妈妈说，看到有人摔倒了，千万不要去扶他起来，因为他是装的。如果小志去扶他了，他就会说是小志把他推倒的。"

原来，小志的妈妈看到新闻上报道"大学生扶起跌倒的老人，反被冤枉"时，多次心惊胆战地"教育"小志：外面到处都是使诈的坏人，看到了摔倒的人，千万不要去扶。

对小志的安全教育，小志的妈妈明显是防卫过度了。社会上并不乏好人，而且真正借摔倒来骗人的，只是很少的一部分人，没有必要弄得草木皆兵。

退一万步来说，即使真的有人借"假摔"来骗人，那么谁又会相信一个三岁小孩故意推倒了一个大人呢？对于小志来说，这种"教育"实在是没有必要的。

假如父母一味地对孩子进行"社会是充满邪恶"的教育，那么孩子对社会就会充满恐惧、充满厌恶。这样，不仅对孩子的成长非常不利，甚至会导致孩子产生心理障碍。

孩子终究是要长大的，终究是要融入社会的。父母们应该让孩子正确地认识社会、喜爱社会，让孩子对社会充满信心、充满期望，这样才能使孩子日后更好、更快地适应社会。

三、“不要跟陌生人说话”

在众多的心理疾病中，有一种心理疾病叫作“陌生人恐惧症”。

什么是“陌生人恐惧症”呢？顾名思义，就是在面对陌生人时，或者跟陌生人接触时，感觉到强烈的恐惧、焦虑，并且试图回避陌生人。

根据调查发现：现代社会，不少儿童都患有或轻或重的“陌生人恐惧症”。这些儿童，平时不敢靠近陌生人，一旦见到陌生人，或者亲友之外的人，就会哭闹不安、试图回避。至于患病的原因，大都在于父母们教育方式的不当。

很多父母出于孩子的安全考虑，总是向孩子强调“不要跟陌生人讲话”、“不能随便吃陌生人给的东西”……孩子在接受这些教育时，会潜意识地对“陌生人”感到恐惧，觉得所有自己不认识的人，都是坏人。

对孩子进行安全教育并没有错，对孩子强调“不要跟陌生人讲话”也无可厚非。毕竟，这确实能在一定程度上，提高孩子的安全意识，让孩子学会保护自己。但是，父母在告诉孩子“不要跟陌生人讲话”的同时，是否也应该告诉孩子“大部分人都是好人呢？”

如果父母们只是一味地向孩子宣扬人性丑恶的一面，而从来不向孩子展示人性美好的一面，那么孩子很可能就会对人性充满恐惧、厌恶。这样一来，孩子会觉得“世界上没有一个好人”，孩子会变得不愿与人交流，不愿认识新朋友，甚至失去与人交往的动力和信心。

这一天是星期天，妈妈正打算带着磊磊去游乐园时，家里的门铃响了。

打开门，是从老家来的叔公。原来，叔公到城里看望上大学的儿子，顺便到这里来看一看，找妈妈聊天的。

磊磊一见叔公进来了，飞似的跑进房间，用力关上房门。妈妈以磊磊是因为不能去游乐园了，所以在闹小孩子脾气，也就没有多加理会。聊了不一会儿，叔公就告辞了。妈妈把磊磊叫出房间，打算再带磊磊去游乐园。

妈妈教育磊磊："叔公来了，磊磊还是可以到游乐园去玩啊！怎么可以一见到叔公，就耍脾气跑回房间呢？下次可不准这么没礼貌了！"

磊磊小声地说："磊磊不是耍脾气。妈妈不是说'见到陌生人就要躲开'吗？磊磊怕陌生人把磊磊带走，所以才跑回房间的。"

妈妈想了想，对磊磊说："磊磊，虽然妈妈让你不要跟陌生人讲话，但是磊磊也不用害怕陌生人的。因为大部分人都是好人呀！你看，磊磊身边是不是都是好人呢？爸爸妈妈、幼儿园的老师、小朋友们都是好人呀！所以啊，大部分都是好人呢。"

由于一直以来，磊磊接收到的关于"陌生人"的信息都是负面的，因此磊磊对陌生人产生了强烈的恐惧、厌恶。

妈妈在对磊磊进行安全教育时，只向磊磊传递了"见到陌生人就要躲开"的负面信息，却没有向磊磊展示人性的正面。这就导致了磊磊对"陌生人"的认识，产生了极大的偏差，影响了日常的交际。

孩子最信赖的人就是父母，因此如果父母说"这个人是坏人"，那么孩子很可能就会从此坚信不疑：这个人是坏人。

父母对孩子说"不要跟陌生人讲话，他会把你卖到山里"，那么孩子可能就真的信了，并从此恐惧、逃避任何陌生人。因此，父母在对孩子进行安全教育时，一定要把握好尺度，尽量做到客观、公正。

向孩子传递了多少负面信息，父母过后就应该向孩子传递更多的正面信息。不然，孩子由于缺少生活经验，对人性的认识就会非常片面、非常极端，这对孩子的健康成长以及孩子日后的交际能力是非常不利的。

四、告诉孩子：我们很幸福！

生活中虽然充满了美好、快乐，但是生活中也不乏悲伤。如何让孩子领悟生活的美好，从而乐观地面对生活？这需要父母们共同的努力。我们需要让孩子知道：我们很幸福！

每当小东打开妈妈为自己准备的午餐时，小东总是觉得很不好意思。因为，同学们的午餐总是很丰盛，鸡鸭鱼肉、各式青菜都有。但是，小东的午餐永远都是榨菜、番茄……

这一天，小东放学后回家后，妈妈从书包拿出小东的饭盒，打算清洗干净时，妈妈发现：小东的午餐完好如初，小东甚至没有动过筷子。妈妈以为小东身体不舒服，没想到，小东却说："妈妈，我觉得我们活得真可怜！"

妈妈大惊："小东！你在说什么？"

小东继续说："今天吃午餐时，小福看到了我的午餐，他说：'你妈妈怎么把狗食跟你的午餐拿反了？你吃我的吧！我的菜很多，两个人吃刚刚好。'……"

妈妈瞬间明白了，弯下腰，妈妈对小东说："小东，其实我们并不可怜。你看，每天早上你上学时，社区门口的小蕞都羡慕地看着你呢！他多么羡慕你可以去学校上学呀！而且，虽然吃的东西比别人差一点儿，但是小东长得比谁都高、比谁都帅，成绩在班上排名第一！很多人都很羡慕小东呢……"

虽然很多时候，孩子是天真的、无忧无虑的，但是在某些特殊的时候，孩子也会觉得：我不幸福。这个时候，父母一定要给予孩子正面的引导，而不应该责骂孩子"不知足"等。

因为，当孩子觉得"不幸福"的时候，孩子的心里一定很失落，这个时候如果再加上父母的责骂，那么孩子可能真的就会觉得"生活真没意思”了！

如果孩子觉得不幸福，那么父母们就要努力告诉孩子生活中幸福的一面。这就是父母向孩子传递生活的正面信息，利用正面的信息培养幸福的孩子！

第三节 让孩子感受自身价值

父母们可能都有这样的经验：当我们夸奖孩子的时候，孩子会显得很开心，并继续重复我们夸奖的那个行为。这是因为，从我们的赞扬中，孩子得到了自我价值的肯定。孩子意识到了，他正在做一件有意义、有价值的事情。

在家里，小蝶是衣来伸手、饭来张口的“小公主”。

有一天，妈妈突然想起来：小蝶在家里从来都没有分担过家务活，自己累得腰酸背痛，小蝶好像也认为这是应该的。

第二天，妈妈对小蝶说：“小蝶啊，妈妈今天上班很累，你能不能帮妈妈扫一下地板呢？”

小蝶显得很惊讶：“这不是妈妈做的事情吗？”

妈妈继续说：“不对，我们生活在一起，小蝶也要在家里的地板上踩来踩去的。所以，小蝶也应该扫地板。”

小蝶关掉电视机，拿起扫把就开始扫地板。说实话，小蝶花了将近半小时，才把客厅扫了一遍，但是客厅里还是没有打扫干净。

妈妈看着小蝶笨拙的动作，心里却很高兴：这孩子终于尝试着扫地板了！

小蝶打扫完后，妈妈故意夸张地说：“天啊！小蝶把地板扫得真干净！妈妈扫了这么多年地板，还没有小蝶第一次扫地板干净呢！”

得到妈妈的夸奖，小蝶得意极了。第二天，妈妈回到家时发现：小蝶已经把地板扫干净了，正一脸期待地看着她，等待她惊喜的表情呢。

小蝶并不是不会做家务活，也不是不愿意做家务活，而是一直以来，妈妈总是一人承担家务活，这让小蝶误认为：家务活是妈妈的，跟自己没有关系。

当妈妈告诉小蝶：在家里，每个人都有义务承担家务时，小蝶才尝试着做家务。即使小蝶第一次做家务做得并不怎么出色，可是妈妈还是给予小蝶极大的肯定了。妈妈的肯定，大大地激励了小蝶，使小蝶从做家务活中，感受到了自身的能力、价值。

其实很多时候，孩子并不是不愿意去做家务活，更不是不懂得怎样做家务活。只是因为父母没有想过让孩子跟自己一起干家务活。

父母们总是想着孩子还小，肯定不知道怎么做家务活，等孩子长大一点再说吧！孩子长大一些了，父母们又想着：反正活儿又不多，自己辛苦一点就算了，把时间留给孩子学习吧……

久而久之，孩子就会觉得家务活是爸爸妈妈做的，不关我的事。这个时候，父母要是再想让孩子做一些家务活，那可就难于登天了。

其实，如果父母们在孩子还很小的时候，就尝试着让孩子做一些力所能及的家务活，那么不但能从小培养孩子的劳动意识，使孩子尊重劳动者，而且还可以让孩子从劳动中体会到自身的价值，获得满足感、自信心。

一、让孩子参与家庭劳动

让孩子做一些家务，并不是虐待孩子，而是帮助孩子更好、更健康地成长，帮助孩子培养劳动意识、尊重劳动者，帮助孩子建立对家庭的归属感，帮助孩子学会承担责任……

即使在孩子很小的时候，父母们也要试着让孩子承担一些非常轻松的家务活。例如，在孩子三岁时，你可以让孩子试着把鞋子放在鞋架上；孩子五岁时，可以试着让孩子扫地板；孩子七岁时，可以试着让孩子洗杯子……总而言之，家里一定有孩子能做的家务活。

小田是一位非常勤快的小男孩儿。在学校里，小田总是非常积极地帮老师搬作业、擦黑板，甚至帮老师搬凳子。小田的勤快引起了老师们的注意。毕竟，在这个独生子女居多的班级里，小田是唯一一个如此勤快的学生。

老师们对小田的关注越来越多，学期末时，班主任决定到小田家进行家访，看看小田在家里是怎样的表现。

老师刚踏进家门，就看到了小田正拿着扫把扫地。老师连连夸赞：一回家就打扫卫生，小田真勤快！老师十分好奇：小田的父母是怎样把一个独生子培养得这么勤劳的呢？

经过与小田妈妈的交谈，老师才明白，原来在小田很小的时候，妈妈就告诉小田：每个人都应该承担相应的家务，小田是家里的一分子，当然也要做家务。而且，在小田做完家务后，妈妈一定会认真地表扬小田……

小田之所以能被众多老师关注，是因为小田身上具有同龄人所不具备的品质：勤劳、负责。而小田之所以拥有这些品质，是因为小田的妈妈非常注重从小培养孩子的劳动意识、责任意识，而且注重让小田从家务活中获得对自我价值的肯定。

当孩子意识到自己是家庭一员，应该力所能及地分担家务时，父母们一定要鼓励孩子这样去做。并且，在孩子做完家务后，无论成果怎样，父母们都应该予以肯定和赞扬。

因为，即使孩子第一次做家务做得并不好，但只要孩子坚持做下去，总有一天孩子能把它做好的。父母的肯定，能让孩子感受到自身的能力，感受自我价值。这是孩子能坚持日复一日做家务的重要动力，也是孩子能从劳动中感到幸福的原因。

二、让孩子尝试力所能及的事情

当你看到，孩子正尝试着去做一件从未做过的事情时，你一定要鼓励孩子：做下去，爸爸妈妈相信你能做得到。这样，孩子才会感到自己是有价值，而并非一无是处、什么都办不到的。

你应该充分地信任孩子，让孩子感受被信任的幸福，让孩子知道：你值得让爸爸妈妈相信。父母的信任，会让孩子觉得：我是有能力让别人相信的。

对孩子照顾得越周到，孩子越没有责任心，越不知道怎样料理自己的事情。

有个上小学三年级的小男孩庆庆，每天早晨，妈妈几次催他起床，他总哼哼唧唧：“再睡一会儿。”

如果真迟到了，他又会抱怨父母不把他拽起来，害得他被老师批评。

父亲决心换个办法，他告诉儿子：“上学是你自己的事情。从明天开始，该几点起床你调好闹钟。如果闹钟响了你还赖被窝，你就赖吧，一切责任自负！不过，爸爸相信庆庆是一个有责任心的孩子，一定会做到按时起床的！”

父亲心中有数：孩子跟父母撒娇，在老师、同学那里还是很在意自己形象的，岂敢总迟到。

果然，第二天早上闹钟一响，庆庆腾地跳下床来，并且自动地穿好衣服、叠好被子，洗漱完毕后安静地坐下吃早饭，然后上学。

从那时起，庆庆早晨起床再也不用催了。

从庆庆的例子可以看出，孩子的潜力很大，可以做很多事情，只是因父母的溺爱剥夺了他们自立的能力。孩子的世界犹如一张白纸，家长应该从生活小处做起，鼓励孩子做一些力所能及的事情，提高他们的责任意识和动手能力，有利于孩子将来面对复杂的工作，在未来的生活中扮演好自己的角色。

在这个过程中，父母们还应该做到，尽量减少过程中所包含的危险因素，并告诉孩子：做下去，爸爸妈妈相信你一定能做好！

三、肯定孩子付出的努力

当孩子非常努力地做一件事情，却遭受到失败的打击时，我们不应该嘲笑、责备孩子。这个时候，我们不能只注重事情的结果，而忽视了孩子在这件事情中所付出的努力。

假如我们只看到事情的结果，那么孩子所付出的一切努力都是白费的。孩子付出了那么多努力，不仅不能成功，而且还得不到爸爸妈妈的肯定，那么孩子可能再也不愿意这样尝试着去做一件事情了。因为，这次的事件使他明白：若不能成功，那么自己就是没有价值的。

但是，如果我们更多地注重孩子付出的努力，肯定孩子做这件事情的价值，那么孩子就不会觉得自己是没有价值的。这样一来，孩子就会重拾信心，下一次还是会努力地做事情，直至获得成功。

因此，从长远的角度看来，孩子所付出的一切努力都是有价值的，都是值得我们对其表示肯定、赞扬的！

幼儿园里举行了“小画家大梦想”的美术比赛，小龙也兴致勃勃地参加了。

一个星期以来，小龙每天从幼儿园回到家，就钻进自己的小房间开始画画。小龙的画，取名叫“吃西瓜”，内容是爸爸妈妈和小龙一起吃西瓜的场景。

评比的结果出来了，小龙的画排到了第七名。

回到家，小龙沮丧极了，连饭也没心思吃了。爸爸故意说：“小龙，你的画呢？拿出来，让爸爸看看你画得像不像！”

小龙从房间里拿出画，爸爸接过来一看，一脸惊喜地说：“画得真像啊！连爸爸脸上这么小的一颗痣也画出来啦！小龙画得真好！”

小龙半信半疑地说：“真的吗？那小龙为什么没得奖？”

爸爸语重心长地说：“正是因为小龙画得太好啦！所以，老师觉得反应该鼓励那些画得不如小龙的孩子，通过奖励让他们更加喜欢和热爱画画。”

小龙好像明白了什么，高兴得直蹦：“小龙知道了，小龙真的把爸爸画得很像……小龙画得最像了！”

此后，小龙越来越喜欢画画，而且画得越来越好了！

为了参加这次美术比赛，小龙确实是付出了很大的努力和很多时间的。要知道，一个上幼儿园的小孩子，每天一回家就钻到房间画画，这是需要很大的动力、毅力和耐心的。即使最终没有在比赛中得奖，小龙所付出的这些努力，也是值得父母对小龙进行嘉奖和鼓励的。

如果小龙付出努力、遭到失败后，爸爸没有对小龙付出的努力表示肯定，并加以鼓励，那么小龙很可能就会失去对画画的兴趣，甚至会否定自我。正是爸爸的鼓励、表扬，才使得小龙感觉自己画的画是有价值的，是被肯定的。

孩子尝试做一件有益的事情时，父母要加以肯定、鼓励，使孩子认识到自己的价值，并从中获得满足感。唯有这样，才能使孩子觉得：我所做的这一切都是有价值的，我能行。

第四节　孩子的世界，有你才完美

很多时候，除了父母，孩子是不知道如何与其他人成为朋友的。即使是在幼儿园，有许多小朋友跟孩子一起玩，但是对于孩子来说，只有父母，才是陪伴孩子时间最长、最了解孩子的好朋友。

当父母忙着做饭、忙着讲电话或父母忙着网上购物时……孩子会故意地做出一些事情，试图引起父母的注意。无论过后他得到的是一句劝告还是一顿批评，下次，他还是会这样做。

为什么？是因为孩子故意要惹父母生气，希望父母责骂他们吗？当然不是。孩子冒着被责骂的危险，也要故意做一些小动作，这是因为：孩子宁愿被责骂，也不愿意被忽视。孩子最难以忍受的，并不是父母的打骂，而是父母的忽视。

孩子是最需要父母陪伴的，因为父母有爱人、有朋友、有同事、有工作……可是，孩子只有父母。孩子的幸福，需要父母参与才完整！

几乎所有人都认为，小筹是一个非常调皮的男孩子。例如，小筹会把盐撒进爸爸的咖啡，小筹会把爸爸的书撕下来折飞机，小筹会往妈妈的鞋子里灌水……当小筹的父母向大家讲述小筹的恶作剧时，大家都惊叹：小筹怎么这么调皮？

这一天，妈妈正在织围巾，小筹在妈妈身边绕了绕，就走开了。过了一会儿，小筹手里拿着剪刀又跑过来了。小筹拿起毛线，“咔嚓”一声把毛线拦腰剪成两截。妈妈顿时傻眼了，抬手就往小筹的屁股上打，把小筹打得哭天喊地。

正在这时，小筹的姑姑来家里了，看到小筹的“惨状”，急忙问到底是怎么一回事。妈妈把事情的原委如实道出，显得非常生气。

姑姑听了之后，蹲下来问小筹：“小筹，姑姑今天是来带小筹去游乐园玩的。但是，小筹要先告诉姑姑，小筹为什么要把妈妈的毛线剪成两截呢？”

小筹抽泣着说：“小筹讨厌这团毛线，妈妈一回家就只会玩毛线，不陪小筹玩……”听了小筹的哭诉，妈妈愧疚极了，当天就和姑姑带着小筹到游乐园玩耍。

孩子不会无缘无故地故意惹你生气，因为这对孩子而言并没有什么好处，这样做甚至会令孩子遭来打骂。因此，当孩子做出一些令你无法理解的无礼行为时，先不要急着惩罚孩子，而是要先向孩子问清楚原因。

小筹并不是毫无缘故地讨厌毛线团，非要把毛线团剪成两截不可。小筹在剪毛线团之前，有一个细节值得我们注意。那就是，小筹在妈妈身边绕了绕，但是妈妈没有发现，更没有问小筹是否有事情找她。这样一来，小筹就觉得：自己被妈妈忽视了，罪魁恶首就是毛线。

而且，从小筹后来说的“妈妈一回家就只会玩毛线”这句话，可以看出，妈妈已经不是第一天因为织围巾而忽视小筹了。长期被忽视，小筹的心里当然会产生不满，甚至产生愤恨的情绪，这才导致了小筹剪毛线团的行为。

一、陪伴你的孩子，使你的孩子更健康！

成人的性格，与他幼时所遭受的经历有着非常密切的联系。可以说，幼儿时期的某些经历，可能会对一个人的性格造成重大影响，并决定他日后是否能成功。例如，孩子在成长过程中，缺少父母的陪伴，那么孩子长大后就会不敢信任别人，显得比较胆小、内向。

父母的陪伴，是孩子成长过程中的一部分。可以说，孩子的成长，一旦离开了父母，那么孩子的成长就是不完整的。孩子成长中，除了玩具、小伙伴之外，父母的呵护、教育、陪伴也是非常重要的组成部分。

幼儿园里，小钟拒绝与任何小朋友游戏，拒绝老师的拥抱，拒绝其他家长们的微笑……小钟喜欢坐在自己的座位上，等奶奶来把自己接回家。

上小学了，小钟仍然是这样的表现。老师们担心这样下去，会影响小钟的学习成绩，甚至会影响小钟的心理健康。因此，两位老师决定，周末到小钟家了解情况，希望小钟的父母能与他们互相配合，帮助小钟。

来到小钟家后，老师们发现：偌大的房子，只有小钟、奶奶和保姆三个人。

原来，小钟的爸爸妈妈都是生意人。小钟的父母平时只顾着各自忙各自的生意，把小钟完全托付给了奶奶照顾。

小钟的奶奶，一直都住在老家里。被儿子带到城市后，一个朋友也没有，所以根本就不会有人来家里拜访，小钟自然也就不会有机会跟别人交流了……

缺少父母陪伴，从小缺少与人接触的小钟，根本就不知道要怎样与别人交流才能成为朋友。这个时候，小钟在人际交往上已经出现了非常严重的问题。如果这种情况没有得到改变，那么很可能就会使小钟出现严重的心理缺陷。

养育孩子，父母本应陪伴在孩子身边。但是现代社会中，很多父母由于事业或者其他原因，对养育孩子往往只负责前半部分的“养”，而不重视甚至忽视后半部分的“育”。

当有人对其进行劝告时，这些父母们往往会理直气壮地说：“我没有错，我这不是为了给孩子更好的生活吗?”但其实，对于孩子而言，父母的陪伴，往往比物质上的给予更为重要。

二、陪伴你的孩子，使你的孩子更幸福!

孩子需要你的陪伴，这并不仅仅只限于实际生活。孩子的梦想，同样需要你的关注、你的陪伴。当孩子沉迷在游戏中，当孩子沉迷在对未来的幻想、构思中，如果你加入了孩子，那么将会使孩子的幸福更加完整。

例如，当孩子正在为你们的未来做计划，并为此询问你的意见：“爸爸妈妈，你觉得我们未来的房子，要染上什么颜色呢?”这个时候，无论你手中正忙着什么事情，你都应该积极配合孩子，回答孩子的问题：“爸爸妈妈觉得，你最喜欢的蓝色就很不错呀!”

与孩子一起对未来构思，不仅能使孩子感到快乐、幸福，而且还能使你自己也从中感受到对未来的期待。孩子的梦想中有你，孩子的计划中有你，难道你不会为此而感到温暖、幸福?

这一天，爸爸还没踏进家门，就听见了女儿彤彤的哭声。推开门，爸爸发现彤彤坐在地上哭，妈妈则在一旁教训彤彤：“跟你说了多少次了，画笔不能随便乱涂！你要是再这样不听话，那妈妈以后再也不买画笔给你了！”

爸爸放下公文包，问：“怎么了？来，彤彤到爸爸这边来。”

妈妈没好气地说：“你看！彤彤把刚刷完油漆的墙壁画成什么样子了？竟然还有胆子让我一起乱涂？”

爸爸仔细地看了看墙壁，说：“彤彤画的，是爸爸妈妈和彤彤在散步吗？”

彤彤“嗯”了一声，接着说：“彤彤知道错了，再也不画了……”

爸爸接着说：“爸爸妈妈好像没有跟彤彤一起散步过呀？”

彤彤说：“彤彤画的，是我们以后一起散步的样子。以后彤彤长大了，彤彤要经常跟爸爸妈妈一起去散步……”

听完彤彤的构思，爸爸拿起画笔，对妈妈说：“既然彤彤画的是我们以后的样子，那么我们就把它画完整吧！以后的我们，就是这样子的。”

面对彤彤的涂鸦，爸爸显然比妈妈更理性一些。当爸爸看到，彤彤的涂鸦，画的是一家三口在散步时，爸爸感到幸福并鼓励妈妈跟彤彤一起完成画作。这是爸爸妈妈在陪伴彤彤，跟彤彤一起完成对未来的构思、期待。

孩子信任、依赖并且深深地爱着父母，所以孩子在构思未来时，一定也希望父母参与其中。当孩子正在构思，或者在向你讲述“我们的未来”时，请你一定要耐心倾听。无论你有多么忙，都请你先缓一缓，陪伴孩子完成他对未来的构思。

因为你的参与，孩子会觉得这一切都是有意义的，这是一次幸福的尝试。

三、陪伴你的孩子，为你与孩子建立更美好的家！

孝道，自古以来就是中国的优良传统。但生活中抛弃年老的父母，或者不愿意尽赡养父母义务的不孝子，却仍然存在。

同样身为人子，为什么有些人可以十年如一日地侍奉双亲，有些人却不愿赡养自己年迈的父母呢？其中的原因，必然离不开儿时父母对他的教育影响。

想让孩子认识、乐于承担赡养义务，愿意陪伴孤独的老年父母，单单向孩子强调“孝”的重要性是远远不够的。在孩子的成长过程中，父母们应该非常重视培养孩子对家庭的归属感，让孩子建立起对完整家庭的正确认识。

唯有从小就让孩子认识到：完整的家，家庭成员一个都不能少！孩子在长大后，才会更觉得年老的父母是家里的重要人物，才会尽力让父母老有所依，才会愿意腾出时间陪伴年老的父母。简言之，就是：你现在不陪孩子，孩子长大后就不理你！

下班了，小溪正准备回家加班加点完成任务，突然被同事小棱叫住了：“嘿！小溪，今天晚上陪我去唱歌吧？好久没有娱乐了呢！”

小溪惊奇地说：“你爸爸不是生病了吗？他在家里里多无聊呀！你不去陪陪他？”

小溪笑着说：“没关系的，家里有他没他一样。小时候我发烧了，他也没有回过家呀，我们家里从来就到不齐人的，现在也不差我这一个了。”

看着手中的文件，小溪突然想起儿子：这段日子加班，自己已经很久没有陪孩子玩了。想到这里，小溪匆匆地向小棱告别，然后放下文件离开公司：明天再加班赶工又怎样？回到家了就要好好陪陪儿子！

回到家，儿子见到小溪，开心地蹦向小溪怀里：“妈妈今天没有带工作回家，妈妈陪我玩！”

……

同事小棱的话，不得不使小溪感到后背发凉：正是因为小棱的童年，父母没有经常陪伴左右，因此父母生病了，小棱竟然可以放下生病的老父亲，想着找一些娱乐！联系自己近几天来的表现，小溪及时地采取了补救措施：放下工作，陪伴儿子。

父母们只有多陪伴孩子，帮助孩子建立对家庭的归属感，使孩子对家庭完整的重要性有所重视，那么孩子长大后，才会重视没有生产能力的年老父母。因为那个时候对他们来说，父母是整个家庭保持完整的重要因素。

假如父母们在孩子还很小的时候，总是因为工作或各种其他原因，很少陪伴孩子、很少回家，那么孩子慢慢地就会觉得：其实家里有“他”没“他”，都是可以的！

这样一来，孩子在慢慢长大的同时，这种观念意识就会越来越强烈。等到父母年老，孩子自己有了工作、朋友，那么孩子也会像从前年轻的父母一样：很少陪伴家人，甚至很少回家。

父母们在兼顾工作与家庭时，一定要非常注重陪伴孩子。孩子的成长过程中有你的陪伴，那么孩子成人后也会陪伴你！因为，在孩子儿时，你的陪伴使孩子坚定地认为：一家人在一起，才是完整的家！

第五章

沟通一百分，幸福不打折

从孩子诞生的那一刻开始，父母就一直与孩子进行着沟通。或者是一个拥抱，或者是一个亲吻，也或者是一句"宝宝"。

随着孩子的不断成长，父母与孩子沟通的内容、方式也逐渐变得丰富多彩。只是，不少父母在与孩子进行沟通时常常会遇到障碍。

沟通是父母与孩子感情交流的桥梁，学习与孩子沟通的方法，让我们与孩子心灵相通！

第一节　听对了，才能说对了

作为父母，你听得懂孩子在说些什么吗？不要轻率地回答这个问题。想一想，平时你与孩子交谈，或者对孩子有什么建议和要求时，是否经常把好好的谈话搞砸，把谈话变成争吵或者单方面命令？如果是的话，那么请你注意：你应该去了解孩子到底想说些什么？

只有当我们明白了孩子在说什么，或者孩子到底想要表达些什么，我们才能做出正确的回应。在了解孩子的感受、需求的基础上，我们才能与孩子进行有效地沟通：听对了，才能说对了！

“妈妈，我不喜欢关阿姨的生日晚会，我想离开。”小艾说。

妈妈看了看远处的关阿姨，不动声色地低下头说：“别胡闹！关阿姨的生日晚会多热闹啊！有许多小朋友在玩，还有冰激凌、糖果、饼干……多好玩呀！”说完，妈妈对望向这边的关阿姨笑了笑。

“可是……我不喜欢，我要回家。奶奶在家里做了苹果派呢！”小艾试图说服妈妈。

可是妈妈却说：“苹果派有什么有吃的？奶奶天天都做苹果派，关阿姨可不是天天都举办生日晚会的！乖，到那边去跟小朋友们玩去。”说完，妈妈就走向关阿姨，向关阿姨祝贺生日快乐。

晚会快结束时，妈妈却到处都找不到小艾的影子。妈妈刚开始以为小艾躲起来了，可是当晚会上的东西都撤走了，妈妈仍然没有找到小艾时，妈妈着急了。

当妈妈正打算到公安局报案时，奶奶从家里打来电话。奶奶说：小艾因为不喜欢晚会，所以自己一个人回家了。现在正在家里，吃奶奶做的苹果派……

小艾对妈妈说，她不喜欢关阿姨的生日晚会。可是，妈妈却没有听懂小艾这句话。妈妈却说："关阿姨的生日晚会多热闹啊！有许多小朋友在玩，还有冰激凌、糖果、饼干……"

很显然，妈妈没有领会小艾"不喜欢"的意思。或者说，妈妈没有认真倾听小艾的心声。小艾想要回家，并不是因为关阿姨的生日晚会不热闹，也不是因为关阿姨的生日晚会上没有小朋友，或者没有冰激凌、糖果、饼干……

在关阿姨的生日晚会上，妈妈所说的这一切，小艾肯定也都看到了、体验到了。可是，小艾就是不喜欢这样的生日晚会。这个时候，妈妈应该认真地倾听小艾说的话，并询问小艾不喜欢晚会的原因。

小艾说："奶奶在家里做了苹果派呢！"这说明，小艾急着回家，可能是因为想吃奶奶做的苹果派。

可是妈妈却说："苹果派有什么有吃的？奶奶天天都做苹果派，关阿姨可不是天天都举办生日晚会的！"

要知道，即使奶奶天天都做苹果派，可是小艾还是想吃啊！即使关阿姨的生日晚会只举办了这一次，小艾还是不感兴趣。妈妈不应该忽略小艾所表达的自我感受，而把自己对宴会的感受强加给小艾。这样的沟通，无疑是失败的。

在生活中，当孩子向父母们表达他的感受时，父母们一定要针对孩子的想法、感受，做出回应。很多父母在倾听孩子说话时，显得并不是很认真。

他们认为，小孩子懂什么？

或许，孩子懂的确实没有父母懂得多，但是，孩子的感受却是真实的，除非父母们认真倾听并努力理解，否则父母们就会容易把自己的感受强加在孩子身上。这样，父母所理解的孩子的感受，跟孩子的真实感受就产生了偏差，这样是很容易导致沟通失败的。

一、“别烦人了，快走开！”

我们常说：十聋九哑。这是因为，当我们的耳朵听不到任何声音，那么我们也就学不会讲话。在与孩子相处的过程中也是如此：十个不会听的父母，有九个不会跟孩子“说”。

当孩子在对你说话时，你一定要认真听，然后做出回应。很多父母都有这样一个错误的观念：孩子能说出什么有价值的话来？其实，孩子说的话本身就是一种价值。孩子在说的时候，也是孩子的大脑快速运转、语言能力快速发展的时候。

当孩子在跟你讲话时，无论你觉得孩子的话是多么的没有意思，无论你有多么不耐烦，都请你一定要耐心听完。因为，现在你不听孩子说，以后孩子就不会“说”。

在家里，杰陆的儿子小旭平时很少主动找他们说话。对一个五岁的孩子而言，这实在显得有些不大正常。当杰陆看到朋友们的孩子，都围在父母身边，叽叽喳喳地问个不停、说个没完的时候，杰陆别提有多羡慕了。

跟儿子的交流越来越少了，杰陆非常担心：孩子不会出什么问题吧？这样下去，孩子会不会跟父母不亲近呢？杰陆把小旭带到了朋友家，希望得到朋友的帮助：朋友是一位很棒的心理咨询师。

到了朋友家后，朋友把小旭带到了房间，并请杰陆到客厅等候。

几个小时过去了，朋友才把房门打开。杰陆赶紧走上询问情况，可是却遭到了朋友的一顿训斥。

原来，从与小旭的交谈中，朋友得知：小旭刚开始时并不是不爱跟父母说话的，小旭总是喜欢问父母一些奇怪的问题，并告诉父母一些新奇的想法。

可是，由于那时杰陆的生意刚起步，每天都非常的忙碌，因此总是没有认真听小旭在说些什么，甚至有时候还会呵斥他“别烦人了，快走开！”久而久之，小旭也就不愿意跟父母多说什么了……

小旭并不是从出生开始，就不爱与父母交流、沟通。小旭之前也像其他孩子一样，喜欢围在爸爸妈妈身边，问一些奇怪的问题，说一些新奇的想法。可是，小旭的爸爸杰陆却由于忙于生意，无暇顾及孩子，总是敷衍、甚至责骂小旭说的一些毫无意义的话。

渐渐地，想与父母交流却不断受到打击的小旭，再也不愿意开口了。这个时候，杰陆才意识到了问题的严重性，急忙带小旭去咨询心理医生，采取相应的补救措施。假如在小旭愿意说的时候，杰陆愿意仔细、耐心听，那么也就不会有接下来的诸多问题发生了。

与其在发生问题之后，在孩子遭受伤害之后，父母再采取补救措施、弥补孩子，不如在问题还没发生之前防患于未然。要知道，只要父母足够仔细，那么在孩子的成长过程中，很多伤害是可以被避免的。

三至五岁的孩子对生活会产生许多问题，并且有许多自己的想法。由于这个时候孩子的交际圈还没建立，再加上父母是与孩子最亲近的人，因此孩子总是喜欢跟父母说一些很“奇怪”的话，问一些在父母看来毫无意义的问题，表达一些很新奇的想法。

这个时候，父母们应该拿出自己的耐心，来陪伴孩子成长，帮助孩子解决问题、倾听孩子的声音，为孩子每一个“好主意”拍掌叫好。要知道，当你这样做的时候，实际上你也是正在与孩子进行一次充满爱的亲子交流。

二、听懂孩子在说什么

透过孩子稚嫩的语言，你了解孩子的真实想法吗？孩子的语言还没有完全发展成熟，孩子的表达能力也是十分有限的。在这种情况下，作为孩子的父母，你能听懂孩子的真实想法吗？你知道孩子实际上想要说些什么吗？

很多时候，孩子会言不及义。这个时候，父母们应该结合具体的情境，替孩子想清楚：他到底想要表达些什么？然后，再询问孩子，了解孩子的真实想法。

父母会觉得：孩子听不懂我在说些什么。其实，事实很有可能与你所认为的恰恰相反。也就是说，并不是孩子听不懂你在说些什么，而是你“听”不懂孩子在说些什么。这样一来，你与孩子之间的沟通效果自然会大打折扣，甚至达不成任何协议。

“妈妈，我不想吃饭！为什么人一定要吃饭呢？蛋糕可比饭好吃多了！”四岁的池聚对妈妈说。

妈妈看着池聚说：“小孩子要按时吃饭，才能变得越来越强壮、越长越高呀！”

“我不吃饭。”池聚看着碗里的饭菜说。

“池聚，你再这样子，妈妈可就要生气了！”妈妈板起脸说。

池聚站起身子，离开饭桌说：“我就是不吃饭！”

妈妈开始训斥池聚：“快过来吃饭！你以为妈妈做饭不辛苦吗？”

“不吃、不吃，就是不吃！”池聚扭过头。

眼看这一场战争就要爆发时，爸爸下班回家了。妈妈把事情的经过告诉爸爸后，爸爸蹲下身子问池聚：“池聚肚子不饿吗？为什么不吃饭呢？”

池聚这才说：“池聚肚子饿了，可是池聚不想吃饭。”

爸爸听出端倪来了，接着问：“那池聚想吃些什么呢？是不是爸爸今天早上买的小蛋糕呢？”

池聚用力地点点头。爸爸接着说：“想吃蛋糕，没问题！但是蛋糕是不能当饭吃的，池聚必须先吃饭，然后再吃蛋糕。”池聚很快接受爸爸的意见，拿起了饭碗……

池聚拒绝吃饭，并不是因为肚子不饿，而是因为池聚觉得：肚子饿了，吃蛋糕也能饱，而且蛋糕比米饭好吃多了。所以池聚并不是真的不想吃饭，而是池聚想吃蛋糕了。

妈妈没有听懂池聚话里的意思，或者说妈妈没有揣测孩子不想吃饭的真实原因，因此妈妈的劝说、训斥才会统统不奏效。妈妈说：“你以为妈妈做饭不辛苦吗?”其实，在这场沟通中，这是一句无效的语言。

因为，池聚并没有觉得妈妈做饭不辛苦。可能池聚也知道：妈妈做一顿饭要花很多时间。池聚并不是不饿，并不是不想吃晚餐，只是池聚想吃的是蛋糕。

幸好这个时候爸爸回来了，爸爸很容易就听明白了池聚话里的意思。池聚不是不想吃晚饭，池聚是不想吃“米饭”。接下来，爸爸联系生活，想到今天早上自己买的小蛋糕，这才想到了池聚真正要表达的是：我想吃蛋糕。

正是因为爸爸“听”对了，所以爸爸接下来才能说对，完成一场有效的沟通。

所以，在日常生活中，当孩子无缘无故提出一些无理要求时，父母们应该仔细听、仔细问、仔细想。父母听懂孩子真正想说的是什么，才能进一步与孩子交流，从而完成一次有效的沟通。

三、与孩子说话，这本身就是一种价值

很多父母听完孩子的话之后，都是一笑置之，然后转身继续做自己的事情：根本不把孩子的话当一回事。

其实，在孩子说完话之后，父母们应该给予孩子一定的回应，即使是简单“原来是这样啊!”、“宝贝真聪明”、“哦，妈妈这才知道呢!”仔细看这些回应，就会发现，这些回应并没有针对孩子的语言，但是它却让孩子觉得：爸爸妈妈听到我在说什么了。

孩子的语言表达能力，是从无到有、从低级向高级发展的一个过程。也就是说，孩子本来是不会说话的，后来由于父母的教导、自己的模仿，才会说一些简单的语言。在这之后，孩子才学会了经过自己的思考，然后说出自己想说的话，表达自己的想法。

现在你知道，孩子在说一句别人没有说过的话之前，在表达一个新奇的想法之前，孩子付出了多少努力、进行了多少思考了吗？你，不能不把孩子的话当一回事。

每到幼儿园，看到其他父母跟孩子之间又玩又笑，李芳总是会投去羡慕的眼神。

作为公司的总裁，李芳自己手里管着一百来号员工，每天跟许多客户打起交道，做起生意都得心应手。但不知道为什么，李芳对自己的女儿小娟就是一点办法都没有：跟女儿的沟通，比跟商场大亨的谈判还难以进行。

每当女儿跟自己讲话时，李芳总是觉得：这样的话，一点价值、意义都没有，真是无聊至极！当女儿讲完话时，李芳也不知道怎样回应女儿。

后来李芳到朋友家叙旧，李芳发现，朋友在跟自己聊得热火朝天的时候，跟女儿的谈话也进行得非常温馨、和谐。经过观察，李芳哑然失笑：朋友跟女儿说的都是一些什么话呀，一点用处都没有！

当李芳笑着调侃朋友“忽悠孩子”时，朋友也笑着说：“虽然这些话没有什么实际用处，但是能让孩子觉得开心，这不也是很大的用处了吗?”

李芳恍然大悟：是呀！孩子还这么小，哪里说得出什么像谈判高手那样的话呀！自己又何必非得用什么“有价值的话”来回应孩子呢？

作为公司总裁，李芳在商场上可谓是得心应手、叱咤风云。可是一回到家，李芳却连跟孩子进行正常的母子谈话，都觉得非常困难。这是为什么呢？原因就是，李芳没有把工作和生活分开，李芳虽然回到家了，可是却仍然以对待客户的方式来对待孩子。

但是，一个天真无邪的小孩子，她的语言又怎能比得上驰骋商场的商人呢？李芳在与孩子进行交流时，不应该以自己的价值标准，来判定孩子的话是否有价值。李芳不应该不把孩子的话当一回事，不应该觉得孩子的话一点用处都没有。

当孩子试图与她交流时，她应该适应孩子的思维水平来回应孩子，没有必要非要说出什么经世致用的“好话”。

父母们在听孩子说话时，不必强求孩子所说的话有什么价值。要知道：孩子说话本身就是一种价值，别不把这种价值当一回事。

四、聆听孩子的意见，尊重孩子的感受

孩子虽小，经历的事情不多，但是孩子也是有自己独特的感受的。在生活中，父母们不应该忽视孩子的感受，更不应该把自己的感受当作孩子的感受。

当孩子向你表达他的感受时，尽管你觉得这可能不是真的，但是你也一定不能充耳不闻。因为孩子的感受，只有他自己才能体会得最真切，你不能代替孩子去感受。

今天不知道怎么一回事，妈妈喂女儿晓彤吃饭时，晓彤一直不愿意张口吃饭。即使晓彤张开嘴巴了，也是把饭含在嘴里，不肯咀嚼、吞咽。

妈妈觉得很纳闷：孩子从幼儿园回家，还没吃过什么东西呢，怎么不吃饭呢？妈妈问晓彤："晓彤，怎么不吃饭啊？"

晓彤说："好饱，吃不下了！"

妈妈继续舀了一口饭，塞进晓彤的嘴里，说："别胡说，今天又没吃什么东西，怎么会饱？快点吃饭，等一下妈妈给晓彤买小熊饼干。"

终于让晓彤把一整碗饭吃下去了，妈妈遵守诺言，给晓彤买了两盒小熊饼干。晓彤最喜欢吃小熊饼干了，不一会儿，就把两盒饼干都吃完了。妈妈笑着想：还说饱了呢，两盒饼干都能吃下去。

可是，过了一会儿，妈妈就着急了：晓彤又是拉肚子，又是呕吐……把晓彤送到医院后，妈妈才知道：原来晓彤是被撑着了！

细问晓彤，妈妈才知道，原来今天是幼儿园的十周年庆，园长举办了联欢会。联欢会上，有许多面包、果冻、饼干等，小朋友们都吃得肚皮圆圆的……

妈妈并不知道，今天幼儿园里发生了什么事情，因此还像往常一样喂晓彤吃饭。当晓彤告诉妈妈自己的感受，跟妈妈说"饱了"时，妈妈并不相信。因为这个时候，妈妈是根据自己的经验，来判断晓彤现在的

感受：孩子今天还没吃饭，不可能真的觉得饱。

生活中类似的错误，很多父母都犯过：孩子说热，父母们却根据自己的感受，认为“现在这种天气，不可能热”；孩子说烫，父母们却根据自己的经验，做出判断“粥放了这么久了，不可能还会烫”。

而实际上，这些都只是父母们的感受、父母们的经验，并不是孩子现在所表述的感觉。当孩子告诉父母，他们的感觉是怎样的时，父母们应该仔细聆听孩子的意见，弄清楚孩子的真实感受，然后做出判断。

孩子觉得家里放了很多玩偶，令他感到不开心，你是否会认为：孩子不可能会看到玩偶而不开心的，小孩子不是最喜欢玩偶了吗？那么你的感受很可能就是错误的，因为这只是你根据自己的经验，以及其他孩子的感受做出的判断。

孩子亲口告诉你的感受，往往才是真实的、准确的！

第二节　“说”的步骤有很多，首先“摸一摸”

当你在与孩子交流时，你的双手是怎样摆放的呢？双手叉着腰？双手在腰部后面交叉？还是一边做其他事情，一边与孩子谈话？其实，手的动作可以有很多，手部动作也能表现出丰富的含意。与脚部的动作、头部的动作一样，我们把它们统称为肢体语言。

与孩子交谈时，你会用你的手，向孩子传递信息吗？通过口头语言传递的信息，只能通过孩子的耳朵让孩子知道。但是，通过肢体语言表现的情绪，却能直抵孩子的心灵，甚至影响整个谈话的氛围。

小宗正在玩一只气球，他试图把气球的口对准水龙头，然后打开水龙头，往气球里面装水。

就在小宗快要把气球装满水时，妈妈进来了。看到这一幕，妈妈双手一手叉着腰，一手指着小宗，刚要说话，小宗就提着气球跑了出去。

气球由于装满了水，再加上小宗跑的时候不断地颠簸，气球很快就破了。

妈妈从洗手间走出来时，看到小宗把客厅的地板都弄湿了，更加生气了。妈妈一把把小宗扯过来，刚想训斥小宗，小宗就挣脱了妈妈的手，想要跑回自己的房间。可是，令妈妈和小宗意想不到的是，由于地滑小宗摔了一跤，头重重地撞到了茶几……

且不论小宗玩气球对不对，我们先来分析妈妈的表现。当妈妈看到小宗正在玩水时，可能妈妈并没有真的很生气，因为小宗并没有做错什么大事。这个时候，妈妈可能只是想要小宗停止玩水，但是妈妈的话还没说出口，小宗就先吓跑了。

妈妈没有责骂小宗，甚至还没有开口说话，小宗为什么就先被吓跑了呢？因为妈妈的手向他传递了这样的信息：玩气球是不对的，妈妈很生气。

妈妈的动作是，一手叉着腰，一手指着气球。我们都知道，人们在争吵时经常做的一个动作，就是一手叉着腰，一手指着别人。

妈妈做出这样的动作，使整个环境氛围瞬间变得紧张起来。这样很容易让小宗误以为：妈妈要开始教训我了。于是，妈妈还没有开口说话，小宗就逃跑了。

接着，装满了水的气球，因为小宗跑步时的颠簸而破了，水弄湿了客厅的地板。可能这个时候，妈妈才真的生气了。但是，妈妈的手又做了一个错误的动作：一把把小宗扯过来。扯，这是个很粗暴的动作。妈妈还没开口训斥，小宗就挣脱了，又被吓跑了。

在跑的时候，小宗踩到了地板上的水，摔了一跤，头重重地撞到了茶几……其实，这本是可以避免的伤害。这一切只是因为妈妈做了不合适的手势。从妈妈一叉腰开始，就决定了双方之间的不和谐、不愉快。

父母在与孩子进行交流时，应该非常注重肢体语言的作用，尤其是手势的运用。运用手势，为你与孩子制造一个和谐的交流环境，能够使你的教育更有效、使你与孩子更亲近。

一、用温柔的双手让孩子知道：爸爸妈妈很爱你

孩子的头发很柔软，你注意到了吗？但你的手触碰着孩子柔软的头发，感受孩子的稚嫩，你还忍心对这样幼小的孩子大发脾气吗？在你抚摸孩子头发的同时，孩子也会很享受来自父母的爱抚，就像自己还在母亲的肚子里，受到来自外界父母的轻抚一样。

父母的轻抚，可以让孩子感到安定、温馨，可以让孩子安静下来，聆听父母的叮咛。除了日常护理，你有多久没有抚摸过孩子柔软的头发，感受孩子日渐强健的发根？

下一次，当你希望孩子安静下来，聆听你的教导时，你不妨尝试把“给我安静下来”的吼声，换成对孩子柔软头发的轻抚。

面对顽皮的儿子，芳馨总是不得不大吼大叫：“你马上给我安静下来！”虽然吼声把邻居的小狗都惊得“汪汪”直叫，但是儿子却依然顽皮，即使安静下来了，过不了几分钟又会恢复老样子。

芳馨觉得身心俱疲：她实在是没有办法了！

这一天，当芳馨看到儿子正在玩火时，芳馨惊吓之余感到怒不可遏，正当芳馨准备大吼时，芳馨突然想起：结婚前，自己所希望的与孩子的相处方式不是这样子的呀！

她深呼吸了一下，走近儿子。儿子看到妈妈来了，吓得马上把打火机扔进垃圾桶里。看到妈妈抬起手，儿子反射性地闭上了眼睛：妈妈要打人了！可是，妈妈的手掌迟迟没有落下来，他感觉到妈妈正在轻轻地抚摸着他的头发。

“头发都这么长了呢……”芳馨呢喃着说。儿子安静下来了，静静地感受妈妈的抚摸。一场战争就这样，还没开始就宣告结束了。芳馨惊喜地发现：自此，儿子再也没有在家里玩过打火机，也很少跟自己对着干了。

当芳馨没有如同往常一般暴躁，而是温柔地对待儿子时，儿子也会感到母爱的温暖，并享受这一切。母子之间的关系，就这样得以改善了。儿子的错误，也得到了有效的纠正。

试想，假如芳馨还是像以前那样，大吼大叫之后，拿起藤条暴打儿子，那么事情的结果肯定就不是这样的了。一旦芳馨这样去做了，那么孩子反抗芳馨的心就会更坚定，可能这一次芳馨阻止了儿子，下一次儿子依然会这样去做。

父母在教育孩子的时候，不应该用有力的双手责打孩子，并向孩子传递这样的信息：你这样子做，爸爸妈妈非常讨厌你！父母们应该尝试用温柔的双手让孩子知道：爸爸妈妈很爱你，可是爸爸妈妈不喜欢你这样做。

因为孩子的想法很简单，前者会让孩子觉得：既然你这么讨厌我，那么你叫我不要这样做，我就偏要这样做。而后者却让孩子觉得：爸爸妈妈这么喜欢我，我不应该做让他们讨厌的事情。

二、十指连心：轻抚孩子的手，走进孩子的心

都说“十指连着心”，这并不是空穴来风。对孩子而言，父母抚摸他们的手，是对他们的一种良性刺激。

抚摸孩子的手，本来就是一种表示爱的无声语言，是孩子心灵发展的重要营养。因为，父母在抚摸孩子的手时，会刺激孩子大脑的神经，还会使孩子切身地感受到父母的爱。

同时，当你与孩子交谈时，如果你轻抚着孩子的手，那么很容易就会在你与孩子之间，建立一种和谐、温馨的氛围。这种氛围，会使你与孩子的关系更加亲近，也会使你与孩子的沟通更加顺利。

正在厨房准备晚饭的妈妈，突然听到客厅里传来“砰”的一声。关上煤气炉，妈妈奔出客厅：女儿莲莲把杯子打碎了。看着莲莲惊恐的眼神，妈妈知道，孩子一定不是故意打碎杯子的。

妈妈走近莲莲，试图使莲莲的情绪平复下来。妈妈小心地握住莲莲的双手，一边仔细地查看一边问：“手有没有受伤?”莲莲摇摇头，仍然警惕地看着妈妈。

妈妈继续婆娑着莲莲的手，说：“幸好莲莲的手没有受伤，不然妈妈该多着急呀!”

眼看莲莲的神色渐渐缓和下来了，妈妈接着问：“莲莲为什么要玩杯子呢?你看，杯子碎了，可是会扎人的。”

莲莲小声地说：“莲莲想给妈妈倒一杯水，所以……”

听了莲莲的回答，妈妈心里暗自庆幸：幸好自己刚才沉住气，没有责骂孩子，不然孩子该多委屈啊!

打碎了杯子，莲莲是很害怕的，她已经知道自己错了。这个时候，幸好妈妈没有对莲莲加以责罚，而是轻抚莲莲的双手，询问她是否受伤了，并试图安抚她的情绪。

如果妈妈没有这样做，那么对莲莲而言，与妈妈的谈话将在恐怖的氛围中进行。这样一来，妈妈的沟通是否会取得成功，那就不得而知了。可能莲莲在惊恐情绪的支配下，根本不敢说出自己打碎杯子的真正原因。这样，妈妈也就感受不到年幼的女儿对自己的爱了。

当我们还是小孩子的时候，我们绝对不会故意地捣蛋，因为我们知道，这样会得到父母的责骂，甚至我们会挨打。那么，当我们自己有孩子之后，我们也应该明白，孩子绝不是有意要惹我们生气的。

当我们想教育孩子时，我们应该先冷静下来，通过轻抚孩子的手等方式，制造一个宽松、和谐的氛围。这样，才能使我们对孩子的教育更容易进行，使我们与孩子的沟通更有效。

三、轻拍孩子的背，让孩子感到你的和善

当孩子还是婴儿的时候，如果父母持续地轻拍孩子的背部，那么孩子就会比较容易地从哭闹中安静下来，慢慢入睡。很多父母都知道，这

是因为轻拍婴儿的背部，实际上是对婴儿的一种安抚。

现在，你还会轻拍你孩子的背部吗？当孩子受到惊吓时，当孩子遭受打击时，你是嘲笑、责骂孩子，还是安慰、鼓励孩子？实际上，比起口头语言，轻拍孩子背部所起到的安慰作用，也是不可忽视的。

当你轻拍孩子的背部时，孩子能感受到你正在很和善地对待他。一旦孩子这样认为了，那么你与孩子之间的沟通就成功了一半了。这个时候，孩子已经认为，你是站在他这一边的。在这种情况下，孩子也会比较容易接受你的教育、劝说。

“小坝，跟你说了多少次了，不准把橡皮泥压扁然后涂在地上！”妈妈一边用力地清洗地板，一边大声地责骂小坝。

“这是我用橡皮泥做的房子，你为什么要把它抠出来？”小坝满脸愤怒地顶嘴了。

“你说什么？你再说一遍！”妈妈把抹布一甩，站起身来，准备找小坝算账。

这个时候，爸爸急忙出来打圆场：“小坝，过来爸爸这儿。”爸爸说着，忙向妻子使眼色，示意妻子不要生小孩子的气。

爸爸轻拍着小坝的背部，小坝的情绪很快就平复下来了，小坝说：“爸爸，为什么妈妈这么讨厌？为什么总是要抠掉小坝做的房子？”

爸爸说笑着说：“妈妈擦地板的时候，总是把小坝做的房子抠掉了，这确实不好！”

顿了一顿，爸爸接着说：“那我们下次就不要把房子做在地板上了！你看，小坝做的房子那么好看，却不能让老师和小朋友们看到，这多可惜呀！不如我们下次做房子的时候，把房子做在一张硬纸板上。这样，小坝的房子既不会被妈妈抠掉，又可以被小朋友们看到，多好啊！”

……

当妈妈与小坝发生争吵，而且事情的起因是小坝弄脏地板时，爸爸并没有跟妈妈一起加入责骂小坝的行列。爸爸把小坝叫到自己的身边，轻拍着小坝的背部。

轻拍孩子的背部，这很明显是对孩子的一种安慰、安抚行为。从这个行为中，小坝感受到了爸爸是跟自己站在同一阵线上的，因此更愿意与爸爸交流。

当小坝把爸爸当成了自己的“战友”，向爸爸说出自己的看法时，爸爸趁机向小坝提出，下一次做房子时，把房子做在硬纸板上，让所有人都看到漂亮的房子，而不是把房子做到地板上被妈妈抠掉。

爸爸的因势利导，很成功地让小坝愉快地接受了自己的意见。不得不说，这是父子之间一次高效的沟通。

假如爸爸没有轻拍小坝的背部，没有让小坝觉得“爸爸是站在我这一边的”，那么，当后来爸爸向小坝提出“把房子做在硬纸板上”时，小坝很可能就会认为：爸爸妈妈是一伙的，他们都不想让我把房子做在地板上！

这样一来，很容易引起小坝的愤怒，并且让小坝更加坚定地认为：我一定要把房子做在地板上！

第三节　“说”的办法有很多，看你会用不会用

同样的话，父母采用不同的方式，甚至不同的语气说出来，可能效果都会大不一样。当你看到其他小孩子非常愿意听父母的话、根据父母的意愿做事时，你是否十分羡慕呢？

其实，要做到这些并不难，关键在于：你会不会采用正确的方式，把这件事情说出来。

很多父母即使对孩子大吼大叫、多次强调，可是孩子一次也做不到。但有时候，父母们只需要向孩子说一次，孩子就会乖乖地听从父母的意见。为什么？关键就在于父母“说”的方式上。

梅梅感冒了，医生开了药，嘱咐妈妈要让梅梅按时吃药。

考虑到小孩子怕苦，医生开的药都是气味比较轻的，其中还有一种

药水是粉红色，甜丝丝的，像草莓味的汽水一样。

吃了几次药，梅梅的感冒症状终于有所减轻了。

这一天，妈妈要加班，嘱咐先回到家的丈夫要梅梅按时吃药。可是，无论爸爸怎么劝、怎么哄，梅梅就是不肯张开嘴巴。爸爸终于失去耐心，再一次咆哮着问："你到底吃不吃药?""不吃!"梅梅回答得很坚决。

这时妈妈回来了看到父女俩剑拔弩张的样子，妈妈笑着说："不就让你喂孩子吃药吗？用得着这样子吗?"爸爸没好气地说："有本事，你来试试看呀!"

妈妈接过药，看着梅梅问："梅梅，妈妈喂你吃药好不好?"

"不好!"梅梅很快地回答。

"不好啊？那妈妈回房间了，让爸爸喂梅梅吃药。"妈妈说着，就要走回房间。

梅梅马上说："妈妈喂梅梅吃药。"

妈妈再问梅梅："梅梅，你是想先吃草莓味道的药呢？还是想先吃咖啡味道的?"

梅梅高兴地说："吃草莓味道的药……"

同样的药，为什么爸爸喂得那么艰难，妈妈却喂得那么轻松呢？原因就在于两人所采用的办法不同。

爸爸只是一次又一次地重复问梅梅"你到底吃不吃药?"吃药，并不是一件好事，梅梅当然是本能拒绝："不吃!"

而妈妈的做法却很不一样，比起严厉的爸爸，梅梅当然希望温和的妈妈喂自已吃药，于是梅梅在害怕之下马上就改变了主意，说："妈妈喂梅梅吃药。"

为了让梅梅更愉快地吃下药，妈妈进而又问："是想先吃草莓味道的药呢？还是想先吃咖啡味道的?"

这样，梅梅所需要做出的选择，已经彻底地改变了。从一开始"吃不吃"，变成了"先吃草莓味道的，还是先吃咖啡味道的"。这样，妈妈就成功地让梅梅比较愉快地吃下药了。

这件事情说明：只要你"说"好，不怕孩子办不到。

在与孩子进行沟通、谈判时，父母应该注意掌握并运用“说”的技巧，让孩子愉快地接受你的要求。

一、“小宇踢足球踢得真好”

当你试图改变孩子的想法，或者让孩子知道“这样做是不对的”时，你最好先肯定孩子积极的思想、态度、目标等，然后再否定孩子不恰当的做法。

这样，孩子从一开始就会与你产生共鸣，孩子会觉得，你知道他想要做些什么，并且你支持他做这件事情。这样，不管是为了把事情做得更好，或者仅仅是因为得到你的肯定而感到开心，孩子都会愿意听你继续讲下去。

否则，你在一开始就否定了孩子所做的事情，那么孩子就会从心底里排斥你接下来的讲话。

这个时候，你再提出你的想法“不要这样做”、“这样做是不对的”时，孩子可能就难以接受了。他会觉得，你本来就不了解他、不支持他做这件事情，那么他也没有必要听你将继续讲下去了。

小宇很喜欢踢足球，经常带着足球到处跑。

这个星期，幼儿园里举行了“足球射门大赛”，小宇连连进球，获得了冠军。

回到家，小宇得意扬扬地向爸爸展示他的奖状，然后转身继续练球去了。吃饭时，小宇的眼睛仍然盯着足球，不停地用脚踩着足球。

妈妈看见了，对小宇说：“不要玩足球了，快点吃饭！”可是小宇就像没有听到妈妈的话一样，继续用脚摆弄着足球。妈妈正要发火，只见爸爸对妈妈做了个手势，示意妈妈先冷静下来。

爸爸看着小宇的脚，说：“小宇踢足球踢得真好！”小宇抬起头，笑着说：“我今天得了冠军！”

爸爸也笑着说：“爸爸知道，在幼儿园里，小宇的足球踢得最好了！”

小宇得意地笑了。可是，爸爸接下来又说："幼儿园里，小宇的足球踢得最好了，可是小宇吃饭的时候，有没有比其他同学更认真呢？要吃饱了饭，才有力气踢足球呀！"

小宇想了想，放下足球，端起了饭碗。

刚开始，妈妈跟爸爸一样，向小宇表达的是同一个希望"先不要玩足球，先吃饭。"但是，妈妈失败了，爸爸却成功了。这是因为，妈妈没有注意跟孩子沟通的技巧。

妈妈刚开始就对小宇说"不要玩足球了！"这样，无异于否定孩子玩足球的行为，而孩子平时就非常喜欢足球，再加上今天又得了冠军，正在兴头上，怎么会听得进妈妈的劝告呢？

爸爸虽然也希望小宇吃饭时不要玩足球，可是爸爸的第一句话却是"小宇踢足球踢得真好！"小宇引以为豪的踢足球受到了爸爸的表扬，自然愿意听爸爸继续讲下去。

这个时候，爸爸重提小宇的光荣业绩"在幼儿园里，小宇的足球踢得最好了！"小宇本来就希望有人赞扬自己今天取得的冠军，爸爸的赞扬来得正是时候！可以说，爸爸成功地完成了沟通的第一步：让孩子愿意听。

小宇知道了爸爸是肯定自己的，爸爸是支持自己踢足球的，自然也会愿意接受爸爸关于踢足球的意见。于是，爸爸的目的达到了。

爸爸成功地运用"先肯定，后否定"的沟通技巧，让小宇明白：爸爸妈妈支持你踢足球，只是爸爸妈妈希望你先吃饭，然后再踢足球，这样你能踢得更好。

父母们在与孩子沟通时，尤其是想要阻止孩子继续某种行为时，一定要特别注意与孩子交流的技巧。因为有时候，并不是孩子不同意你的要求，而是你提要求的方式让孩子觉得难以接受。

二、“若瑾今天用铅笔扎小朋友了”

每个人都喜欢别人的赞扬，因为这是对自己的一种肯定。从别人的赞扬中，我们能感受到自己的能力被认可，我们自身的价值也得以实现。当然，这种感觉并不是成人才有，孩子们跟我们一样，都渴望得到别人的赞扬。

古人有云：“人非圣贤，孰能无过？”又说：“知过能改，善莫大焉。”当孩子犯错时，父母们所应该关注的重点不是呵斥、责打孩子，而是帮助孩子分析问题、改正错误。父母的打骂，只会使父母与孩子之间，陷入一种不利于沟通的氛围中。

惩罚，如果不能使孩子记住教训，就是没有任何意义。而且孩子在受到批评之后，往往会陷入惊恐、悲伤的情绪，听不进父母的教育。孩子犯错后，父母们不应该把惩罚当作第一重要的事情，而应该把惩罚放到最后，至少要放在孩子认识到错误之后。

总而言之，父母不应该让最为次要的“惩罚”，变成阻碍你与孩子之间进行沟通的障碍。多表扬孩子，少批评孩子，更能让孩子记住教训。

今天，幼儿园的老师向爸爸“告状”了。原来，今天若瑾不停地用铅笔扎同桌的小朋友，老师多次劝说、诱哄全不见效。

回家的路上，爸爸牵着若瑾的小手，对若瑾说：“今天，老师跟爸爸说了若瑾的好多事情呢！”

若瑾可能也知道自己今天的表现并不乖，因此只是“哦”了一声后，就低下头继续走了。

爸爸说：“老师说，以前若瑾要老师喂才肯吃饭，今天却很乖，自己把饭全都吃完了。”听到爸爸的表扬，若瑾露出了开心的笑容。

爸爸接着说：“爸爸也觉得，若瑾今天特别乖。以前回家的时候，若瑾总是吵着要买玩具，今天若瑾都不吵闹了呢！爸爸很喜欢若瑾今天的表现，要继续保持哦！”

“嗯！”若瑾边笑，边用力地点头。

爸爸又说：“若瑾今天穿的裙子真漂亮！”

若瑾扯着裙角，笑出了声音。爸爸见时机已到，接着说：“可是，若瑾今天也有做得不对的地方，若瑾知道自己错在哪里了吗？”

若瑾低下头说：“若瑾今天用铅笔扎小朋了，若瑾错了……”

想让孩子心甘情愿地认错，并不是一件简单的事情。想让孩子知道自己错在哪里，然后从心底里觉得愧疚并认错，更是难上加难。

可是，当若瑾做错事情时，爸爸却轻而易举地全做到了。在帮助若瑾认识错误的过程中，爸爸没有任何责骂，更没有责打，却取得了如此之好的效果。这一切只是因为：在批评若瑾之前，爸爸大量地表扬了若瑾。

父母们，当你想要批评孩子某一件事情做得不够好时，请你先表扬孩子把三件事情做得很好。我们不能只看到孩子的错误，而忽视了孩子做得很好的事情。

多表扬孩子，会让孩子觉得自己是个好孩子，那么你接下来的批评，也会有事半功倍的效果。你的大量表扬，会让孩子觉得：如果我今天没有那样做就好了！这个时候，你再教育孩子，孩子也会悉心听取，争取更多的表扬。

这样，即使你是为了批评孩子做得不够好的地方，是为了教育孩子今后要改正错误，孩子也会觉得：今天跟你的谈话是很开心的。这样，你与孩子之间的沟通，无疑是非常温馨而成功的。

三、“我再也不听那个老妖怪的课了！”

可能在对孩子进行人生教育时，你会要求孩子待人要将心比心。那么，请你在与孩子沟通时，也要站在孩子的立场上，将心比心地考虑孩子的感受。

无论是批评孩子，还是鼓励孩子，你都必须把自己当作孩子，设身处地地感受孩子的情绪。然后，你才能让孩子知道，你了解他的感受。

接下来，孩子才能在与你产生共鸣的基础上，毫无保留地将自己的真实感受、真实想法与你分享。

最后，你的批评或鼓励，才能进入孩子的内心，被孩子接受。你与孩子的沟通，才得以圆满地结束。

今天小伟从学校回到家，把书包一甩，大声地说："我再也不听那个老妖怪的课了!"

妈妈急忙问："小伟，怎么了?"

小伟脸红脖子粗地说："我昨天忘了写作业了，我们的数学老师批评我，罚我抄公式!"

妈妈想说话，却被小伟打断了："你别说话，我不听!你只会站在老师那一边，你们只会批评我!"

妈妈愣了一愣，马上反应过来，对小伟说："数学老师批评你，并罚你抄公式，这让你觉得很生气，对吗?因为你只不过忘了写作业，并不是故意不写作业的。"

小伟声音低了下来，委屈地说："对啊!我又不是故意的……"

妈妈接着说："那小伟觉得，老师应该怎么做，才是对的呢?"

小伟认真地想了想，说："老师并不知道我是不是真的忘了，他很可能以为我是在骗他的，因为之前也有同学这样骗过他……老师应该罚我抄公式……"

妈妈问："现在你还觉得生气吗?你觉得忘记写作业，该不该抄公式呢?"

……

小伟拿出作业本，开始抄公式。

刚回到家的时候，小伟很生气。因为小伟觉得，自己不过是忘记了写作业，又不是故意的，但是老师却罚他抄公式。当妈妈想说些什么时，小伟更是不愿意听。因为他觉得，妈妈跟老师是一伙的，都只会责备他。

可是，当妈妈表示她理解小伟的感受，并且为小伟感到不平时，小伟的情绪慢慢地平复下来了，愿意听妈妈继续说下去了。毫无疑问，妈妈的感同身受，令小伟备受感动。

这次沟通能够得以进行，并且圆满结束，关键在于妈妈站在小伟的立场，对小伟遭受的待遇和情绪感同身受。当小伟知道，妈妈理解他的感受，并且也为他感到不平时，小伟才有了倾诉的欲望，愿意与妈妈进行交流。

生活中，当孩子觉得愤怒、委屈时，我们应该站在孩子的立场，感受孩子所遭遇的一切。唯有这样，我们才能将心比心，不再认为这是孩子在无事生非。唯有这样，孩子才更愿意与我们分享他所遭受的一切、他的情绪，我们也才能更好地与孩子进行交流。

第四节　“说”的另一境界：无声胜有声

当我们教育孩子时，经常一开口就是一堆大道理。也就是说，对孩子的教育，我们普遍采取的方式是“说”。的确，在教育孩子的过程中，最不可缺少的方式就是口头语言了。但是，口头语言不是唯一的教育方式。

大量的说教，不要说孩子会觉得烦闷，就连父母们想必也是不胜其烦了。尤其是当父母们苦口婆心，讲得口干舌燥时，孩子却左耳进右耳出，丝毫不把父母们的教导放在心里。这时，作为父母，你是否感到深深的挫败感和无力感呢？

当一切道理都已说尽，当你身心俱疲，当孩子依然故我，那么父母们不妨采用另一种教育方式：沉默。

沉默，能让父母们和孩子有足够的时间思考：他到底做错了什么？比起父母们一味地“说”，不如留一点时间空隙让孩子慢慢地思考。

中国人经常说的“沉默是金”体现的就是沉默的价值。在家庭教育中，沉默同样有着不可忽视的作用，同样能产生非常重要的价值。

小柏把家里的金鱼全都“解剖”了，为的是弄明白：鱼肚子里是不是真的有一个叫“鱼鳔”的气球。

妈妈下班回到家，看到满地狼藉时，把小柏拉过来就是一顿骂。“教育”了小柏近两个小时后，妈妈终于说：“好了，去学习吧！下次再这样，我就让你爸爸揍你！”说这句话的时候，妈妈的嗓子已经哑得不成样子了。

第二天，妈妈还没下班，就接到了小柏的班主任打来的电话。原来，小柏跟同学们争论：人肚子应该也有“气球”。可是没有一位同学同意小柏的意见，小柏恼羞成怒，当即就把笔盒砸向了同学……

把小柏接回家后，妈妈因为嗓子发不出声音，只能看着小柏。一个小时过去了，小柏主动开口了：“妈妈，我错了……”

这孩子今天怎么会主动认错了？惊奇之余，妈妈的情绪也慢慢平复了。妈妈把小柏带到电脑前，向小柏展示了人体透视图。小柏的困惑揭开了，明白了同学的说法才是正确的。再次回到班上时，小柏向同学道歉了，并诚恳地请求同学的原谅。

小柏连连犯错，并不是因为妈妈之前没有对小柏进行教育。甚至，妈妈在小柏犯错的前一天，就把小柏教育了将近两个小时，把嗓子都说哑了。但是，小柏在学校还是惹祸了。这说明，对小柏来说，妈妈的口头教育已经不起作用了。

当小柏再次犯错时，妈妈因为之前嗓子不舒服，所以只能看着小柏。可是令妈妈意想不到的是，这样一声不发，竟然能让小柏认识到自己的错误。

但只要稍一思考，我们就能知道，小柏主动认错并不是机缘巧合，而是偶然中的必然。妈妈的嗓子偶然失声，因而不能像以往那样长时间地对小柏进行口头教育。

但小柏会觉得妈妈肯定是因为生气、失望，而说不出话来了。这时，耳边没有了妈妈的唠叨，小柏开始有时间进行自我思考。经过冷静的思考、分析，小柏这才认识到自己做错了什么事情。

父母对孩子进行教育时，固然离不开口头语言。但是，适当、适时的沉默，也能在教育中起着重要作用。因此，父母在说得喉咙发干时，不妨停下来，让自己休息休息，也让孩子有时间思考一下自己的行为以及之前你对他的教导。

一、沉默，使你冷静

当你用充满“火药味”的语气对孩子进行教育时，当你手举着藤条边说边骂时，孩子的心里一定充满了恐惧、委屈，甚至愤怒。这时，你的教育孩子还能听得进去吗？

父母们与其对孩子进行这样无效、甚至起反作用的教育，不如安静下来，沉默以待。你在沉默以待时，既能重新思考、重新组织语言，选择最恰当的方式让孩子明白错误，又能平息怒火，使自己的情绪得以平复，进而与孩子进行一场温馨的高效沟通。

吕贤是一位脾气火爆的父亲，教育儿子俊林的时候，经常是“讲着讲着就骂起来了，骂着骂着就打起来了”。

这一天，俊林把爸爸的剃须刀摔坏了。看着自己刚买回来的剃须刀摔坏了，吕贤张口就教训儿子：“笨手笨脚！家里的东西，总有一天要全被你砸了！”

俊林委屈地说：“我又不是故意的……”

吕贤又开始教训儿子了：“不是故意的就不是你的错了吗？失误杀人也是要判刑的！”

俊林本来就委屈，被爸爸这样一吼，也生气了：“不就一个剃须刀吗？有什么了不起的！你上次把我的模型车踩坏了，我也没怪你啊！小气鬼！”

吕贤气极了，举起手刚要打，却想起确实是有这么一回事。吕贤垂下手，沉默地看着儿子，儿子的小脸上，充满了恐惧、委屈，还有愤懑……

“如果我是儿子，我也一定会觉得委屈、气愤的。”吕贤突然觉得不再愤怒了，他甚至开始觉得愧疚，自己对孩子太严厉、太苛刻了。

随后，吕贤带着儿子买了一辆模型车，也给自己重新买一个剃须刀。

当孩子犯错时，吕贤没有思考孩子的错误是不是无心之失，张口就教训孩子。即使孩子向他说明自己不是故意的，他依然不依不饶。当孩子顶嘴时，吕贤愤怒极了，抬手就想责打孩子。

庆幸的是，吕贤的手还没落下来，就想起了孩子所说的的确是事实。当吕贤开始沉默的时候，实际上也是父子关系开始改善的时候，也正是父子沟通走向和谐的时候。

当父母处于愤怒的状态时，父母对孩子的教育就容易脱离原本的目的，开始偏于个人情绪的发泄。这样，对孩子是非常不公平的，对父母同样也会造成伤害。而沉默，恰好能使处于愤怒中的父母走向冷静，并选择正确的教育方式。

二、沉默，让孩子思考

很多孩子承认错误，并不是因为他真的觉得自己错了。而是，他觉得只要他认错，那么他就可以继续玩了，就可以不用站在这里听父母的絮叨了。又或者，孩子觉得，既然爸爸妈妈说他是错的，那么他就一定是错的。

孩子只知道认错，却从不会思考错在哪里，那么下一次孩子可能还是会犯同样的错误。毫无疑问，你之前的教育没有起到预期的作用。

父母与其强势地灌输给孩子“你错了”的观念，不如让孩子自己思考“我有没有错”。

即使孩子需要父母的教育，才能认识到自己的错误，那么父母在教育孩子的时候，也不应该絮絮叨叨地说个不停，而是应该说一说、停一停、听一听，让孩子有时间思考，并表达自己的想法。

今天帮小艺洗澡时，妈妈发现小艺的脖子上多了一个装饰品。

“小艺，这玉佩是哪里来的呀？”妈妈问。

“这是……是小翎送给我的……”说完，小艺不敢看妈妈了。

妈妈心下生疑，认真地对小艺说：“小艺，这玉佩真的是小翎送给你的吗？妈妈不喜欢撒谎的孩子。”小艺看着地板，不说话。妈妈想继续劝小艺，又怕把小艺逼急了，也只能耐着性子等小艺开口。

终于，小艺开口说话了：“小翎没有把玉佩送给小艺……是小艺在小翎睡午觉的时候，偷偷拿小翎的……”

妈妈震惊之余感到非常生气，但妈妈即时调整好自己的情绪，温和地说：“为什么你要拿走小翎的玉佩？你觉得这样做对吗？”

小艺沉默着，妈妈也沉默着。时间仿佛过了很久，小艺终于说：“这是不对的。我们老师说，小孩子要诚实，捡到东西要还给别人，更不能随便拿别人的东西……小艺知道错了……明天小艺一定把玉佩还给小翎，跟小翎说‘对不起’……”

让小艺自己思考，然后自己得出结论。这种教育方法的效果，远远要比起妈妈的长篇大论要好得多。因为，小艺是经过自己的思考、推导然后再得出这个结论的，而不是妈妈单方面地把这个结论强行灌输给小艺的。

“你觉得你这样做是对的吗？”已经不是一个启发孩子思考的问句，而是一场“语言轰炸”的开幕式。

当孩子犯错，父母们对孩子进行教育时，一定不能从头至尾都说个不停，而要给孩子留下思考的时间，更要让孩子也加入交流之中。

要知道，你对孩子进行教育，无非是希望孩子能接受你的想法，并按照你的想法去做。但是，想要让一个人放弃自己原先的想法，而遵照另一个人的意愿行事，这并不是一件简单的事情。

实际上，在这个过程中，父母的想法跟孩子的想法有可能是互相冲突的。所以，在接受教育时，孩子肯定会有自己的困惑。

如果孩子没有时间思考这些困惑，并把它表达出来，那么父母们永远不会知道孩子的困惑是什么，自然也就不可能让孩子完全接受自己的想法，并按照自己的想法去做。

让孩子自己思考，然后告诉你他思考的结果。在这个基础上，你再对症下药对孩子进行指导，那么你对孩子的教育就会变成一场和谐、平等的交流。孩子对自己所犯的错误，认识也会更深刻，下次再犯的机会也会大大地减少。

三、沉默，是一种强大的教育力量

人的耳朵都有一种自动过滤的功能。当我们的耳朵持续听见同一类声音，并把它传达给大脑。当大脑觉得这种声音令人厌烦时，大脑就会向耳朵下达指令：不准再把这种声音送进来了！

很多人可能不相信耳朵会有这种功能，但是只要联想一下实际生活，我们很快就能发现并理解：这种现象实际上是客观存在的。

有一次，朋友到家里叙旧。我和朋友两人聊到深夜，仍然觉得不尽兴，于是便邀朋友在家里过夜。

第二天我询问朋友睡得是否安稳时，朋友却说附近的蛙声太大了，吵得他一夜没有睡好。我哑然失笑，刚住进小区时，我也是这样，被吵得睡不着觉。可是慢慢地就习惯了，睡觉时也不觉得吵了，反而越睡越安稳。

你在生活中，是否有过类似的经历呢？其实，孩子对父母的谆谆教诲，也是如此。

可能当你第一次对孩子说“这样做是不对的”时，孩子会认真地听，并把它记在心里。可是，一旦后来你重复这句话的次数多了，甚至当你一张开嘴，孩子就知道你要说什么时，你这句话对孩子也就起不了太大的作用了。孩子已经把这些话自动过滤了。

杰习又打架了！

妈妈把杰习从学校接回家后，瞪着眼睛看杰习。妈妈刚一张口说：“说了多少次了……”就被杰习打断了：“你已经说过很多次了！我知道你接下来要说什么，‘不要打架’、‘打架是不对的’，你看，你要说的是这个吗？”杰习也很气愤。

妈妈一拍桌子，站起身来大声呵斥杰习，可是这并没有任何用处。妈妈发现，杰习没有认真地听她在说些什么，而是把眼睛往四处瞄。妈妈觉得非常沮丧，她甚至不知道接下来该怎么结束了。

当妈妈和杰习一起沉默时，杰习终于把目光放在了妈妈的身上。看着妈妈紧闭的嘴巴，良久，杰习对妈妈说："妈妈，我知道我错了。我不应该打架。"

杰习并不是第一次打架，更不是第一次听到妈妈的教导。因此，当他又一次因打架而面临妈妈的教训时，他不胜其烦，并大声地说出了妈妈即将要说的话。

可见，他非常熟悉而且厌恶妈妈的那一套教条，并且他学会了自动过滤：当妈妈教育他时，他的眼睛四处瞄，没有把注意力放在妈妈所说的话上。

当妈妈实在没有办法时，妈妈停止了说话。在这个彼此沉默的时刻，杰习才真正开始"聆听"妈妈无声的教育。

当你发现，你的苦口婆心对孩子已经不起作用时，不妨试一下跟孩子一起沉默。面对你的呵斥，孩子很可能已经麻木。你突然的沉默，对孩子而言反而是一种刺激。它会刺激孩子开始思考，并使你的教育取得一定成效。

第六章

解决孩子的问题，就不会有“问题孩子”

在孩子的成长过程中，父母往往是担惊受怕的。怕什么？怕孩子走弯路。确实，儿童时期，是人一生中的关键时期，“三岁看老”并不是空穴来风。

当孩子在成长中遇到困惑、面临选择时，您是否能及时给予孩子正确的指导呢？当孩子的行为、认识、思想出现偏差时，你又是怎样面对的呢？

需要提醒父母们的是，当孩子处于儿童期时，父母们一旦发现问题，就应该马上采取相应措施，及时予以纠正、指导。

现在解决孩子的问题，就不会有以后的“问题孩子”！

第一节　理解孩子为什么“撒谎”

几乎每个人都有过撒谎的经历，我们也知道：撒谎的感觉很不好！对孩子而言，也是如此。

每个孩子都会有撒谎的时候，孩子撒谎是一个很正常的现象。父母应该宽容孩子的谎言，但同时，父母也要慎重对待孩子撒谎的行为。

想要让孩子改掉撒谎的毛病，那么父母就应该先弄清楚：孩子为什么要撒谎？然后，对症下药，采取相应措施。需要强调的是，父母的这一切行动，都要在保护孩子自尊心的基础上进行。

“妈妈，我们回来啦，快开门……”露露开心地敲着门，爷爷在后边笑眯眯地看着可爱的小孙女。

妈妈急忙从厨房小跑到客厅开门，笑着说：“露露今天跟爷爷去游乐园玩，一定很开心吧？”

露露跳着说：“开心！露露今天看见了一只大恐龙呢，是真的大恐龙！”

妈妈的神情一下子变得严肃起来：“露露，不可以撒谎！露露怎么可能真的看见恐龙了？”

爷爷马上帮孙女解围：“小孩子嘛！去了游乐园开心，她说有就有吧！”

“爸，你不懂。露露还这么小，就学会了说谎，长大了还得了？”妈妈有点生气，接着转过身对露露说：“露露，以后不可以这样撒谎了，记住了没有？”妈妈严厉地说。

露露一下子被妈妈吓着了，泪眼汪汪地看着妈妈，说：“露露知道了……露露今天没有看见恐龙。”

爷爷叹口气说：“好好的，把孩子弄得这么不开心干什么呢。”

因为刚刚从游乐园回来，露露很开心地想要和妈妈分享很多有趣的事情。因此，在这种愉快情绪的支配下，露露没有经过大脑思考，就说了一个显而易见的谎言：看见真的恐龙了。

其实，这并不能算是一个真正的谎言，几乎每个人都能分辨出：这是孩子天真无邪的表现。这个时候，妈妈不应该如此严厉地对待充满童真的露露，否定露露美好的想象。

如果妈妈说：“真的吗？那露露有没有跟恐龙说话呀？”那么，露露就会很开心地告诉妈妈接下来发生的事情，即使这一切都是孩子编造的。

但是，这又有什么关系呢？从另一方面看，这是孩子想象力非常丰富的表现，这是孩子创作的第一部童话。

父母在纠正孩子撒谎的行为时，一定要注意结合孩子的年龄，对谎言进行分辨。因为，对于五岁以下的儿童来说，他们并不能很好地分辨现实与幻想。他们所说出来的很多事情，其实并没有真正发生过，只是他们幻想的。

如果孩子把幻想的东西说出来了，那么父母应该理解孩子，而不应该严厉地对待孩子。如果父母不允许孩子幻想，那么孩子的想象力、创造力就会被抑制，孩子的智力也不能得到飞跃发展。

因此，父母在帮助孩子纠正撒谎的行为时，一定要分辨孩子是否故意这样做。然后，父母应该避开不适当的场合，在维护孩子尊严的基础上对孩子进行教育。

一、“大虫子爬走了”

孩子爱想象，这是公认的。孩子的分辨能力有限，这也是可以理解的。因此，当孩子说了一个很明显是不可能实现的“谎”时，父母应该宽容地对待孩子。因为当孩子还很小的时候，并不能很好地分辨现实与幻想。

对这些“谎言”，父母应该以“无害即为有益”的原则来对待。所谓“无害即为有益”，指的是孩子的“吹牛”如果不会造成什么有害的后果，那么它就是有益的，是可以被宽容的。

妈妈正在择菜，诗诗看见了，也蹲下来跟着妈妈一起择菜。突然，妈妈吓了一大跳：白菜上有一只肥大的菜虫！

诗诗问妈妈：“妈妈怕虫子吗？”

妈妈说：“当然不怕啊！虫子没有什么好怕的，不过有一些虫子是有毒的，我们不能乱碰它们。”说着，妈妈到厨房拿篮子装菜去了。诗诗一个人蹲在地上，继续择菜。

等妈妈拿着篮子出来时，诗诗对妈妈说：“妈妈，刚才白菜里面有一条这么大的虫子，像诗诗的手臂这么大呢！”说着，诗诗还用手比画着。

妈妈知道诗诗是因为刚才看到了虫子，才故意这么说的。于是妈妈说：“是吗？那这么大的虫子哪儿去啦？”

诗诗说：“它怕我们把它关起来，所以爬走了。”

“哦，这样啊！那它爬到哪里去啦？”妈妈做出很好奇的样子。

“这个……诗诗也不知道……哈哈，诗诗没有看见大虫子……”诗诗拍着手，笑着说。

小孩子爱模仿，也爱幻想。当诗诗看到妈妈的菜里有虫子的时候，自然而然地也会“想”自己的菜里也有虫子。于是，诗诗“编”出了这样一个谎言。

当诗诗说出这件不可能发生的事情时，妈妈没有马上揭穿、呵斥诗诗，而是用宽容的态度对待诗诗天真的幻想。既然诗诗的想象得以继续，又让诗诗分清现实与幻想是不一样的。

妈妈的第一次追问，是“这么大的虫子哪儿去啦？”这样，既让诗诗的想象得以继续，又让诗诗离现实越来越近。妈妈的第二次追问，则让诗诗彻底地明白了：大虫子是不存在的，任何谎言都会被揭穿。

父母们在面对孩子的幻想时，既不能打击孩子，也不能让孩子以为他想象中的跟现实中的是一样的。只要孩子的想法是没有害处的，而且它能激发孩子的想象力、创造力，那么它就是有益的。面对孩子无意的谎言，父母们应该学会选择宽容。

二、不要过分严厉地对待撒谎的孩子

小孩子为什么要撒谎？无非是为了逃避惩罚或者获得奖励。那么，怎样才能让孩子改掉撒谎的毛病呢？这需要父母们的宽容与明察秋毫。

因为，一旦孩子意识到，为了逃避惩罚而撒谎是行不通的，那么孩子就不会这样去做了；一旦孩子意识到，撒谎并不能使他获得任何利益，并且还会使自己感到难堪，那么孩子就不会再利用谎言获取利益。

而要让孩子形成这两种意识，靠的就是父母们的宽容和明察秋毫。很多父母在面对孩子的无心之失时，显得特别愤怒，非要惩罚孩子不可，其实这就是在逼迫孩子撒谎。

例如，孩子不小心碰到了花瓶，如果父母严厉地惩罚了孩子，那么很可能孩子下次打碎其他东西的时候，就会为了逃避惩罚而选择撒谎：这是被奶奶打碎的。假如奶奶为了维护孩子，也跟着说："是我打碎的"。那么，孩子的逃避惩罚的目的达到了，孩子从此学会了撒谎。

小樱这次考试又得了"双百"。为了奖励小樱，爸爸带小樱到书店，买了一部价格不菲的学习机，送给了小樱。

过了几天后，妈妈突然想看看小樱的学习机里面有什么内容，于是让小樱把学习机拿出来。小樱嘴上说"好"，但是人却在客厅里磨磨蹭蹭的。妈妈多次催促，差点发火的时候，小樱才哭丧着脸说："没有学习机了。"

妈妈大惊，问："怎么回事？你这孩子，这么贵重的东西，怎么说没就没了？"

看着妈妈生气的脸，小樱怯懦地说："不是我的错……是小远抢走了学习机，我抢不回来。"

妈妈知道再问下去也没有结果，打算第二天自己到学校去找老师评理。

第二天，妈妈一大早就到了学校，向老师反映了情况。正当妈妈以为可以还女儿一个公道时，老师去告诉妈妈：小樱的学习机不是被小远抢走了，而是被老师暂时收缴了。因为，小樱上课时只顾着玩学习机，根本不听课。

当妈妈发现小樱的学习机不见了时，如果妈妈能温和地询问，那么小樱就不会在情急之下撒谎，之后也就不会发生那样令人尴尬的事情了。

孩子上学后，就可能意识到：撒谎能逃避惩罚，而且说的谎要越逼真越好。

例如，孩子昨天因为贪玩而没有写作业，如果孩子对老师说：我忘记写作业了。那么，孩子可能还是会受到老师的惩罚。可是，如果孩子说，昨天我生病了，所以妈妈允许我没有写作业。那么，老师很可能就不会惩罚孩子了。

其实，从一个方面看，惩罚也是使孩子撒谎撒得越来越精明、越来越逼真的因素之一。

当孩子犯错后，父母们最好能够先弄清楚犯错的原因，然后再教育孩子。如果父母们一开始就严厉地对待孩子，表现出一副“非惩罚你不可”的样子，那么孩子为了逃避惩罚，很可能就会选择撒谎，并且撒谎撒得越来越自然、越来越逼真，一发不可收拾。

三、揭穿孩子的谎言要看场合

父母要想使孩子改掉撒谎的坏毛病，就要让孩子意识到：撒谎是不能逃避惩罚的，更是不能得到奖励的。而要做到这一切，父母首先要练习的，就是识别孩子是否在说谎，并有技巧地加以揭穿。

揭穿孩子的谎言，其实并不难。因为孩子撒谎，总会有蛛丝马迹露出来的。可是，要让“揭穿孩子的谎言”这件事情，变成一件可以促使孩子改掉撒谎毛病的好事，就不是那么简单就可以办到的了。

父母在揭穿孩子的谎言时，一定要注重场合，要维护孩子的自尊。否则，孩子为了维护自己的尊严，就会“死不认账”，为了圆一个谎而说更多的谎。这样，父母也就与最初的目的背道而驰了。

朋友在家里举办了联欢会，颐婷带着儿子愉快地赴会了。

联欢会上，颐婷突然看见儿子手里握着一个亮晶晶的东西：那是一个非常精美的打火机。颐婷把儿子叫到身边，问儿子手里的打火机是从哪里来的。儿子非常开心地告诉颐婷：打火机是穿黑色夹克的那位叔叔送给他的。

穿黑色夹克的那位叔叔，名字叫林佳，颐婷也认识他。颐婷还知道：林佳非常讨厌香烟，一闻到香烟的味道就会头昏脑涨。颐婷把儿子手里的打火机拿过来，看了看就还给了儿子。颐婷看到，打火机的底座刻着：尚抒。尚抒是丈夫朋友的名字。

颐婷让儿子把打火机收好，放进口袋里，不要弄丢了。然后，颐婷向朋友告别后，带着儿子离开了宴会。

回到家，颐婷看着儿子的眼睛，认真地说：“那位送你打火机的叔叔，也是妈妈的朋友。妈妈还知道，那位叔叔从来不吸烟。”

儿子低下头，想了想，就交出了打火机。

颐婷没有接儿子的打火机，而是等到第二天，带着儿子亲自把打火机送到了朋友家。

当颐婷知道儿子正在撒谎的时候，颐婷并没有在大庭广众之下责骂儿子。颐婷知道：一旦自己这样做，将会伤害儿子的自尊，严重的话还会损害孩子的心理健康。

因此，颐婷不动声色地让儿子把打火机收好，并马上向朋友告辞。

等回到了家，只有自己与孩子独处时，颐婷才非常认真、含蓄地告诉儿子：妈妈知道你在撒谎，甚至知道你的打火机是怎样得到的。这样一来，儿子就会知道，自己的谎言是不管用的。然后，在无第三者在场的情况下，儿子拿出了打火机。

第二天，颐婷让儿子自己把打火机交给朋友，也是为了让儿子知道：自己犯下的错误，不能通过谎言来遮掩，必须由自己勇敢地承担。

颐婷采用这样明智、冷静的处理方式，不仅能使儿子意识到谎言的坏处，还能使儿子学会自己犯下的错必须自己承担。更重要的是，这种处理方式很好地维护了儿子的自尊，不会让儿子的心灵受伤。

父母在揭穿孩子谎言时，一定要注意场合，审时度势。要知道，要揭穿孩子的谎言是一件很容易的事情。可是，要弥补孩子被伤害的自尊，可就没有那么简单了。

如果在揭穿孩子的谎言这件事上，使孩子的自尊受到损害，心灵留下阴影的话，那么孩子很可能会一直记住：我是个爱撒谎的孩子。

这样，孩子不仅会比别人多一份自卑，同时，孩子也会降低对自己的要求：我早就是个撒谎的孩子了，再多说几次谎也没关系。揭穿孩子的谎言，是为了让孩子不再撒谎，父母一定要记住这个基本准则。

第二节　培养孩子的劳动意识和动手能力

儿童时期，是人的一生中各方面发展得最快的时期。如何利用好这个发展的黄金时期，对孩子的一生至关重要。而事实上，我们能够轻易地看到：很多父母只重视孩子智力的发展，却忽视了孩子动手能力的发展。

其实，动手能力离不开大脑的发展，而大脑的发展也离不开动手的次数与频率。手脑并用，会让智力与动手能力互相促进、共同发展。

而且，在生活中我们也能看到，很多孩子虽然学习成绩很不错，但是人却显得呆板、自私、懒惰。这些孩子并不是真正意义上的优秀，他们只是被培养成了“得分高手”。

反观一些成绩并不是很优秀的孩子，如果他们的动手能力比较强、比较能吃苦耐劳，那么他们是能够比较快地适应社会，并取得成功的。

因此，父母们在培养孩子时，一定要注重对孩子动手能力的培养。父母们不应该因为害怕孩子吃苦，就让孩子与一切劳动相隔离。要知道，如果现在不让孩子适当地吃一点苦，那么孩子长大后吃的苦会更多。

学校组织暑期夏令营，妈妈怕儿子小瑞在外面受苦、受委屈，所以一直向老师强调：我们不参加夏令营。

老师多次向妈妈重新解释夏令营的目的，并说明这次夏令营会列入孩子的考核分中。妈妈没办法，只能让小瑞参加夏令营了。

为期三天的夏令营开始前，妈妈就准备了好几大袋的衣物、零食、营养品……老师们看着妈妈大包小包地往校车里塞东西，只能无奈地笑。

三天的夏令营过去了，妈妈一大早就到了学校，准备接小瑞回家。令妈妈大感吃惊的是：她给儿子准备的食物，儿子一点儿都没有动过。

原来，虽然妈妈给小瑞准备了许多食物，可是小瑞却一点都不懂该如何“吃”食物。小瑞想吃芒果时，不知道怎么剥皮；想吃火腿，不知道怎样切割；想喝牛奶，不知道怎么打开……

本想让儿子在郊外衣食无忧的妈妈，怎么也想不到：因为什么都不会做，三天里儿子竟然是靠同学们分享的食物才得以饱腹。

小瑞的妈妈对小瑞明显是保护过度了。其他的同学都可以参加夏令营，为什么自己的儿子就不可以呢？从另一个方面看，这也是妈妈对小瑞的不自信。后来，小瑞在夏令营中的表现，也证实了妈妈在日常生活中，确实没有注意对小瑞的动手能力进行锻炼。

其实，当孩子还处于儿童时期时，孩子的动手欲望是非常强烈的。因为这个时候，孩子的大脑正在快速地发展，大脑会支配孩子的双手，鼓动孩子随着自己的想法去做一些事情。

这个时候，父母应该让孩子尝试着做一些力所能及的事情，而不应该把孩子当成温室里的花朵。如果现在你不让孩子做，那么孩子以后就不愿做，继而不会做。

很多家庭，在家里只有一个孩子时，就习惯于什么事情都以孩子为中心，把孩子当成“小皇帝”、“小公主”。可是，父母在围着孩子转的时候，必须要考虑到：这个社会不可能围着孩子转。

一、让孩子参加劳动

很多孩子不懂得体谅、心疼父母，他们享受着父母所赐予的一切，却不愿意付出。即便如此，伟大的父母们依然在为他们的孩子找借口、帮自己的孩子“开脱罪名”。最常见的一个理由是：孩子还小，他还不懂。

那么，是否等孩子再长大一些，孩子就会体谅、心疼父母呢？恐怕不见得。如果父母们一直不舍得让孩子付出，那么久而久之，孩子就会认为这一切都是理所应当的。

这样的孩子长大后，愿不愿意与父母分享他的成功，甚至愿不愿意赡养父母，都是一个未知数。因为，对于父母的付出，他们已经习惯了，他们认为：这本来就是父母应该做的事情。

下班后，小纤拖着疲惫的身躯回到了家。丈夫已经把儿子从幼儿园接回家了，小纤要做的，是为丈夫孩子准备晚餐。

刚进家门，小纤坐到沙发上就不想起来了：她太累了！可是，看着时钟慢慢走动，她知道她必须马上准备晚餐了。刚走到厨房，小纤几乎昏厥：厨房里，到处都是儿子的玩具，连锅里都藏着一个变形金刚！

小纤觉得委屈极了，可是她还是不得不马上动手收拾。孩子越来越大了，可是捣乱的本事也越来越大了：小纤刚把玩具收拾好，儿子拿着机关枪又跑进来了；小纤刚把饭菜端出去，儿子就把盘子摆弄得乱七八糟……

小纤越来越觉生活非常乏味，似乎生活中只剩下一件事情：帮孩子收拾烂摊子。

有一天，小纤到朋友家诉苦。当小纤看到朋友的儿子正在努力地拿杯子给她和朋友倒水时，小纤羡慕极了。“什么时候，儿子也会在我疲惫的时候，为我端来一杯水呢？”小纤想。

很显然，小纤是一个非常乐于为家庭奉献的女人。下班后，即使自己再疲累，她都要咬着牙坚持为丈夫孩子准备晚餐。只是，仔细一想，小纤是否活得太辛苦了呢？其实，小纤的这种状况，完全是可以改变的，只要她愿意尝试着去改变。

从小纤对朋友的羡慕中，可以看出来，小纤是非常希望儿子也能为自己做一些事情的，哪怕只是在自己疲累时为自己端来一杯水。然而，以目前的情况来看，即使是这样一件小事，儿子也很难做到。

如果平日里小纤注重对孩子进行“劳动”教育，让孩子明白：每个人都有义务参加劳动，自己的事情必须自己做，别人的事情要帮着做。那么，儿子就不会在妈妈非常疲惫的时候，视若无睹地继续游戏、捣乱。

至少，小纤应该让儿子明白：你已经长大了，必须自己收拾烂摊子。这样，儿子的捣乱行为就会有所收敛。

收拾玩具和打扫卫生是多么累人的一件事，只有孩子亲自体验了，孩子才会明白，才会尊重父母的劳动，才会心疼父母。

如果在孩子看来，收拾玩具和打扫卫生是很轻松的事情，是父母本应该做的事情，那么孩子就体会不到父母的辛苦，自然也就不会尊重父母的劳动成果。

孩子整个身心都沉浸在游戏里，难免会乱扔玩具。当父母遇到这种情况后，该怎么做呢？首先，不能用命令、斥责、惩罚、威胁等手段；其次，更不能动手打骂。因为，这样不仅不会有好效果，更甚者会对孩子造成严重的心灵伤害。

最好的做法是，要以愉快的心情来面对，并微笑地对玩耍中的孩子说：“宝贝，玩得好开心呀！”如果孩子是开心的，可以趁势对孩子说：“宝贝，咱们一起做游戏吧！咱们就玩把玩具放到玩具箱里的游戏，看看谁装得又多又快，谁装得多谁就第一名！”如此一来，就轻松地把游戏和整理玩具结合在一起了。不知不觉，孩子在游戏当中就养成了玩耍之后收拾玩具的习惯。

二、培养孩子劳动意识，就是培养他对家庭的责任感

经过调查，我们发现：跟自己的父辈比起来，许多人显得越来越不爱回家了。其实，这并不是因为他们在外面有多忙碌，而是因为他们不恋家。为什么会这样？其中的原因，可以追溯到他们的童年。

在孩子还很小的时候，父母就要开始注重培养他们对家庭的归属感、责任感。让孩子明白，这是一个家庭，每个人都要为家里负责呢？

很多人都有这样的经历，一旦我们为某一样东西付出了自己的时间、精力，那么我们就会珍惜这样东西，因为这件东西是我们付出代价换来的。对孩子而言，也是如此。

例如，父母总是把家里收拾得干净整洁，而孩子却从来没有参与过这样的劳动，那么孩子就不会珍惜家里的“干净整洁”，他认为这是很容易办到的，而且这与自己无关。等孩子长大后，孩子甚至会觉得：家里变得怎么样，都跟我没有任何关系。

翔翔总是把家里弄得一团糟。就像今天早上，妈妈刚擦完地板，翔翔就边看电视边嗑瓜子，把瓜子皮弄得满地都是。

晚上，妈妈刚把家里收拾得井井条条，翔翔拖着一箱玩具就玩起来了，并且把玩具丢得到处都是。

躺在床上，妈妈觉得不能再让儿子这样“放肆”下去了，妈妈不希望儿子漠视自己的劳动成果。于是，妈妈拿起床头的电话，拨通了朋友的号码，并邀请朋友带着她自己的女儿到家里来玩。

第二天，朋友带着女儿晴晴如约而至。这个时候，翔翔刚做完游戏，玩具散落一地。妈妈连忙对翔翔说：“翔翔，快把你的玩具收拾好，晴晴来找你玩了，踩到你的玩具差点摔倒！”

翔翔看着一身整齐的晴晴，再看看自己衣服上的涂鸦，红着脸把玩具放回了原位……从这以后，翔翔做完游戏，总是不忘把玩具收拾好。因为妈妈还告诉他：如果他没有把玩具收拾好，那么妈妈就不许他邀请

其他小朋友到家里玩，因为妈妈不想让小朋友看到家里很乱。

刚开始，翔翔根本不重视家里的整洁。这是因为，翔翔每次弄乱屋子之后，都会有妈妈收拾烂摊子。翔翔认为：家里的整洁，是妈妈负责的，与自己无关。

这个时候，妈妈采取了一些适当的措施，让翔翔明白：保持家里的整洁，不仅是妈妈的责任，还是翔翔的责任，因为翔翔也会有朋友要到家里来玩。

如果妈妈只邀请自己的朋友，而没有把翔翔的朋友也邀请到家里来，那么翔翔可能就会认为，保持家里的整洁是妈妈应该做的事情，因为妈妈的朋友会到家里来做客。

可是，妈妈把翔翔的小朋友晴晴也请到家里来了，这无异于告诉翔翔：你必须收拾好你的玩具，因为你的朋友也会来家里找你玩，而家里一团乱会让你的朋友感到不舒服。

此后，妈妈更是告诉翔翔，除非翔翔把家里的玩具收拾整齐，不然妈妈就不允许他带朋友到家里玩。这样一来，家里整洁与否，就与翔翔有着比较明显的关系了。

培养孩子对家庭的责任感、归属感，离不开父母的努力。父母只有让孩子知道他与家庭是一体的，他有义务为家庭付出，孩子才会珍惜家庭、对家庭负责。

三、不要把劳动当成一种惩罚

家务活是日常生活中非常普通的劳动。父母不仅自己应该树立这个观点，而且还要帮助孩子也树立这个观点。只有这样，孩子才会把家务活当成一件每人、每天必须做的事情，而不是在讨父母欢心时才需要做的事情。

生活中，当孩子犯错时，许多父母因为舍不得打骂，于是想出了罚做家务这个“好办法”，希望通过罚做家务让孩子记住：这样做是要被罚做家务的。虽然，对防止孩子再次犯错，这个办法起着一定的作用。但是，在另一方面，这也对孩子的发展有着不可忽视的负面影响。

一旦父母这样做，那么孩子就会认为，只有犯错了才需要做家务，没犯错就不用做家务了。实际上，这对培养孩子的劳动意识、培养孩子尊重劳动的观念，是非常不利的。

如果父母把家务当成一种惩罚手段，那么今后想要让孩子做一些家务那就难了。因为从小就把劳动当作一种惩罚方式的孩子，他会想：我又没有犯错，凭什么让我做家务？

这无疑是在给孩子灌输这样一种思想：做家务、为家庭付出并不是一件本应该做的事情，它是一种惩罚。

彪彪是一个非常调皮的男孩子，为此，爸爸妈妈制定了好几条“家规”，并宣布：一旦违反“家规”，就要做一定的家务活来弥补。

这招确实有用！在被罚了几次之后，彪彪就学乖了。看到儿子的调皮有所收敛，爸爸妈妈的心里别提多高兴了。

这一天，妈妈的大学同学丹姐来家里做客。见到多年的老朋友，妈妈自然很高兴。正当妈妈跟丹姐聊天的时候，彪彪从房间里出来了。

妈妈对丹姐说：“丹姐，这是我的儿子，小家伙今年刚上一年级。”说着，妈妈转过身子对彪彪说：“彪彪，快叫‘阿姨’！去给阿姨端杯水来。”

妈妈本想让儿子表现表现，可是没想到儿子却大声地说：“我又没有做错事情，为什么让我端水？我不干！”说着，彪彪跑回了房间，用力地关上了房门。

妈妈看着丹姐尴尬的笑容，也只能笑着道歉：“小孩子太不懂事了，真是让你笑话了。”

犯错误就罚做家务，这招对控制彪彪调皮确实起到了作用。因为彪彪记住了：不可以调皮捣蛋，否则我就要做家务了。但是，也正是因为彪彪谨记着一点，所以彪彪也坚定地认为：做家务是一件非常不好的事情，是调皮的孩子才需要做的事情。

这样，当妈妈突然让彪彪去倒水时，彪彪就会觉得很委屈：我又没有做错事情，为什么要只是我干活？即使妈妈让彪彪做的事情，只是倒一杯水，算不上什么真正的家务活。

如果父母希望孩子长大后，能够尊重劳动、热爱劳动，那么父母们就不应该把劳动变成一种惩罚手段。如果在孩子做错事情的时候，父母们为了让孩子记住教训而让孩子干活，那么很容易让孩子把劳动当成一种折磨、甚至是一种耻辱。

家务本应该是一种普通的劳动，不应该变成一种惩罚手段。在日常生活中，父母应该尽量让孩子把家务当成自己的义务，而不是一种惩罚、一种令人厌恶的事情。

四、不要当面重做孩子的工作

父母为什么不想让孩子做家务？通过调查、访问，我们发现父母不想让孩子做家务的原因有如下几个：

(1) 怕孩子太累了，希望孩子把精力放在学习上；

(2) 父母觉得孩子还小，还不会做家务；

(3) 孩子只会“帮倒忙”，做完后还要父母自己再做一遍。

其实，当孩子在做家务的时候，孩子的大脑也会得到休息。而且，体力劳动能使孩子暂时转移注意力，使大脑休息得更好。所以，第一点顾虑父母完全可以放下。

至于担心孩子“不会做”、“帮倒忙”的父母，更是应该纠正这两种观念。因为，并不是每个人一出生就会做家务，每个人都是经过无数的锻炼、重复，才能娴熟地扫地、洗碗。你越不让孩子做，孩子就越不会做。

孩子有兴趣并希望能动手做一些事情，这是非常难得的。对此，父母应该对孩子给予鼓励、指导，而不是“泼冷水”，认为孩子正在捣蛋，并阻止孩子做一些简单的家务。

妈妈正拿着扫把准备扫地时，女儿欣美马上从沙发上跳起来，说：

“妈妈，欣美帮你扫地！”

“别捣乱了，你安安静静地看电视，就是帮妈妈最大的忙了！”妈妈说着就开始扫地。欣美不依，开始抢妈妈的扫把。妈妈没办法，只能说：“那好吧，欣美负责扫地，妈妈去拿水拖地。”

欣美开心地拿起扫把，认真地扫起地来。过了一会儿，妈妈提着水出来了，说：“欣美，把扫把给妈妈，妈妈要快点扫完地，然后拖地。”欣美正扫着非常认真，当然不肯把扫把交给妈妈。妈妈没办法，只能耐着性子等欣美扫地板。

欣美终于扫完地板了，一脸自豪地说：“妈妈看，欣美扫得很干净吧？”

看着地板，妈妈哭笑不得，说：“欣美乖，去看电视吧！你看，桌子底下欣美没扫，门后边欣美也没扫……妈妈再扫一遍就行了，欣美别给妈妈捣乱了啊？”说着，妈妈拿起扫把重新把地板扫了一遍。

欣美看着妈妈扫地板，噘着嘴回到沙发看电视。从此以后，无论妈妈多忙、多累，欣美也不再帮妈妈做家务了。

孩子自觉地萌发帮助父母的想法、体谅父母的辛苦，这是非常难得的。即使你多么不想让孩子插手，你都应该让孩子帮助父母的愿望得以实现。

欣美第一次萌发了帮助妈妈扫地的想法，可是却遭到的妈妈的拒绝：“别捣乱了，你安安静静地看电视，就是帮妈妈最大的忙了！”不要说小孩子，就是成年人听到这样的话，自尊心都会受到损害。

但是，欣美没有放弃，而是开始抢妈妈手上的扫把，直至妈妈被说服。欣美是真心想帮助妈妈的，她并不是在借扫地的机会来玩耍。即使欣美最后并没有把地板扫干净，但是欣美确实是用心、认真地去扫了。

只是一心想着快点把家务活干完的妈妈，并没有看到欣美的认真和努力，也没有体谅这还是欣美第一次扫地。妈妈不仅没有表扬欣美的懂事、勤劳，而且还埋怨欣美没有把地板扫干净，耽误了她的时间。最后，妈妈当着欣美的面，重新扫了一次地板。

可能，欣美没有扫干净的地板，在经过妈妈重新打扫后，会干净很多。但是，欣美的自尊会因此受到的损害，欣美的劳动积极性也会受到打击。

当孩子表示他愿意帮助你做一些家务时，你一定要满足孩子的这个要求。即使孩子做得再不好，即使孩子在“帮倒忙”，即使孩子把事情变得更糟糕，你都不能忘记表扬孩子：真乖，真懂事！而且，千万不要当着孩子的面，重新做一次孩子做过的家务。

一旦你这样做了，那么无异于告诉孩子：你做得很不好，因此爸爸妈妈不得不重新再做一次。也就是说：孩子之前做的一切，都是没有价值的，甚至是给你添乱的。

第三节　帮助孩子改掉粗心大意的毛病

我们经常说：细节决定成败。于是，当我们面对孩子的粗心、不注重细节时，我们忧心忡忡。

在人与人的竞争中，孩子少一份细心，就少一份胜算，几乎所有的父母都这样认定。但是面对孩子的粗心，有些父母却又无能为力，只能恨铁不成钢。其实，要想帮助孩子改掉粗心的坏毛病，父母可以做的很多。

孩子因为粗心而做得不好的事情有很多，但导致孩子粗心的原因无非几个，父母们只要找出原因、对症下药，对孩子进行一些有针对性的教育，那么孩子粗心的毛病是完全可以改掉的。

华华这次考试又不及格了！

当华华把数学试卷放在爸爸手上，让爸爸签名时，爸爸生气极了：华华是班上唯一一位数学不及格的学生！

爸爸拿直尺重重地打了华华的手掌心，把华华打得又哭又叫。正在厨房里忙活的妈妈听见了，急忙跑了出来。

妈妈把华华的试卷拿过来一看，顿时明白了是怎么一回事。妈妈觉得很奇怪：华华平时做作业时，这些数学题都是难不倒他的呀！怎么考试的时候全做错了呢？

妈妈问华华："华华，你知道这些题你为什么会做错吗？"

华华抹着眼泪说："老师说华华太粗心了。"

妈妈点点头，又问："这些题华华都是会做的，那华华怎么会做错这么多呢？"

华华说："华华做完题后，没有检查就交上去了……有很多题只要再算一遍，华华就不会错了。"

华华看着试卷，接着说："下次考试，华华一定认真检查！"

妈妈把试卷还给华华，说："嗯，那华华先把做错的题重新做一遍。记住，细心一点，如果等一下妈妈看到华华还是做错了，那妈妈可要生气了。"

在知道华华的数学成绩不理想时，妈妈没有像爸爸那样暴跳如雷，急着惩罚华华。妈妈先是看了一遍华华的数学试卷，然后发现：华华数学成绩不及格，并不是因为华华不会做试卷上的数学题，而是因为华华太粗心了。

知道了孩子的问题出现在哪里之后，妈妈开始采取相应的补救措施。首先，妈妈让华华明白，他的数学成绩不理想，并不是因为他比其他同学笨，而是因为他太粗心了。

找出症结后，妈妈让华华把因为粗心而做错的题，重新再做一遍。这是为了让华华记住：只要自己再细心一点，这些题自己是完全可以做对的。

在发现孩子有粗心的现象时，父母们一定要及时纠正，不要让孩子粗心的毛病变得根深蒂固，成为一种难以摆脱的坏习惯。

在帮助孩子改掉粗心的毛病前，父母们要先弄清楚孩子粗心的原因，然后才能有针对性的教育、锻炼孩子。

如果父母只是一味地提醒孩子"不要粗心"、"细心一点儿"，却没有告诉孩子，他"粗心"在哪儿以及怎样才能改掉粗心，那么孩子还是不知道怎样才能"细心一点儿"的。

在帮助孩子改掉粗心的毛病时，父母应该落实到具体的行为，而不是空口说教。要知道，帮助孩子改掉粗心的毛病，并不是一朝一夕就能完成的，它是一个漫长的过程。

一、让孩子专心致志地做事

孩子粗心，很多时候是因为父母们的干扰。可能作为父母的你会说：我并没有干扰他。是的，可能在你意识到孩子正在做一件事情的时候，你会有意识地控制自己的行为，使自己尽量不要干扰到孩子。但是，在你没有意识到孩子正在做事的时候呢？

例如，当孩子正在做作业时，为了让孩子专心一点，你可能会让家人说话都小声一些，而且尽量不到孩子的身边去。为了减少孩子分心的机会，这些都是你很容易就能做到的。

只是，你确定你真的做到了没对孩子进行干扰吗？不一定。例如，你在孩子做作业前教训了孩子，或者给孩子买了一件非常新奇的玩具。这个时候，孩子虽然人在做作业，心里想的却是刚才发生的事情。

其实，其他孩子在做作业时，他的父母肯定也不能让整个世界都安静下来。可是，为什么你的孩子就会因为受到干扰而粗心大意，而别人的孩子就不会呢？问题就在于，同样的环境，不一样的心境。

为了帮助孩子更好地交流、学习，几位父母自行组织了一个“课后互助队”，把孩子们集中在一起写作业，遇到不懂的，也可以互相交流、学习。

小迪的爸爸听说了这件事情后，也想要让小迪加入这个互助队。因为小迪在家里根本没有办法细心地做题，总是会受到小区附近吆喝声的干扰。

小迪参加了一段时间的互助队之后，爸爸偶然翻看小迪的作业本，竟发现小迪的作业上全是错题，而且只要小迪细心一点，这些错误本来是可以避免的。

原来，小迪到了互助队之后，只要互助队里的同学一开始讨论交流，小迪就会被干扰，然后粗心地把算数算错。

爸爸了解到，其他孩子在家里做作业时，虽然家里很吵闹，但是孩子却从来不会因为粗心而做错题。爸爸想：光改变外部环境是没有用的，小迪总是很烦躁、不能细心地做作业，跟小迪容易分心的毛病是不开的。

于是，爸爸开始陪小迪下围棋、打羽毛球，培养小迪专心致志的品质。一个月后，小迪的抗干扰能力大大增强了，再也不会因粗心而做错题了。

小迪粗心的毛病，并不是因为做事马虎，而是因为容易受到周围环境的影响，不能专心致志地做作业。刚开始，爸爸虽然尝试着改变小迪周围的环境，但是却不见效果，因为真正没有干扰的地方是不存在的。

直到后来，爸爸改变了策略：与其费力改变周围所有的环境，不如改变小迪一个人的心境。于是，爸爸有针对性地选择了围棋、羽毛球等，让小迪学会做任何事情都要专心致志、全力以赴，改善了小迪的抗干扰能力。

父母们在发现孩子身上存在粗心的毛病时，一定要弄清楚原因，然后才对孩子进行有针对性的训练。

粗心的原因不止一种，如果你只向孩子强调“千万不要粗心”，那么孩子可能会记住“我不粗心”，可是问题还是没有解决，孩子不知道怎样做，才可避免因为粗心而出错。因此，与其告诉孩子一千遍“不要粗心”，不如告诉孩子一遍“做这件事情是要注意这一点……”

二、粗心，还是缺乏责任心？

有时候，孩子做错事情，表面上看起来是因为孩子太粗心了，没有认真地做，而实际上，却是因为孩子缺少责任心。没有抱着对事情负责的心态去做事，孩子自然很容易把事情搞砸，或者把事情做得不是那么完美。

例如，孩子刚洗完手，你却发现孩子的指甲还是很脏。这个时候，你以为孩子是因为粗心，所以没有把手洗干净。而事实却是，孩子是因为没有认真对待洗手这件事，没有对自己手部清洁负责任，所以才没有把手洗干净。

“小将，快点把你自己的玩具收拾好，准备吃饭了！”妈妈在厨房喊道。

吃完饭，妈妈收拾完碗筷之后来到客厅，发现有一个玩具没有放进纸箱里，而是遗落在了沙发缝里。妈妈把玩具拿给小将，笑着说：“小将，下回可不准这么粗心了。要是妈妈一屁股坐下去，那小将的玩具不是要被妈妈坐坏了吗？”

小将嬉皮笑脸地拿回了玩具，回房间做作业去了。

第二天，妈妈在洗杯子时，让小将把客厅里的小杯子拿到厨房。正在看电视的小将，唠叨着“真麻烦”，但还是按照妈妈的吩咐做了。妈妈洗完杯子后，回到客厅才发现，茶几上还有两个小杯子，小将没有把这两个小杯子也拿进厨房。

妈妈有点儿生气：“小将，妈妈昨天不是刚跟你说过吗？不准这么粗心了，你看，这两个小杯子你没有拿给妈妈！”

小将不耐烦地说：“哎呀！不就一个小玩具、两个小杯子吗？随便它就好了！”妈妈这才知道，原来小将并不是因为粗心才没有把事情做好，小将是因为不把小事当一回事，所以才出现了这么多失误。

把玩具收拾好，把茶杯拿进厨房，对于一个孩子而言这并不是一件什么难事。但就是因为太简单了，所以小将并没有把这些事情当一回事，而是满不在乎地做着这些事情。

其实，只要小将对妈妈要求做的事情负责，认真对待“一个小玩具、两个小杯子”，那么小将就不会犯这些本可以避免的错误，小将也一定能够把事情做得很好。

父母们在矫正孩子粗心的毛病时，一定要注意，孩子是不是因为不把这些事情当成一件重要的事，随意应付这些事情，所以才会犯粗心的毛病呢？

如果是的话，那么父母们第一件要做的事情，不是告诉孩子“细心一点”，而是教导孩子“对所做的每一件事情负责”。因为，孩子并不是不能把这些事情细致地做好，孩子是不愿意把这些“小事”做得很细致。

培养孩子对待事情的责任感，培养孩子认真、负责的态度，那么孩子就会自发地细心地做好每一件事情。那么，孩子粗心的毛病也就越来越少了。

三、欲速则不达，忙中易出错

当孩子在做一件自己不是很喜欢的事情时，或者孩子想要马上结束手中的事情去做另一件时，孩子就会出错。因为孩子的能力是有限的，孩子的注意力还没有发展到成人阶段，不可能同时在意两件或两件以上的事情。

为了帮助孩子改掉粗心的毛病，我们在生活中会一直提醒孩子“先把作业做完，然后再带你去游乐园玩。”殊不知，这样的提醒，有时对孩子并没有好处。

一方面，这样的提醒会让孩子分心。孩子在做作业的时候，可能心里会想着待会儿要去游乐园玩些什么项目，或者找谁一起去玩。

另一方面，这样的提醒会让孩子粗心地对待自己的作业。孩子只想着快点把作业做完，然后就可以到游乐园玩了。这样一来，孩子就容易忙中出错，比平时更容易犯粗心的毛病。

妈妈刚走进家门，小旅就扑向妈妈的怀抱，说是要帮妈妈按摩。

妈妈一听，高兴极了，心想：知道心疼妈妈，平时果然没有白疼这小子！小旅让妈妈坐在沙发上，说是帮妈妈按一下后背。

才按了一会儿，小旅就嘻嘻地笑着说：“妈妈，按完了！”

“啊？这么快？”妈妈有点惊讶。

小旅没有理会妈妈在说些什么，径直跑到房间里哈哈大笑。妈妈觉得很奇怪，于是也跟着走到小旅的房间里，看看小旅葫芦里卖的是什么药。小旅见妈妈进来了，说："哦！猪八戒进来啦！"

妈妈这才恍然大悟，就着穿衣镜看到了自己衣服后面贴满了猪八戒的小图画。妈妈笑着让小旅把她衣后的"猪八戒"撕下来，并承诺要带他去吃自助餐。

听妈妈说要带自己去吃自助餐，小旅兴奋极了。马上跳起来，把妈妈身后的"猪八戒"撕掉。

到了餐厅后，妈妈发现自己在拿食物时，周围的人总是看着自己发笑。当妈妈第三次拿食物，并被一个小孩说成"猪八戒"时，妈妈恍然大悟：儿子肯定没有把"猪八戒"清理干净……

小旅既然能精心地布一个局，在妈妈身后贴上许多"猪八戒"而不让妈妈发觉，这说明小旅平时并不是一个粗心的孩子。可是，小旅既然不粗心，能把"猪八戒"成功地贴在妈妈背后，为什么小旅在清理猪八戒时，就清理不干净呢？

难道小旅是故意的吗？显然不是。妈妈已经承诺要带他去吃自助餐了，小旅很高兴。可正是因为小旅太高兴了，他太想马上帮妈妈把"猪八戒"清理掉，然后去吃自助餐，于是，小旅粗心了。

这说明，孩子有时候并不是因为有粗心的毛病，所以才有粗心的行为。而是，孩子太想把一件事情快点做完，所以孩子出现了粗心的行为。

孩子的注意力和动手能力是有限的，如果孩子手里在做一件事情，心里却想着另外一件事情的话，那么孩子手里的这件事情很有可能就会被搞砸，或者做得不那么完美。

因此，父母们如果要让孩子细心地做一件事情的话，就一定不要让孩子同时注意两件事情。父母们更不要一直在孩子耳边强调"细心一点，先做这件事，再做那件事"，因为这对于孩子而言并不是一种提醒，而是一种干扰，一种使孩子更加心急、更加粗心的干扰。

第四节　孩子，用心灵来为美丽加分

孩子的世界很单纯，但是从“自然人”成长为“社会人”，孩子的思想会发生很大改变。实际上，我们把这种改变称为“对社会的认识”。得益于父母、老师们的教育，孩子们对社会的认识大部分都是正确而健康的。

但孩子是一个独立的个体，不可能只接受正确的思想。在认识社会的过程中，孩子也会出现思想偏差。许多孩子到了三岁以后，会出现一个“爱攀比”的阶段，其实，这正是思想偏差的一部分体现。

这个时候，父母们不要试图纠正孩子的全部思想，而应该给予孩子正面的引导。因为，孩子的攀比思想并不一定全是有害而无益的。

例如，孩子在学习成绩上与其他同学竞争，在做好事的时候与其他同学竞争，这种攀比就是有利于孩子的学习和美好品质培养的。但是，如果孩子的攀比思想出现在对物质的追求上，这就是父母们应该引起警惕的地方了。

这几天，上幼儿园前，达达总是要翻翻衣柜、照照镜子。“这小子，什么时候变得这么臭美了？”妈妈心里觉得好笑。

这一天，达达跟妈妈说：“妈妈，达达要买新衣服。”

妈妈说：“好啊！星期天让爸爸带达达去买衣服。”

没想到达达一下子就不高兴了，说“现在就买！达达明天就要穿新衣服，要‘蓝精灵’的新衣服，不然达达就不去幼儿园了！”

听了达达的话，妈妈被吓了一跳，一时之间竟然不知道怎么回答才好……

第二天，妈妈打算跟老师反映情况，希望向老师请求帮助。

原来，自从班里来个新小朋友之后，这种攀比的风气就慢慢形成了，无论老师怎么教育都禁止不了。因为，这位小朋友的家庭十分富裕，再加上小朋友的父母对孩子是百依百顺，恨不得把最好的都塞到孩子手上。

回到家后，妈妈向丈夫说明了情况，然后一直决定：不仅不买“蓝精灵”的衣服，以后连新衣服都要少买，一定要纠正孩子爱攀比的思想。

孩子之间一旦出现攀比现象，而父母们又毫无节制地满足孩子的需求的话，那么孩子们的虚荣心就会越来越强，越来越追求物质上的享受。

刚开始，达达的攀比行为，只是表现在衣柜里找好看的衣服、照照镜子。后来，达达的攀比行为越来越严重，不仅要求妈妈买新衣服，而且是“现在就要买”、“明天就要穿”，甚至还要求妈妈买某种品牌的衣服。

如果妈妈这个时候没有细心留意，而是一味地满足达达的话，那么很可能达达的攀比行为会越来越严重。

当孩子出现此类攀比行为时，父母们应该马上采取措施，并给予正面的引导，让孩子领悟到：外表的攀比是没有意义的。

同时，需要提醒各位父母的是，预防永远比治疗更容易。平时一定不能“孩子要什么，父母就给什么”，这样只会使孩子产生攀比心理，使其更注重物质上的享受。

那么，总有一天，你会发现孩子所要的，你已经负担不起了。而这个时候，攀比已经像鸦片一般侵蚀了孩子的心灵。为了得到物质上的满足，孩子往往会做出一些不合理、甚至不合法的事情。

一、孩子爱攀比，家长要反省

孩子是父母心中的骄傲，父母们总是会以自己的孩子为豪，这无可厚非。每当父母们听见别人赞扬自己的孩子时，父母们的心里一定像喝了蜜似的，一定比自己受到赞扬时还要高兴。

在这种情况下，许多父母就会犯这样一个无心的错误：把孩子当成自己展示成功的工具。例如，当有人夸奖你的孩子会背诗，并说这都是你教导得好时，你可能会因此而让孩子背更多的诗，而不理会孩子是否真的喜欢、理解这些诗。

当这种情况，放在孩子的外表、物质上时，孩子的攀比心理，可能就是你一手造就的。

芙雯是一位非常追求时髦的职业女性，即使是嫁了人、生了孩子之后，芙雯仍然紧跟时代潮流，绝不落后。

芙雯有一个三岁的女儿，每次女儿登场，芙雯总是能听见一片赞扬的声音：这全靠她把女儿打扮得时髦、靓丽！

上了小学后，老师就告诉芙雯：小孩子不应该这样打扮，这对孩子的心理健康非常不好。可是芙雯却想：有什么不好的？我女儿多么出众啊，每次亮相都得到一阵掌声呢！

因此，整个小学里，芙雯的女儿总是最引人注目的，几乎每位家长、老师都注意到了这位时髦、靓丽的小女孩。对此，芙雯感到非常满足，她觉得女儿小小年纪就这样引人注目，以后一定鹤立鸡群。

然而，事态的发展，远远没有芙雯想象中的那么好。女儿上了中学后，一直没有把心思放在学习上，一心只想着追求时尚、追星，跟同学们在物质上较劲。

天真烂漫是小孩子的最大特征。芙雯自己追求时髦也罢了，可是她不应该让年幼的女儿，打扮得太过于前卫、靓丽。要知道，一旦女儿从小就生活在“时髦”的光环下，那么女儿长大后，一定也是把全部心思都用在追求时髦上的。

父母们在培养孩子的时候，要让孩子形成艰苦朴素的观念，而不是物质攀比的虚荣感。

孩子本来是不会与人攀比的，父母与社会环境是影响、改变孩子的重要因素。要想让孩子不养成攀比的坏习惯，要想让孩子重视心灵而不看重物质，那么父母们就应该注意自己对孩子的培养方式。切记，不要让孩子成为自己获得掌声的工具！

二、有礼貌比有球鞋厉害

当孩子出现物质上的攀比行为时，父母们要及时制止并给予正面的引导，对孩子进行一场反攀比的教育。

首先，父母们应该明白，攀比心理的本质就是“他有，我也要有!”正是因为这种心理，所以孩子一旦看见了其他小朋友有了新玩具、新衣服，就会自然而然地也想要有这样一件新东西。

当孩子向父母提出要求时，父母处于疼爱孩子的心理，可能就会想：不就是一件玩具、一件衣服吗？孩子要就买给他吧，这样孩子就不会老想着比不上别人了。

而事实却是，如果这时父母满足了孩子，那么孩子下次再看到其他小朋友的新玩具、新衣服时，孩子还是会想要，而且还要更好的。这样下去，孩子的攀比心理与行为就会越来越严重了。

有的父母明白攀比是一种非常不好的行为，必须让孩子彻底改正。于是这些父母们一发现孩子出现攀比，就马上予以呵斥、责打，直至不再有攀比行为。这种办法看似能阻止孩子攀比，而实际上却会伤害了孩子，严重的话还会使孩子变得不思进取。

因此，当孩子出现攀比行为时，父母们应该给予孩子正面引导。所谓“堵不如疏”，把孩子的物质攀比思想引导到品质、精神上的追求，把物质攀比变成一种自觉向上的内动力，可谓再好不过了。

朋友告辞后，晓航打算不做晚餐了，带儿子到楼下的餐馆吃饭。可是，儿子却闷闷不乐地告诉晓航：他不想吃饭了。

“爸爸，你给我买一双鞋子，我想要一双‘耐克’的球鞋。”儿子说。

晓航觉得很奇怪，儿子从来不打球，也不知道‘耐克’为何物，怎么会突然提这种要求呢？晓航问儿子：“能不能告诉爸爸，为什么你想要一双‘耐克’的球鞋呢？”

儿子说：“李叔叔的儿子就有这样一双鞋子，蓝色的，可漂亮了！”

李叔叔是晓航的朋友。

晓航明白怎么一回事了，他弯下腰对儿子说："你觉得他的鞋子比你的好，对吗？"

儿子点点头。晓航接着说："可是，李叔叔刚才说，你比他有礼貌，刚才李叔叔一直在夸你呢！"

儿子说："真的吗？"

晓航说："当然是真的！你看，'耐克'的球鞋就摆在店里，爸爸现在就可以帮你把它买回来。可是，你的礼貌，就算李叔叔再有钱，也买不回来呀！你说，有礼貌是不是比有球鞋厉害呢？"

儿子用力地点点头，从此变得更讲礼貌了。

儿子想要一双新球鞋，而且是指定牌子的球鞋，这并不是因为儿子真的需要一双球鞋，而是因为儿子感到"自己被一双球鞋比下去"了。为了寻找心理平衡，所以儿子也想要一双球鞋，这是一种攀比心理的需求，并不是真正的物质需要。

这个时候，晓航采用了一种非常合适的办法，他用了一个对比，让儿子明白：物质上的富足，永远比不上精神上的美好。

父母们在处理孩子的需求时，也应该先弄明白，孩子所需要的，究竟是物质满足还是心理平衡？

如果孩子的确需要这样一件物质，那么在经济条件允许的情况下，我们可以满足孩子。

可是，如果孩子只是寻找一种心理的平衡感，那么我们应该帮助孩子找到这种心理平衡感，而不是按照孩子的要求，给他一双球鞋或一件玩具。因为这样一来，孩子下一次还有更大的需求时，我们可能再也满足不了了。因为，从一开始我们就给做错了。

第七章

孩子的交际，需要你一起经营

每个人都有自己的交际圈，孩子当然也不例外。孩子交际能力的培养，更是事关孩子日后的成功。

当今社会，一个拥有庞大的交际圈，善于利用人力资源的人，一定是一个成功的人，至少是一个处理事情得心应手的人。因为他无论走到哪里，都会迅速地融入，建立人际网络，并得到许许多多的帮助。

你希望孩子成为这样的人吗？如果你希望孩子成为这样的人，那么不必等到以后，从现在开始，就帮助孩子学会融入集体，帮助孩子找到更多的朋友！

第一节　孩子，有事慢慢说

现代家庭中，绝大部分孩子是独生子女，受到来自爷爷奶奶、爸爸妈妈等多方的疼爱。很多孩子因此养成了一些坏习惯，例如自私、以自我为中心、暴躁等。

孩子在家里是中心，但在幼儿园，孩子的中心地位不可能被维持，因为幼儿园里每位小朋友都是平等的，不存在以谁为中心的现象。这样一来，孩子之间的交际就很容易出现矛盾，甚至肢体冲突。

如何让孩子在与人交往中变得更温和、更有耐心一些？这需要父母们平时的努力。至少，父母们应该让孩子学会：每个人都是平等的，大家不会迁就你，你应该学会与大家好好沟通。

在家里，小简就像一个指挥官，指挥着所有的大人。如果大人们有什么事情没有顺着小简的话，小简马上就会发脾气、摔东西。

上了幼儿园了，爸爸妈妈非常担心小简会与小朋友们起冲突，既怕伤着了其他孩子，又怕自己的儿子受委屈。

果然，在小简上幼儿园的第二天，爸爸就接到了老师的电话，说是小简拿椅子砸小朋友。爸爸吓得马上从公司赶到幼儿园，幸亏小简没有把人砸伤，只是额角有点淤青。向小朋友的家长赔礼道歉后，家长也大方地原谅了小简。

星期天，朋友带着自己的孩子来家里玩。本来几个小朋友玩得挺开心的，可是小简突然又发脾气了，拿着变形金刚就要往小朋友头上敲。

朋友告辞后，爸爸第一次拿起藤条教训小简，让小简以后不准动手打人。小简哪里受过这样的委屈，当即哭着搬椅子就要砸爸爸。爸爸生气极了，举起藤条就往小简身上抽……

本以为经过这次教训，儿子就会收敛一些。没想到，过了几天，爸爸竟然听见小简大声地骂外婆：我要拿藤条抽死你！

在家里，每个人都以小简为中心，事事都顺着小简，当然会把小简宠坏了。当小简进入幼儿园，开始与其他小朋友接触时，小简因为在家里当惯了“小霸王”，自然容易与他们发生冲突。

这样的问题并不仅仅存在幼儿园里，朋友的孩子来家里玩，小简依然不知道怎样与他相处。小朋友之间一起争吵，小简想到的就是使用暴力。

对于小简这类的急躁，以暴制暴是解决不了问题的，而且还会让问题越来越严重。爸爸只不过用藤条打了小简一次，可是通过这次，小简又学会了一种暴力的方式：用藤条抽死你。

在帮助孩子解决交际中的急躁问题时，父母一定要保持足够的耐心。孩子急躁，父母千万不可以比孩子还急躁。

如果父母想要以暴制暴，那么只会使问题越来越复杂。可能你的暴力可以暂时的压制孩子的急躁，但这只是表面现象，不论遭受多少暴力，孩子仍然不会懂得怎样在人际交往中保持耐心、保持良好的沟通习惯。

一、孩子的急躁，多半是被宠出来的

有一个笑话是这样子讲的：

一个小孩子三岁了，仍然学不会说话。家人们到处寻医问药，仍然不见效。

有一天，孩子突然说话了：“我要喝水。”家人们非常惊喜，也非常惊奇。就问孩子是怎样说话的，孩子的回答让人大笑不已：以前我还没说之前，你们就把所有我要的都放在我面前了，我没有什么好说的了。

仔细想一想，这真的是一个笑话吗？其实，在现实生活中，父母们不正是这样对待自己的孩子的吗？

父母们费尽心思地想：孩子还需要些什么？往往孩子还没开口，父母们就把孩子想要的一切送到跟前了。孩子不需要开口表达，父母们就知道孩子的需求，并尽力满足孩子。

但是，其他人并不会这样子对孩子，他们也没有必要这样对你的孩子。于是，被你宠出来的孩子，一旦进入社会，开始与其他人交往，那么你的孩子可能会不适应这一切。你的孩子早被你宠得没有任何耐心与能力去与别人沟通了。

有一天，妈妈带儿子贝贝到动物园里去玩。

来到动物园的时候，正碰上许多小朋友，他们正在看鸽子。有些小朋友从家里带来了玉米粒，抛向空中，引来一大片鸽子争食，看起来非常有趣。

从贝贝兴奋的眼神中，妈妈看出儿子非常想要靠近这些鸽子。于是，不等儿子开口，妈妈就带儿子买了门票，进了“鸽子园”。

妈妈见儿子一直盯着其他小朋友手中的玉米粒，就知道儿子肯定是想喂鸽子了。于是妈妈吩咐贝贝不要乱走后，就帮儿子买玉米粒去了。

不一会儿，妈妈就回来了。但是眼前的景象却让妈妈大吃一惊：贝贝正和一位小朋友扭打，两个人在草地上滚来滚去……

原来，贝贝想要喂鸽子，于是让那位小朋友把玉米粒分他一点儿。小朋友自己都觉得不够，再加上跟贝贝素未谋面，当然不肯给他了。贝贝见小朋友没有把玉米粒给他，马上就动手抢夺……

妈妈把扭打在一块儿的两个人分开后，那位小朋友对贝贝说：“本来我还打算跟你一起喂的，现在，没门儿！”说完，小朋友径直跑开了。

带贝贝到动物园之后，妈妈的一系列表现，都说明了一个问题：贝贝的需求还没说出来，妈妈就会知道并懂得贝贝的心思，然后满足贝贝的需求。

首先，妈妈根据贝贝兴奋的眼神，就看出了贝贝想进去“鸽子园”，于是妈妈马上买门票。然后，见儿子贝贝一直盯着别人的玉米粒，妈妈又急忙去给儿子买玉米粒了。可以说，贝贝的一切需求，妈妈都会加以揣摩并尽量满足，贝贝甚至从头至尾都不需要开口。

正是因为妈妈这样“善解人意”，而且尽量满足儿子的一切需求，所以才导致了儿子十分急躁、没有耐性与人沟通，变得霸道而自私。

如果贝贝有足够的耐心，愿意与小朋友好好沟通，而不是急躁地抢夺他人的东西，那么贝贝可能已经成功地得到玉米粒，与小朋友们一起快乐地喂鸽子了。

在生活中，父母们能满足孩子的需求是一件好事。但是，父母们应该让孩子学会合理地表达自己的需求、耐心地与人进行沟通。毕竟，不是每一个人都能揣度孩子的心思，而且不是每一个人都有义务而且都愿意满足孩子的需求。

很多时候，孩子对他人的要求，是会遭到他人的拒绝的。如果孩子没有耐心与人沟通，不知道如何与人交流，只会急躁地要求别人满足自己，否则就采用强迫的方式对待他人，那么只会令他人更厌恶、排斥自己孩子。孩子的交际也会因此变得越来越糟糕。

二、孩子的暴力，多半是被教出来的

希望自己的孩子能够更好、更快地适应社会并被社会接受，这几乎是所有父母的希望。因此，父母们肯定也希望孩子能学会与人沟通，而不是遇到障碍就挥拳相向。

只是，父母们在对孩子抱以希望时，父母本身却一直把孩子往反方向推。例如，父母们会经常教导孩子：“不要怕他，他敢惹你你就揍他!”一旦父母们这样怂恿孩子，那么孩子就只能学会一种解决问题的方法：揍他。

“第一现场”的记者急匆匆地跑向市内一所幼儿园，就在两个小时前，有知情人爆料：幼儿园发生了一起“群体斗殴”事件。

记者到达现场后，才发现“群体斗殴”事件的主角们，竟然是一群三至五岁的小孩儿！幸好老师们及时控制了小孩子们的斗殴，不然后果真是难以想象。

记者采访教师："您觉得此次事件发生的原因是什么呢?"

教师痛心地说："现在的孩子大多是独生子女，家长们对孩子百般疼爱，事事以孩子为中心。孩子在家里骄纵惯了，来到幼儿园遇到自己不顺心的，就会大发脾气，甚至要求老师也必须听他指挥……"

记者接着还采访了参与"群体斗殴"的其中一位主角，也就是在幼儿园里被称为"铁拳霸王"的鹫昕。面对记者"为什么打人"的问题，鹫昕满不在乎地回答："看不顺眼呗！我爸说了：'看谁不顺眼就打谁，打完了爸爸赔一点钱就完事儿了！'"

鹫昕的话，让记者和所有老师都心惊胆战：这孩子再这样下去，将来肯定要惹大祸的。

孩子之间出现争吵、矛盾，本来是一件非常平常的事情，不必大惊小怪。因为孩子与人的沟通、交流，正是在不断的碰撞中才发展得越来越成熟的。但是，孩子之间的矛盾，如果演变成群体斗争，甚至衍生出斗殴事件，这就值得我们警惕了。

孩子本性纯良，是不愿意伤害任何人的，他们喜欢聚集在一块儿玩耍。可是，为什么孩子们会变得越来越暴力，越来越不把别人当一回事儿呢？究根结底，问题还是要从父母身上找。毕竟，父母的教育对孩子的交际有着莫大的影响。

诚如幼儿园教师所说的那样：孩子在家里骄纵惯了。说到底，这还是家长们的过分宠爱惹的祸。家长们事事以孩子为中心，听从孩子指挥，使孩子形成了急躁、霸道的缺点。一旦孩子进入幼儿园，真正开始接触社会群体，孩子的这些缺点就会暴露无遗。

鹫昕的回答，确实让人觉得心惊胆战，因为这个小孩子的思想如此偏激、暴力，那么当这个小孩子长大后，谁能保证他不会成为"问题少年"?

可能鹫昕的父亲是出于保护孩子的心理，担心孩子在幼儿园里受委屈，所以才会有"看谁不顺眼就打谁，打完了爸爸赔一点钱就完事儿了"的言论。

但试想一想，谁家的孩子不是父母心中的宝贝呢？如果鹫昕被其他孩子欺负，其他孩子的父母想赔钱了事，鹫昕的父亲作何感想呢？

父母们害怕孩子太温和会受人欺负，这是可以理解的。但是，如果父母们因此而对孩子进行一些不正确、不健康的教育，那么这些教育对孩子的思想和未来造成的伤害，恐怕是父母们与孩子都难以承受的。

第二节　拿什么帮助你，胆小内向的孩子？

平日里，我们能看到的绝大部分孩子都是天真烂漫、活泼可爱的，他们对外界一切新奇的事物充满了好奇心，有着“初生牛犊不怕虎”的探索劲头；他们渴望结交更多的小朋友，在游戏中享受团体的快乐；他们希望把自己最棒的一面展示在大人们面前……

但是，我们似乎也能看见这样的一小部分孩子：一旦出了家门，他们不敢离开爸爸妈妈半步；到了幼儿园，他们不喜欢与其他小朋友做游戏；家里来了客人，他们总是选择回避……这样的孩子，总是让父母们感到忧心：孩子这么胆小，以后怎么办呢？

孩子胆小、内向，除了一小部分来自遗传的原因之外，主要还是因为父母们的教育方式出现了问题。一般说来，由权威型、独裁型的家长教育出来的孩子，总是会比其他孩子显得更胆小、内向、没有主见一些。

江绶是一名教师，更是一位非常严厉的父亲。

江绶的妻子萱晓，则是一位温婉女子，平时很听丈夫的话。因此，在家里江绶经常是说一不二。在他的教育下，女儿小薇倒也形成了温婉、娴静的性格。对此，江绶感到十分自豪，他觉得自己对女儿的教育是非常成功的。

可是，小薇上了上了小学后，江绶越来越感到不安。

原来，由于小薇的老师是江绶多年的朋友，所以江绶就请朋友对小薇多加照顾一些。朋友倒经常向江绶反映小薇平时的情况，但是据朋友观察，小薇虽然很听话，上课从来不做小动作，可是小薇显得太过于安静了，甚至不愿与别人交流、沟通。

江绶不得不改变自己一直以来的教育策略了，他不再要求女儿保持安静，而是经常鼓励女儿发表自己的意见、主动与别人交流。江绶还设立不少奖励规则，例如向邻居主动打招呼一次，就能获得一个洋娃娃。

可是，这一切似乎都没有任何作用。看着女儿一回家就躲进家门，没有一丝儿童该有的活泼，江绶忧心如焚……

江绶是一名教师，把自己在学校里的教育方法用在女儿身上，这是可以理解的。但是，由于江绶还是一位非常严厉的父亲，而江绶的妻子又是一位温婉女子，对丈夫言听计从，这就决定了江绶在家里说一不二的地位。

在这样的家庭环境长大的小薇，虽然表面看起来很娴静、听话。但实际上，小薇的性格已经变得胆小、内向了，她不愿意与别人交流沟通。

为什么小薇会变得胆小内向？原因就在于江绶长期的压制、约束。

可能小薇之前并不是一个胆小内向的女孩，要知道，每个小孩子都有着非常强烈的表达欲望。或许是由于父亲过于严厉，打击了小薇的表达欲望，使小薇觉得不同的意见只会招来责骂，所以小薇才慢慢变得安静、胆小内向。

孩子胆小内向，不仅有碍于孩子心理健康的发展，而且还会对孩子的交际造成重大损失，为孩子适应社会增添了极大的障碍。在这个信息时代，人际的好坏几乎完全决定了一个人是否能够成功。无论如何，一个热情开朗的人，总是能比一个胆小内向的人获得更多的机会。

总而言之，帮助孩子改变胆小内向的性格，就是为孩子的成功、幸福增添一个筹码。

一、再胆大的孩子，也经不住大人们的吓唬

为了让孩子不要到处乱跑，你是否对孩子说过："再跑出去，大灰狼就会把你叼走!"呢？为了让孩子快点入睡，你是否对孩子说过："晚上鼠大王就会出来，把不睡觉的孩子抓走!"呢？为了让孩子听话，你是否对孩子说过："安静下来，不然爸爸妈妈就不要你了"……

或许，在这些恐吓之后，孩子会暂时地按照你的意愿行事，让你省心不少。但是，你是否知道，这些恐吓已经对孩子的心理造成伤害了呢？长此以往，孩子变得胆小、怯懦，也是情理之中的事情了。

在别人眼里，祥项是个勇敢、乐于助人的小男孩：摔倒了，自己拍拍手就站起来了，不哭不闹；见到陌生人也不闪躲，而是有礼貌地笑着打招呼……

上幼儿园的第一天，当其他小朋友都哭着喊着"要回家"时，只有祥项笑着送爸爸妈妈离开。祥项还安慰小朋友"爸爸妈妈等一下就接我们回家"，还给他们讲笑话……老师们见到祥项的父母，都忙不迭地夸赞祥项。

虽然如此，但是爸爸妈妈心里明白，祥项并没有大家看到的那么勇敢。

在家里，祥项是出了名的怕打雷。只要一下雨，爸爸妈妈无论多忙都要往家里赶，因为祥项实在太怕雷声了。本来爸爸妈妈也想要帮助祥项勇敢一点，但是当祥项被雷声吓晕过一次之后，爸爸妈妈就再也不敢在打雷的时候，让祥项一个人在家里待着了。

事出有因，祥项之所以这么害怕雷声，是因为祥项小时候，外婆经常用打雷来吓唬祥项。当新闻上报道有人遭雷击时，外婆就会告诉祥项：这些人都是不听话的人，所以天上的雷公电母就要用雷劈死他们……

观察祥项在日常生活中的表现，可以发现祥项并不是一个胆小的孩

子。而且可以说，祥项比同龄人表现得更勇敢、更热情而乐于助人，祥项非常优秀。但是，这样一个勇敢、开朗的小男孩，这样一个什么都不害怕的小男孩，为什么偏偏会害雷电呢？

原因就是：再胆大的孩子，也经不住大人们的吓唬。

外婆是一个比较迷信的老人，她告诉祥项，天上有雷公电母，而且雷公电母会用雷劈死不听话的人。这本来并不足以使祥项感到害怕，至少不会害怕到如此程度。

可是，当外婆把迷信和新闻结合起来，告诉祥项确实存在这样的事情时，由于缺少生活经验和常识，祥项对此就深信不疑了。因为祥项知道，新闻报道是真实的，人遭雷击而死亡也是真实的。雷声闪电的恐怖，一旦在祥项幼小的心灵留下阴影，便很难被清除了。

除了吓唬父母教育孩子，可以采用的方法有很多。吓唬孩子，虽然在短期内可以收到效果，但是这种短期效果，是需要付出长期代价的。因为对于孩子而言，恐惧是一种非常严厉的心理惩罚，很容易在孩子稚小的心灵上留下创伤。

二、怎样鼓励胆小的孩子

当孩子显得胆小、怯懦时，我们应该怎样帮助孩子？首选办法是鼓励。

当孩子不敢去做某一件事情时，很多家长因为怕丢脸而显得急躁、没有耐心，总是大声地斥责孩子“胆小鬼！”、“你怎么这么没有用？”“真丢人！”其实，家长们严厉的斥责，不仅于事无补，反而会加重孩子的心理负担，使孩子变得越来越胆小。

因为，孩子不是不愿意去做这件事情，孩子是不敢去做这件事情。

如果孩子是不愿意去做，那么你的斥责可能会起到一种强迫作用，使孩子按照你的意愿行事。可是如果孩子是出于恐惧，那么无论你再怎样斥责孩子，孩子还是会恐惧。即使孩子在你的逼迫下，勉强去做这件事情，孩子的恐惧也不能化解，孩子依然会恐惧这件事物。

自从晓明在观看了一部恐怖电影，就不敢独自一人上洗手间。原来，电影里面有一个情节，讲的是一个幽灵从马桶里飘出来了。

爸爸非常后悔带晓明一起去观看这部电影，极力想让晓明克服对洗手间的恐惧。于是，当晓明在晚上要求爸爸陪自己上洗手间时，爸爸总是百般推诿、责骂。但最终，爸爸还是不得不陪着晓明上洗手间，因为如果爸爸不这样做，晓明就会在房间里就地大小便。

打骂全无用，妈妈在咨询了心理咨询师之后，决定采用鼓励的办法，并尝试弱化晓明对洗手间的恐惧。

这一天晚上，妈妈突然对晓明说："晓明，快，快帮妈妈拿一条毛巾过来，妈妈的茶倒在书上了！"晓明看了一眼书，迅速地跑到洗手间……妈妈接过毛巾，说："谢谢晓明，晓明真棒！"

晓明骄傲地说："不就是拿一条毛巾吗？不用谢，没什么！"说着晓明还开心地笑了起来。

见这招有效，妈妈每天晚上都会故意找一些借口，让晓明到洗手间拿一些东西，或者让晓明把一些东西放回洗手间……

小孩子的心理承受能力远远不能与成人相提并论。而且，孩子对信息的接收是非常被动的，基本上不懂得如何挑选信息种类。因此，父母们在日常生活中，要注意帮助孩子对信息的种类加以选择。

晓明就是因为接收了深程度恐惧的信息，被影片中的恐怖情节吓到了，所以才会混淆了影片与现实，对洗手间产生极大的恐惧。

当孩子的心理已经受到恐惧的伤害时，父母们应该积极帮助孩子，而不是斥责孩子、甚至责打孩子。爸爸在帮助晓明克服恐惧时，没有采用正确的办法，而是推诿、责骂晓明。事实证明，这种消极对待的办法是行不通的，它并不能消除晓明的恐惧。

妈妈采取的教育方式，则是比较明智的。妈妈让晓明帮自己拿毛巾，实际上就是为了让晓明独自到洗手间去。只是妈妈制造了一种比较紧急的情况，而且弱化了地点。

妈妈说："快帮妈妈拿一条毛巾过来！"在这种比较紧急的情况下，晓明对洗手间里"幽灵"的注意力就会减弱，把注意力集中在"毛巾"上。

而且，虽然毛巾放在洗手间里，但是妈妈并没有提及“洗手间”三个字。妈妈所强调的是“拿毛巾”，而不是到洗手间去，这对减轻晓明的恐惧也起到了一定作用。

三、让孩子在游戏中健康成长

游戏是孩子的天性，善用孩子的天性，就能更好地帮助孩子克服后天的缺点。例如，孩子显得胆小内向、不敢主动与人交流，那么父母可以多陪孩子做一些集体游戏，使孩子在集体游戏中感到与人交往的快乐，促使孩子产生与人交流的欲望。

妻子为了发展事业出国了，李庭在家里只能既当爹又当妈，照顾五岁的女儿灵灵。幸好，灵灵不是一个喜欢捣蛋的女孩儿，偶尔在爸爸下班时，还会帮爸爸递拖鞋，这让李庭欣慰不少。

可是，让李庭烦恼的是，女儿似乎不怎么喜欢与人交流，见到长辈也不会向长辈们问好。刚开始，李庭以为这是女儿没礼貌的表现，没少斥责女儿。但经过幼儿园老师的提醒，李庭才想起来：女儿可能不是因为没有礼貌，而是因为太内向了。

于是，李庭在吃完晚饭后，总是带着灵灵到附近的公园散步，让灵灵接触不同的人。到了周末，李庭经常邀请同事、朋友们，带着他们的孩子到家里来玩……

慢慢地，灵灵变得开朗起来了，不但愿意主动跟幼儿园里的小朋友做游戏，还总是帮老师搬椅子、擦窗户。李庭还惊喜地发现：以前见到长辈不懂得问好的灵灵，现在见到长辈不仅问好，而且还会主动亲近长辈……

妻子出国发展事业，家里只有李庭和女儿灵灵两个人。由于平时缺少与人交流，对外界的接触也较少，灵灵形成了内向、胆小的性格。

后来，李庭采取了一系列措施：带灵灵去公园散步，让灵灵多加接触外界、接触各种各样的人。李庭还邀请同事朋友们带孩子到家里来玩，帮助灵灵在游戏中增加与他人的交流、互助。

在李庭的努力下，灵灵有了很大的改变，不仅愿意主动与人交流，还愿意主动帮助别人，见到长辈也会向长辈问好、表示亲近了。

当孩子表现得胆小内向、不愿意与人交流时，父母们一定不要着急，而是要先弄清楚孩子为什么会有这样的表现。很多时候，孩子不愿意亲近长辈，甚至不愿意开口向长辈问好，并不是因为孩子没有礼貌，而是因为孩子没有勇气。

对于这些孩子，父母应该多加鼓励，一旦孩子有任何一点点进步，马上就要认真地赞扬孩子。唯有这样，才能使孩子渐渐克服恐惧，并喜欢上与人交流、向长辈问好。

第三节　让孩子学会与人分享

随着社会的发展和进步，我们能够满足孩子的需求也越来越多，孩子的生活条件当然也越来越好了。但是，一个不争的事实摆在眼前：虽然物质越来越丰富，但是孩子的分享意识和合作能力却越来越低了。

在幼儿园里，我们可以看到：有的孩子宁愿把自己的玩具扔在一旁，也不愿意把它借给其他小朋友玩；有的孩子根本不愿意与小朋友们合作，只想当指挥官；而有些小朋友们甚至随意破坏别人搭建的积木，一点也不尊重别人的智慧成果。

上了一个星期的幼儿园后，李星就被园长“勒令退学”了。原来，李星在幼儿园里只想当小霸王：既不愿意跟小朋友们一起玩，又强迫小朋友们要听从他的指挥；既不愿意跟小朋友们分享自己的玩具，又要求小朋友们把玩具“贡献”给他。

园长没办法，只能委婉地告诉李星的父母：李星太活泼了，所有玩具都不够他一个人玩，而且李星不喜欢幼儿园里的所有小朋友。然后，园长把学费退给了李星的父母。

拿着园长退回来的学费，李星的妈妈欲哭无泪：这已经是第七次了，几乎附近所有的幼儿园，都不接收自己的孩子……

李星自己倒觉得无所谓，反而觉得不用上幼儿园是一件好事，可以天天在家里横行霸道。上了小学后，李星仍然没有改掉坏毛病，反而变本加厉地欺负同学。同学们都不喜欢李星，李星也变得越来越叛逆、孤僻……

李星在上幼儿园的时候，就表现出霸道、自私的性格特点，因此，李星在幼儿园里不仅没有受到欢迎，反而被驱逐出来了。李星的父母虽然感到无奈，但是却没有采取措施纠正李星的错误，而是任李星在家里继续横行霸道。

上了小学后，由于没有受到管制，李星霸道、自私的行为有增无减。因此，李星的交际可以说是一败涂地，性格越来越孤僻。如果当初李星的父母不是任其发展，而是在李星儿时就加以纠正的话，那么长大后的李星也不会越来越叛逆、孤僻。

当孩子出现霸道、自私的行为时，父母一定要及时予以教育、监督，纠正孩子的错误，而不是任其发展。因为，孩子性格的可塑性是非常大的，可是一旦过了儿童时期，长期的行为已经发展成为一种习惯，再要纠正过来就很难了。

要想改变孩子的思想，那么父母们首先要了解孩子的思想，知道孩子为什么不愿意与别人分享玩具。有些孩子并不是不愿意把玩具暂时借给别人，而是孩子还小，他们对物质所有权仍然没有一个明确的概念。他们以为，玩具借给别人，就再也要不回来了。

因此，在让孩子学会分享、学会合作之前，父母们要先倾听孩子的声音，了解孩子为什么不愿意分享和合作。然后，再根据孩子思想的偏差，有针对性地采取一定行动，使孩子对分享和合作有一个正确的认识，并乐于这样去做。

一、告诉孩子：借给别人不等于送给别人

孩子不想与别人分享自己的玩具，或者不愿意把自己的玩具借给其他人，有时候并不是因为孩子太自私、太小气了，而是因为孩子太喜欢这件玩具了，并且孩子不明白“借”的含义。孩子以为：玩具在谁的手上，就会变成谁的。

仔细观察，我们会发现，如果我们对孩子说“把玩具借给哥哥”，那么有一些孩子是不会同意的。可是，如果我们对孩子说“这件玩具是你的，跟哥哥一起玩这件玩具好不好？”那么孩子答应这个要求的机会就会大大增加。

还有另一种情况，孩子对一件玩具腻烦了，那么你跟孩子说“把玩具借给哥哥”，那么孩子答应的机会也会比较大，虽然之前他很喜爱这件玩具。

这两种情况都说明了，孩子之所以不肯跟别人分享自己的玩具、不肯把玩具借给别人，是因为孩子很喜欢这件玩具，并且孩子以为“借”就是“给”，自己最喜爱的玩具再也不会回来了。

欢欢有一个很漂亮的呼啦圈，她能把呼啦圈转得很快，而且能使呼啦圈转很久才落下来。每次在别人面前转呼啦圈，都能获得阵阵掌声，这使欢欢更喜欢自己的呼啦圈了。

这一天，小姨带着小表妹来家里玩了，欢欢马上转起了呼啦圈。欢欢知道，小姨一定会表扬她。

果然，小姨就连连鼓掌：“真棒！欢欢转得真好！”欢欢得意地笑了笑，准备回房。

“欢欢，把呼啦圈借给妹妹，让妹妹也玩一会儿。”妈妈笑着对欢欢说。

欢欢为难地站在房门口，看着呼啦圈不说话。

“欢欢，妈妈让你把呼啦圈借给妹妹呀！”妈妈再重复了一次。

欢欢缓缓地开口了："欢欢不想，呼啦圈是欢欢的……"

"欢欢！你怎么这么小气呀？妈妈只不过让你把呼啦圈借给妹妹，你……"妈妈有点生气地责备欢欢，却被小姨打断了。小姨笑着对欢欢说："欢欢，你玩呼啦圈玩得真棒！妹妹还不会玩，你能教妹妹怎么玩吗？"

"当然可以！玩呼啦圈，欢欢最厉害了！"欢欢跳着说，并且主动把呼啦圈罩在小表妹的腰上……

呼啦圈很漂亮，而且欢欢每次玩呼啦圈都能获得掌声，这使欢欢对呼啦圈又多了一分喜爱。

当妈妈对欢欢说"把呼啦圈借给妹妹"时，欢欢显得很为难，并表示不愿意这样做。这是因为，欢欢对"借"这个词语，还没有正确的认识。欢欢以为，把呼啦圈借给表妹，那呼啦圈就是表妹的了，因此欢欢当然不愿意。

可是，欢欢并不是不愿意与小表妹分享自己的呼啦圈，并不是不愿意让小表妹玩自己的呼啦圈。当小姨对她说"你玩呼啦圈玩得真棒！""你能教妹妹怎么玩吗？"时，欢欢很痛快地答应了。

这是因为，小姨很明确地让欢欢知道，表妹不会拿走你的呼啦圈，只是表妹想向你学习而已。这样一来，欢欢在增加了成就感的同时，也就非常乐意地与小表妹一起玩呼啦圈了。

父母们在希望孩子与别人分享自己的玩具时，一定要让孩子明白：把玩具借给别人，并不是等于把玩具送给被人，玩具还是你自己的。让孩子明白这个道理后，再让孩子学会分享，也就容易许多了。

二、让孩子体验分享的快乐

孩子还没有真正进入社会、接受教育之前，对"谦让"、"分享"之类的美德，基本上是没有任何认识的。孩子判断、决定一切事物的参照标准，是自己的喜怒哀乐。

也就是说，当孩子觉得，做这件事情会令他感到愉悦时，孩子便愿意去做。当孩子觉得，做这件事情是非常不愉快的，那么孩子就不愿意去做。毫无疑问，让孩子与别人一起分享自己心爱的玩具，孩子起初是不愉快并且不愿意这样做的。

可是，如果父母们能让孩子在分享中获得快乐，使孩子认为分享是一件令人愉快的事情，那么孩子就会很乐意与别人分享。因为，孩子的判断与决定，很多时候是根据自己的心情。

致知今年三周岁了，该上幼儿园了。为了说服致知待在幼儿园，爸爸买了一套变形金刚送给致知。由于价值不菲，爸爸特意嘱咐致知：好好爱护变形金刚，不要让其他小朋友玩坏了。

爸爸的本意，是想让致知爱护这套价值不菲的变形金刚。可是没想到，致知宁愿把变形金刚放在墙角，也不愿意让其他小朋友碰一碰。爸爸试着说服致知："跟小朋友一起玩呀！"可是致知摇摇头，说："我怕他们把我的变形金刚弄坏。"

爸爸知道问题出在哪儿了，于是对致知说："那好吧！那致知跟爸爸一起玩变形金刚好不好？爸爸保证不弄坏变形金刚！"致知同意了，把变形金刚递给了爸爸。爸爸仔细看了看说明书，然后边摆弄变形金刚，边对致知说："看！变形金刚还能这样玩呢！你不知道吧？"

致知拍着手说："真好！爸爸真棒！"

爸爸趁机说："爸爸知道，很多小朋友家里也有变形金刚，他们一定知道很多种变形金刚的玩法！不如让他们试一试？看看他们的玩法有没有致知的多？"

致知点了点头……

由于变形金刚价格不菲，因此爸爸特意嘱咐致知。可是，爸爸的叮嘱，却让致知形成了另一种错误的想法：不能让其他小朋友碰变形金刚，他们会把变形金刚弄坏的。

因此，致知不愿意与其他小朋友分享自己的变形金刚。

幸好爸爸在认识到自己的错误之后，及时采取适当措施，纠正了致知的观念，使致知乐于分享。

损坏变形金刚，对于致知而言是一件非常不愉快的事情，根据这个判断标准，所以致知不想分享。

爸爸的亲自示范，无异于用行动告诉致知：与别人分享变形金刚，不但不会损坏变形金刚，还会让你学会更多变形金刚的玩法。这样一来，致知就会觉得，与别人分享是一件愉快的事情。根据这个判断标准，所以致知开始愿意与别人分享自己的玩具了。

让孩子体验分享的快乐，是最好、最快的让孩子学会分享、乐于分享的办法。父母们在说服孩子与他人分享时，不妨先把自己的东西拿出来与孩子分享，或者让孩子跟自己一起分享他的玩具，使孩子体验到分享的快乐。

三、通过集体游戏让孩子与别的孩子一起玩

这是一个既讲究脱颖而出，有讲究团结合作的时代，只有懂得合作的人才能更好、更快地取得成功，才能在社会中立于不败之地。让孩子学会与人合作，让孩子乐于与人合作，让孩子善于与人合作，才能使孩子日后更好、更快地适应并融入社会。

弦弦几乎不喜欢幼儿园里的所有小朋友，他既不愿意把自己的玩具拿出来与小朋友们分享，也不愿意加入小朋友们的游戏，总是喜欢一个人玩自己的玩具。

老师们告诉弦弦的爸爸：弦弦缺少合作意识。

为了培养弦弦的合作意识，爸爸买回了一副羽毛球拍。

星期天清晨，爸爸妈妈带着弦弦到公园里晨练去了。晨跑了一会儿后，爸爸和妈妈打起了羽毛球，弦弦在旁干看着。过了一会儿，弦弦实在闷得慌，于是也想玩羽毛球。如爸爸所料，弦弦只愿意自己玩，不愿意让别人加入他的游戏。

爸爸看着弦弦笨拙地拾球，笑而不语。爸爸知道，儿子一定会向他

求救的。果然，不一会儿儿子就央求爸爸，让爸爸跟他一起打羽毛球。爸爸捶着腿，说："爸爸觉得好累啊！弦弦不如邀请那位小朋友一起玩?"爸爸指着不远处的一个小男孩说。

弦弦显得很不愿意的样子，妈妈说话了："看！那小男孩一直看着你手里的球拍呢！他一定很想跟你一起玩！快过去吧！"弦弦这才小跑过去，把球拍递给小男孩……

由于缺少合作意识，弦弦不喜欢与小朋友们一起玩游戏，而喜欢自己一个人做游戏。为了培养弦弦的合作意识，爸爸采用了打羽毛球的办法。

在这种情况下，弦弦为了玩羽毛球，不得不再寻找一个小伙伴。于是，爸爸妈妈的目的达到了，通过羽毛球运动，弦弦初步认识了合作的重要性。

要想培养孩子的合作意识，使孩子乐于合作、善于合作，父母们不妨先让孩子做一些集体性的游戏，例如"捉迷藏"、"老鹰捉小鸡"等。这些游戏，既能使孩子感受到合作的快乐与重要性，还能使孩子学会与他人相互帮助，更能使孩子学会在合作中胜出的技巧。

第四节 让孩子建立和谐的人际关系

孩子在三岁时，进入意识独立的年龄阶段，这个时候的孩子，表现得以自我为中心。而这个年龄段，恰恰是孩子们普遍开始进入幼儿园的阶段。

孩子在家里享受惯了所有人的宠爱，到了幼儿园，不会再有人以某个孩子为中心，孩子们开始经历人生中的第一个转折。或许，有些孩子仍然不懂得自己的地位已经改变，仍然要求所有的人都听命于自己，认为自己就是"大王"。

于是，在幼儿园里，孩子会轻视其他小朋友，甚至欺负其他小朋友。因为他们以为，在家里他们是所有人的宝贝，在幼儿园里他们仍然是所有人的中心点。孩子们不懂得，幼儿园里有很多个“宝贝”，幼儿园里所有的孩子都是家里的宝贝。

小颁是家里的重要人物，爷爷奶奶、外公外婆和爸爸妈妈六个人，都要事事以小颁为先。只要小颁一声令下，六个大人无论手中正在忙着什么事情，都要马上放下来“听从指挥”。小颁有一句口头禅：“我是家里的宝贝！你敢不听我的话？”

上幼儿园了，小颁仍然以“宝贝”自处。不仅随意碰撞老师，而且还总是任性地欺负其他小朋友，不是揪揪别人的头发，就是踩踩别人的新鞋子。

这一天，小颁看到了小凯正在玩奥特曼模型，马上跑过去，把小凯的奥特曼模型抢了过来。小凯哪里肯依？追着小颁想要抢回奥特曼模型。好不容易追上小颁，小凯攥住了奥特曼模型的大腿。

小颁大声地骂小凯：“我是家里的宝贝！你竟然敢跟我抢变形金刚？”

小凯也生气地说：“宝贝有什么了不起的！奥特曼是我的，还给我！”

小颁见小凯竟然不肯放手，猛地一拽，把奥特曼一下子抢了过来，用力地往地上一摔：奥特曼顿时掉了好几颗螺丝钉，腿也掉了下来。

见状，小凯哭着跑向老师，向老师告状……

很显然，小颁在家里被宠坏了，简直到了无法无天的地步。在他眼里，他就是最重要的人，无论他想要什么，人们都应该马上送到他眼前。因此，当他抢了小凯的变形金刚，小凯想要抢回来时，小颁觉得生气极了，觉得自己一直以来的“宝贝”地位受到了威胁。

造成这样的后果，小颁家人们有着不可推卸的责任。如果不是家人的溺爱，小颁也不会变得这样霸道、自私、以自我为中心。

父母在向孩子表达自己的爱时，一定要注意方法，不要让爱变成

“害”。虽然父母本来就应该让孩子知道，孩子是爸爸妈妈心中的宝贝。但是父母也应该让孩子懂得，所有的孩子都是爸爸妈妈的宝贝，所有人都是平等的。

一、体验平等

孩子的脑子里没有形成完整的道德观念，因此很难让孩子明白：什么是平等？为什么要平等？

对于三岁的孩子而言，他不稀罕什么高尚的道德，也不稀罕什么美好品质。孩子所需要的，是他自己觉得开心、痛快，那就行了！我们说过：孩子判断、决定一切事物的标准，是孩子的心情。

因此，要想让孩子学会平等地待人处事，要想让孩子尊重别人，与其费劲地告诉孩子“什么是平等”、“为什么我们要平等”，不如直接让孩子体验平等的重要性。

刚下班，书桐就急匆匆地往幼儿园赶：老师刚才打电话过来，说是儿子海鼎在幼儿园把小朋友打伤了。

原来，海鼎平时就表现出一种明显的优越感，觉得自己家里有钱，爸爸妈妈又非常疼爱自己，所以处处高人一等。今天海鼎见小朋友有了新车模型，于是就想把模型车抢过来，还说：“我爸爸有的是钱，等一下还两个给你都没问题！”

小朋友当然不肯就此罢手，伸手就要抢回了模型车。海鼎恼羞成怒，于是就跟小朋友扭打起来，把小朋友的手臂抓花了……

听完老师的叙述，书桐惭愧极了。在回家的路上，书桐买了两个大苹果，他要用这两个苹果让孩子戒掉所谓的“优越感”。

回到家，书桐把两个大苹果洗干净，然后跟妻子一人一个，津津有味地吃了起来。当海鼎伸手要苹果时，书桐告诉他，这是他的苹果，是他辛苦赚钱买的，想要吃，需要自己做家务来换取。海鼎想上前抢，可是书桐将手举得高高的，海鼎忙得满头大汗，也没有吃到苹果，顿时心觉委屈。妈妈也趁机对海鼎进行了一番教育。

从此，海鼎再也没有欺负过小朋友。当有人欺负小朋友时，海鼎还会秉持正义地“拔刀相助”。

由于家里经济条件较好，再加上爸爸妈妈的疼爱，因此海鼎形成了一种优越感，觉得自己处处高人一等，可以任意欺负别人。

当他看到其他小朋友手上的玩具，而自己又十分喜欢时，他毫不犹豫地把它抢过来了。并且，他认为这是非常合理的，因为爸爸有钱又疼爱他，他可以让爸爸买两个模型车还给别人。海鼎完全忽视了一个非常重要的问题：即使爸爸再有钱，这架模型车依然是别人的。

海鼎一定感受到了作为弱势群体的无奈，而这个时候，妈妈的教育也适时地出现了。在刚刚遭受了不公平的待遇之后，妈妈的教育一定能使海鼎印象更加深刻，是海鼎意识到平等的重要性。

父母们在教育孩子学会平等时，不如先放下平日里对孩子的宠爱，让孩子亲身体验一次“不平等”。当孩子因受到不平等的待遇，而感到委屈、恼怒时，你再教育孩子，往往能够事半功倍。

二、不要让孩子成为“势利眼”

孩子是纯真的，不懂得歧视贫穷的人，也不会巴结富有的人。但是，孩子在成长的过程中，会接触到不同的信息。这些信息，会影响孩子的思想，甚至会改变孩子的价值观。

即使作为孩子的父母，也不能完全决定孩子的价值观。但是，我们能给予孩子正面的引导，帮助孩子培养正确的价值观。

尔尔是一个聪明伶俐的小女孩，小小年纪就会体贴大人，把大人们哄得心花怒放。这一天，妈妈去学校接尔尔回家。路上，妈妈看到了一个行乞的老人，就打算走近一些，好在老人的碗里放一两块钱。

可是令妈妈没想到的是，正在她离老人几步之遥的时候，尔尔突然扯住了她，大声地说：“妈妈，不要过去，这个老乞丐又脏又臭!”

妈妈怎么也想不到，平时善良体贴的尔尔会说出这样的话来。妈妈沉默地站了一会儿，把手里的两个硬币放在尔尔手上，对尔尔说：“尔尔，把这两个硬币放在那位老爷爷的碗里。”尔尔不愿意，直喊“臭”。

直到妈妈面含愠怒地说：“快点，不然今天我们就不回家了!”尔尔才慢慢挪动着脚步，身子往后倾地靠近老爷爷。尔尔走了几步之后，把硬币扔向老爷爷的碗里，然后快速转身。硬币砸在了碗里，“哐当”一声，让妈妈觉得非常刺耳。

妈妈重新掏出了两个硬币，放在尔尔手上，并对尔尔说：把硬币轻轻地放在老爷爷的碗里。

尔尔并不是因为把自己当宝贝，所以才轻视所有人。在平时，尔尔是很会体贴大人的。但是，这里的“大人”，仅限于尔尔身边的大人。对于尔尔来说，把大人们哄得心花怒放，那么尔尔就能得到赞扬，甚至是物质奖励。

可是，对路边的老乞丐，尔尔并没有表现出她善良、体贴的一面。

即使妈妈面含愠怒地要求她，必须把硬币放到老爷爷碗里，尔尔也是非常不情愿地靠近老乞丐身边，而且是把硬币扔到老乞丐碗里。用扔，说明尔尔没有表现出对一个老人家应有的尊重。

尔尔之所以会有这样的表现，就是因为尔尔脑海中没有形成完整而正确的平等观念。虽然尔尔平时很体贴，没有以“宝贝”自傲，但是，尔尔的这种平等，并没有普及到所有人的范围。

父母们在教给孩子关于“平等”的概念时，除了身边的例子，还要向孩子举一些社会上的例子，尤其是要针对弱势群体举例子。这样，孩子才会明白，平等地对待他人，并不仅仅只是针对自己身边的人，社会上的人无论老弱病残、贫富高低，他们都是平等的“人”。

第八章

孩子成绩好，需要你指导

关于孩子的学习，没有人比父母更加牵肠挂肚了。

现今社会，虽然大多数孩子的学业都是在学校完成，但如果父母对孩子的学习完全置之不理，那么即使孩子所处的学习环境再好、师资再优秀，也还很难取得傲人的成绩。

因为学校的主要任务是大范围的教书育人，它不可能针对孩子一个人，制定一套教育方式。而家庭辅导则不然，由于现在的孩子多是家里的独子，父母完全可以根据自己孩子的特征，有针对性地为孩子制订学习计划、激发孩子的学习积极性。

学习是孩子成长过程中的重要部分，父母应该予以足够的重视以及正确的指导。

第一节　少用惩罚，慎用奖励

为了让孩子在学习上取得好成绩，父母们可谓费尽心机。有些父母甚至设立了一套完善的奖惩机制：根据孩子的学习成绩，来决定对孩子施以奖励或惩罚。

例如，父母们会在孩子考试前，为孩子定下一个成绩指标或班上排名指标。如果孩子超过了这个指标，那么父母们就会奖励给孩子一定的财物。可是如果孩子没有达到这个指标，那么孩子也要接受相应的惩罚。

乍一看，这样的奖惩机制似乎很合理，有利于激发孩子的学习动力。

但实际上，学习动力只是决定孩子成绩好坏的因素之一，而非全部。孩子学习成绩的高低，有许多因素共同决定。例如孩子的临场发挥水平、孩子是否细心、孩子在平时是否努力等等。父母们只根据孩子的学习成绩来决定奖惩，这本来就是不恰当的。

如果孩子平时学习非常勤奋，但是在考试时却因为粗心、身体不适等原因，致使成绩没有达到指标。这个时候，父母们的奖惩机制就显得非常不公平了。因为父母们如果严格按照自己设立的奖惩机制，那么勤劳的孩子在这个时候是会受到惩罚的。

这样一来，孩子努力学习，却仍然受到惩罚，孩子会作何感想呢？

更为重要的是，父母们为孩子所设立的奖惩机制，会降低孩子学习的自发性，使孩子淡化了自己的主人公意识。事实上，父母们应该努力让孩子明白，学习是他自己的事情，而不是爸爸妈妈的事。

假如孩子考得好就得到奖励，考不好就受到惩罚，那么孩子就会形成这样一种意识：我学习并不是为了我自己，而是为了父母的奖励或惩罚。这样，父母们不但不能激发孩子的学习动力，还会降低孩子学习的积极性。

为了让丽丽更加勤奋地学习，爸爸妈妈跟丽丽立下了一套考试奖惩规定：九十分以上，奖励五十元；九十五分以上，奖励一百元。有奖也有罚，如果丽丽考试得分在八十分以下，丽丽就要上缴零花钱了。

立下这个规定后，丽丽每天一回到家就开始写作业，写完作业也要额外地多写一些练习题。爸爸妈妈看在眼里，喜在心头：女儿勤奋了不少，这招果然有用！

考试了，丽丽满怀信心地走进考场，从容答卷。她觉得，自己这段时间学习得这么努力，一定能考个好成绩，她一定能够得到奖励，然后买自己喜欢的唱片。

可是，令所有人意想不到的是，丽丽由于粗心，竟然把选择题的答案次序全搞错了。试卷发下来了，丽丽攥着试卷，气得一句话也说不出来。

爸爸本以为丽丽一定能取得好成绩，当爸爸看到得分仅为五十七的试卷时，爸爸抬手就是一个巴掌打下来。

丽丽委屈极了，她再也不相信老师说的：勤奋就能获得成功了。

此后，无论爸爸妈妈把奖励提升得多高，丽丽再也没有了以往那份学习冲劲。

奖励或惩罚，都属于心理学上的行为矫正法。

也就是说，当孩子做的事情是我们所期望的时，我们就会给予孩子一定的奖励。孩子得到奖励后，他的心情是愉悦的。这种愉悦能促使他下次再继续同样的行为。

而当孩子所做的事情是我们所排斥的时，我们就会给予孩子一定的惩罚。孩子受到惩罚后，心里感到不痛快、甚至悲伤。那么，这种不好的情绪能警示孩子：下一次不要这样做了。

这种行为矫正法，的确能促使孩子朝着我们所期望的方向，控制自己的行为。就像丽丽，在立下规定后，丽丽确实朝着爸爸妈妈所期望的方向努力学习。

但是，我们说行为矫正法只能使孩子控制自己的行为，而不能使孩子控制行为的后果，因为一件事情的结果，往往是有多方面因素决定的，并不完全取决于孩子怎样去做。丽丽考试不理想，也正是这个原因。她并不是不努力，而是因为考试时粗心了。

丽丽受到惩罚了，当丽丽发现“勤奋”的结果是惩罚后，爸爸妈妈的奖惩机制就会产生反作用。勤奋却受到惩罚，而惩罚令丽丽心里不痛快、悲伤，那么行为矫正法这时就会发生反作用：促使丽丽失去学习动力。

而且，爸爸妈妈的奖惩机制，使丽丽陷入了一个误区：学习是为了获得奖励，如果好好学习不能获得奖励，那我就不用好好学习了。

丽丽后来放弃了学习，也正是因为丽丽没有意识到，学习是自己的事情，与爸爸妈妈的奖励或惩罚没有多大的关系。

父母们设立奖惩机制，对于矫正孩子的不良行为，确实能有一定的帮助。但是，父母们在具体实施奖惩机制的时候，应该以孩子的行为作为奖励或惩罚的根据，而不是根据行为的结果来决定奖励或惩罚。

因为行为矫正法只能帮助控制孩子的行为，不能控制孩子行为的结果。值得一提的是，随着孩子年龄的增长，自觉性的提高，父母们应该逐步改变奖惩机制，让孩子树立主人公意识。

一、孩子学习差，不要等到考试后才惩罚

每一位父母都希望能把自己的孩子教育成材，都希望自己的孩子能成为人中龙凤。但是，又有太多的父母不懂得怎样正确使用教育方法。在这里，我们要纠正父母们的一点是，对孩子，我们需要的是教育，而不是惩罚，切不能用惩罚来代替教育。

惩罚只是教育方法中的一种，而且是最后才采用的“备用胎”，它不应该成为教育孩子的首选绝招。惩罚，属于事后挫折教育，与其相对的是事前正面指导。举个生活中常见的例子：

快到上学时间了，孩子还赖在床上不肯起来。这个时候，父母们应

该马上纠正孩子的这种行为，让孩子立刻起床。而不是等孩子迟到后，才教训、责骂孩子“都怪你自己赖床！”

这种事后挫折教育其实是于事无补的，孩子可能今天正处于迟到的负面情绪中，因此决定明天一定早点起床。可是，等明天孩子从负面情绪中缓解过来了，孩子依然会选择赖床。

与其这样，不如在孩子赖床的时候，就先告诉孩子：如果你再不起床，你将迟到并被老师罚站。

期末考快到了，浩浩仍然整天沉迷在动画片中，没有进入复习状态。爸爸妈妈由于生意太忙，因此对浩浩的懒惰也只能睁一只眼闭一只眼，心想只要他能考好就行了，随他做什么。

考试前一天晚上，浩浩仍然在看动画片。妈妈想要督促浩浩，可是却被爸爸阻止了：不要让孩子太紧张了，太紧张会发挥不好的。

于是，浩浩又看了整整一天的动画片。

考试结束了，成绩单发下来后，浩浩只得了四十三分，把爸爸妈妈气得够呛。

爸爸拿着藤条边打边骂，妈妈也在一旁大加指责。浩浩哭着保证：新学期一定好好学习。

转眼间新学期到了。经过一个暑假，浩浩早就忘记了藤条的滋味，每天放学后依然沉浸在动画片中。直到学期末，又挨了一次藤条的浩浩再次保证：下学期，一定好好学习。

爸爸妈妈对浩浩的懒散，采用的是睁一只眼闭一只的态度。他们觉得，只要浩浩能考个好成绩，随他做什么都行。可是，爸爸妈妈却忽视了一个再简单不过的道理：平时不努力，考试时怎能取得好成绩？

浩浩在考得不理想的时候，挨了爸爸妈妈的打骂，或许真的下定决心要好好学习了。可是，经过一个暑假的放松，浩浩早就忘记了惩罚给自己带来的不愉快，仍然故我。

如果爸爸妈妈在平时能多花费一点心思，好好督促浩浩的学习，那么即使没有藤条、没有训斥，相信浩浩也不至于考得太糟糕。事后挫折教育，一般只能起警示作用，并且随着时间流逝，这种作用会越来越小。

父母们如果希望孩子能考得好成绩，那么平时一定要督促、指导孩子学习，让孩子打好基础，真正学到知识。考试之后的惩罚，不仅于事无补，可能还会使孩子恐惧考试、厌恶学习，甚至为了取得高分而不惜作弊。

如果孩子本身缺少学习自觉性，那么随时随地地督促，比事后严厉的惩罚更能让孩子自觉地学习。等学习成为孩子的一种自觉性行为之后，即使没有父母们严厉的惩罚，孩子也能取得真正的好成绩，并一直保持优秀。

二、孩子取得好成绩，不一定用金钱奖励

大部分经历过考试的人都知道，我们比任何人都希望取得好成绩。学生从中能获得满足感，也会遭受挫败感。这些感受，只有当事人才能体会得最深刻。

可是，当父母们立下这样的规则：“考得好就奖励多少钱，考不好就罚多少钱”的时候，对学生来说，考试已经“变味儿”了。这个时候，他们的学习、他们的考试成绩，已经不再是纯粹的对学习的测试结果了，而是一种谋得金钱利益的工具。

毫无疑问，父母们的这种措施会让孩子加把劲地去学习。可是，一旦孩子由于各种原因，即使努力学习还是没有考好，那么孩子为了获得奖励，可能就会开始学会欺骗、作弊。

当孩子通过这样的不正当手段获得奖励后，孩子就会得意扬扬：原来获得奖励这样简单，我根本不用费多大劲儿来学习了！于是，孩子开始把精力集中在“如何获得奖励”上，而不是“如何提高学习成绩”上。这与父母们最初的期望，可谓背道而驰了。

成绩单发下来了，睿睿得97分。妈妈高兴极了，不仅奖励了睿睿50元钱，还给睿睿买了一架汽车模型。睿睿也很高兴，他对妈妈说：“妈

妈，我真想快点再考试，这样我又有钱又有玩具了！”

妈妈心里很得意：自己的办法果然有用，儿子的学习动力被激发起来了！

又到考试时间了，睿睿一大早就迫不及待地跑到学校，准备考试。

可是考试时，由于睿睿一心只想着妈妈会奖励他什么，没有把心思放在试题上，因此睿睿做错了不少题目。

数学试卷发下来了，妈妈看了成绩后，板着脸对睿睿说：“只考了70分，退步了27分！妈妈不可能奖励你了！”顿了顿，妈妈又说：“明天就发语文试卷了，如果你的语文成绩还不错，妈妈还是会奖励你的。”

睿睿拿到语文试卷的时候，看着试卷上的分数，犹豫了许久后，拿起红笔在试卷上画了画……

妈妈拿着睿睿的语文成绩单，笑得合不拢嘴，带着睿睿去了玩具城。妈妈不知道，睿睿把试卷上十位数的“7”，改成了“9”。

从睿睿的第一次考试成绩，我们知道睿睿是个聪明而勤奋的孩子，至少睿睿并不是一个懒散的学生。取得了好成绩，妈妈给了睿睿丰厚的奖励，这使睿睿愉快极了，他甚至迫不及待地希望下一次考试快点到来。

妈妈以为是自己的教育办法起了作用，有效地激发了睿睿学习的动力。但实际上，睿睿迫切地希望下一次考试快点到来，并不是因为睿睿的学习动力被激发起来了，对于睿睿而言，考试成了获得奖励的工具。

这并不是一件好事，睿睿对学习成绩单的认识，已经产生了偏差，误解了考试的真正作用。考试的真正作用是测试学生的学习水平，让学生和家长明白自己的不足之处，然后进一步有效地学习。

睿睿彻底把考试成绩当成了谋取奖励的工具，睿睿的重心不再是“学习”，而是“成绩”。因为努力学习或许并不能带来奖励，但是好的成绩却一定能。至于怎样取得“好成绩”，这才是睿睿的重心。

父母们在奖励孩子时，一定要坚守最初的目的，不要舍本逐末。

当孩子取得好成绩时，你可以采用的奖励方式不一定是给予一定的金钱。你可以就孩子最近的表现，给予孩子一些激励、赞扬。例如，你可以愉悦地对孩子说：“妈妈看见你最近很努力地学习，也很细心，妈妈知道你肯定能取得好成绩的。你果然没让爸爸妈妈失望！”

每个孩子都喜欢爸爸妈妈的赞扬与肯定，而您针对孩子日常的学习状况，对孩子加以嘉奖，不仅能让孩子感到愉悦，并对学习产生兴趣，还能使孩子懂得：只要我平时努力学习，考试细心一点，我就能取得好成绩。

三、善用“无为之治”

我们在做一件事情时，是不是非要得到别人的奖励不可呢？如果我们做这件事情，不会得到任何人的奖励，那我们是不是就不会去做了呢？答案当然是否定的。

例如，我们每天按时刷牙，并不会使我们得到任何人的奖励，但是我们仍然愿意这样做，而且我们自己觉得非这样做不可。为什么？因为刷牙对我们自己有好处，它能使我们的牙齿保持健康。我们是自发地、不需要任何奖励地去做这件事情。

对孩子而言，学习也应该是如此。当孩子意识到，学习的主要目的不是为了获得别人的奖励，而是为了自己掌握更多的知识、取得更好的成绩，那么孩子也会不需任何奖励、惩罚，就会自发地去学习，而且他自己觉得非这样做不可。

最近，妈妈发现儿子禹禹变得很用功。不仅每天放学就自觉地写作业，而且写完作业还会朗读一小段课文。

妈妈发现，每次做完这些事情，禹禹都会非常开心、自豪，好像自己考试得了一百分的样子。

为了让禹禹继续保持这种状态，妈妈在禹禹读完课文的时候，都会对禹禹大加表扬，甚至有时还会奖励禹禹一个小玩具。

可是慢慢地，妈妈发现禹禹的学习状态有所改变了。原来，以前禹禹无论家里有没有人，都会自觉地写作业、读课文。可是现在，如果爸爸妈妈还没有下班，家里没有人，那么禹禹就会先看一会电视，等爸爸妈妈回来了，再做作业、读课文。

有一次，妈妈忘了表扬禹禹，禹禹就显得有些不太高兴了，第二天也没有读课文了。妈妈有些慌了，幸好禹禹第三天又开始自觉地写作业、读课文，妈妈赶紧对禹禹大加表扬，禹禹这才露出满意的笑容，接着朗读课文……

刚开始，禹禹是自发地产生学习动机，认真地写作业、读课文。从禹禹做完这些事情之后的变化，我们知道禹禹肯定是从这些事情中，得到了满足感或者对自己我价值的肯定。

但是，当妈妈因为想要让禹禹继续保持这种学习状态，而对禹禹加以奖励时，禹禹的满足感和对自身价值的肯定，已经慢慢地淡化了。

这个时候的禹禹，自觉地写作业、读课文，已经不是因为能从中获得满足感和价值肯定，而是为了妈妈的奖励、表扬。禹禹不再在没人的时候也自觉学习了，因为他的学习动力已经变成了获得赞扬。这个时候，必须要有人在场，有人见证他的学习，禹禹才会有学习的动力。

在孩子的学习过程中，父母们应该努力让孩子意识到：学习是自己的责任。而不是让孩子形成这样的意识：我的学习，是为了爸爸妈妈的奖励或者惩罚。

或许在孩子的学习状态非常不好的时候，父母可以加以干涉、帮助。但是无论如何，父母应该逐渐地让孩子真正进入学习状态，而不是一直推着孩子学习。

第二节　孩子不爱学习？“随”他

现代社会里，孩子是一个家庭里的重心，孩子的学习更是重心中的重心。孩子一放学，父母们既不希望孩子玩耍，也不需要孩子帮自己做家务，似乎只要看到孩子自觉地学习，那么父母就会觉得一切都是值得的、美好的。

可是，孩子首先的第一身份是适龄儿童，然后才是学生。也就是说，孩子不可能把所有精力、思维都放在学习上，他需要一点时间来放松、游戏，享受作为儿童的快乐。

当孩子这样做的时候，父母就会唉声叹气，觉得孩子不爱学习，以后一定也不会有大出息。实际上，父母不应该让孩子把学习当成全部的生活，而应该让孩子把学习当成一种日常行为。

孩子并不是天生不爱学习，只是孩子比成人更需要自我调节。如果父母们强迫孩子把学习当成他的全部生活，那么孩子就享受不到快乐，只会觉得生活是无趣的、压抑的，然后对学习越来越厌恶。

可是，如果父母们能适应孩子的身心发展特点，让孩子把学习当成生活中的一个日常行为，那么孩子就会像吃饭、睡觉一般，把学习也当成生活中不可缺少的一部分。这样，孩子就会自发地学习，而不是逃避学习。

一旦孩子做到了这一点，那么即使没有任何人的监督、督促，孩子也会自主地去学。甚至，只要孩子一天没有学习，孩子都会觉得不自在，仿佛生活中少了一些什么重要的事情没做。

泽泽在上三年级之前，爸爸妈妈担心他跟不上其他同学的进度。于是每天无论多忙，爸爸妈妈都会放下工作，陪伴泽泽写作业，俨然成了泽泽的“伴读书童”。

泽泽上三年级了，爸爸妈妈觉得泽泽平时的成绩还不错，而且泽泽学习也很勤快，所以就放松了对泽泽的监督，各自忙着自己的生意了。

可是令爸爸妈妈没有想到的是，泽泽上了三年级之后，变得越来越懒惰、越来越顽皮了。

没办法，爸爸妈妈只好重新担任起泽泽的“伴读书童”，每天监督、指导着泽泽的学习。

在咨询了心理教师之后，爸爸妈妈才明白为什么泽泽会有这样的变化。

原来，泽泽的学习任务并不重，泽泽也不是一个懒散的孩子，泽泽绝对有能力自己独立完成作业。之所以非要爸爸妈妈“伴读”，是出于希望得到关注的心理。

爸爸妈妈经过观察，发现果然是这样。泽泽在写作业的时候，虽然总是需要别人监督，可是在监督的过程中，爸爸妈妈并没有给予泽泽任何一点督促、指导。看来，泽泽是习惯了被人“监督”着学习了。

实际上，凭泽泽的自觉性和学习能力，泽泽根本就不需要爸爸妈妈的监督。但是，一旦脱离爸爸妈妈的视线，泽泽就会变得懒散、顽皮，这是因为泽泽不希望自己的地位被动摇。

一直以来，泽泽都是家里的重心，而泽泽的学习更是家里的重中之重。为了泽泽的学习，爸爸妈妈甚至可以放下自己的工作，当起泽泽的“伴读书童”。这“伴读书童”，爸爸妈妈一当就是两年，泽泽早就习惯了这样的“优待”了。

当有一天，爸爸妈妈觉得泽泽可以自己学习了，不用再监督泽泽学习时，泽泽就会觉得自己的学习受到了轻视。泽泽已经习惯被“监督”了，似乎泽泽学习就是为了被“监督”。一旦这种监督消失，那泽泽也就失去了学习的动力。

父母在督促、指导孩子学习时，一定要注意方法。既不能完全放任孩子，更不能强迫孩子去学。孩子偶尔的一次偷懒，父母也应该暂时允许，然后在适当的时间里，适当地提醒孩子：该学习了。

毕竟，即使是大人工作了一段时间后，也会想要得到片刻休息。那么孩子为什么不能得到暂时的放松呢？比起成人，孩子缺少自控能力，常常一放松就放松了大半天，这个时候，父母们可以予以适当的提醒。

总而言之，孩子不爱学习，“随”他。这里的“随”，指的是跟随孩子的身心发展特点，以及孩子的具体学习情况，然后采取相应措施，并不是真的让孩子随心所欲，放任自流。

一、父母掌控大局，孩子随性学习

很多父母要求孩子放学回到家后，马上就要开始自觉地写作业、巩固知识，而不是把书包一丢，跑出去玩耍或者看电视。

实际上，这种要求是非常不合理的。

首先，孩子在学校学习了将近八小时之后，孩子的大脑需要一定的休息时间。如果这个时候让孩子马上投入学习状态，那么先不说孩子是否愿意、是否能全心全意学习，首先，孩子的学习效果肯定是事倍功半的。因为，孩子的大脑正处于疲劳状态。

其次，孩子在学校里安安静静地坐了一整天，锻炼身体的机会也很少，外界对大脑的刺激是单一而重复的。这个时候，孩子需要跑一跑或者做一些其他事情，让肢体得到舒展，也让学习变得不再那么令人感到厌倦。

因此，父母不必急于让孩子在放学后的几个小时内就把作业做完。孩子的心情会决定孩子这个时候去做一些什么事情，如果孩子这个时候主动学习，那么这是再好不过的了，因为这说明孩子还没有感到疲倦。

可是，如果孩子没有在这个时候学习，而是去做一些其他事情，那么父母们也不要着急。而是要随着孩子的兴趣、心情，让孩子做他想做的事情，等孩子把这些事情做完了，孩子能更好地投入学习状态。

但由于孩子对时间的掌控能力并不强，所以父母们应该看住时间，估摸着时间差不多了，就可以适当地提醒孩子：该学习了。也就是说，父母们掌握大局，是掌握时间，而不是监控孩子。

每天放学回家，琪琪总是很自觉地拿出作业本开始写作业。看到琪琪这么认真，妈妈倒也觉得欣慰不少。

只是，妈妈觉得，最近琪琪变得有点懒散了。以前一放学就写作业的琪琪，现在一回到家，把书包一放就看起了故事书。妈妈想提醒琪琪：先把作业做完，再看故事书。可是看到琪琪看得那样津津有味，妈妈也不忍心打扰了。

“让她看吧，多看点书总是好的，故事书对小孩子也是有好处的嘛！”妈妈总是这样安慰自己。

好在琪琪还算自觉，每次到了吃饭时间时，琪琪就会放下故事书，专心吃完饭然后写作业。有时候，琪琪看得忘了时间，妈妈就会提醒琪琪：“琪琪，该吃饭了，不然待会就不够时间做作业了。”

就这样过了大半个学期，妈妈惊喜地发现：虽然琪琪做作业的时间比以前晚，但是作业的质量却提高了很多，琪琪的成绩排名也上升不少……

虽然之前琪琪一放学回家，就马上开始写作业，但是琪琪的成绩并不是很好。这说明，并不是琪琪不用功，也不是琪琪学习不自觉，而是琪琪的学习方法出现问题了。

琪琪在家里尚且这么认真地学习，那么在学校里琪琪的认真更是不在话下了。但正是因为如此，琪琪的大脑在经过长时间的认真学习后，变得疲倦不已。而琪琪在放学回家后，第一件事就是写作业，这无疑是加重大脑负担，于是学习效果也就事倍功半了。

后来，琪琪放学后没有马上做作业，而是看一会儿自己喜爱的故事书。这样一来，大脑得到了休息。这个时候琪琪再投入学习状态，效果肯定比之前的要好。

琪琪的妈妈没有干涉琪琪的改变，而是帮助琪琪掌控时间，让琪琪支配起时间来游刃有余，这也为琪琪的成功添加了一个宝贵的筹码。

如果妈妈看到琪琪一回家就看故事书，马上联想到琪琪本来学习成绩就不是很好，然后大发脾气，干涉琪琪的改变，那么很可能在妈妈的干涉下，琪琪还是老样子：虽然勤奋却事倍功半。

在孩子的学习过程中，父母们的帮助是必不可少的。但是父母们也应该掌握好监控尺度，不要随意干涉孩子。要知道，适合孩子的，才是最好的。让孩子随性发展、学习，比压制、强迫着孩子学习，更能让孩子受益。

二、欲擒故纵好办法

无论父母们怎样苦口婆心地劝导，孩子总会有不爱学习的时候。这个时候，你是着急上火、打打骂骂，还是和颜悦色、极力说服？其实，这个时候，你最好什么都不要做。

因为如果你打骂孩子，那么不仅不能使孩子更加认真地学习，还会使孩子对学习产生厌恶的情绪，学习效果自然不好。

那和颜悦色地说服呢？也不行。

如果孩子不肯做作业，而你为了让他做作业，于是给他买了一个变形金刚。那么，孩子不做作业反而能得到好处，下次孩子就会以这种“要挟”的方式，来获取他想要的东西。结果，本来是想督促孩子做作业的你，反而成了孩子不做作业的罪魁祸首。

每次放学回家，哲哲总要跟妈妈玩一会儿“捉迷藏”：他不想写作业，只能躲在妈妈找不到的地方。

为了找到哲哲，督促哲哲做作业，妈妈把哲哲经常去的地方做成列表，甚至附上最方便的线路，为的就是快速找到哲哲。

这一天，妈妈回到家，正准备出门找哲哲时，突然觉得一阵头晕……妈妈连忙扶着沙发坐下来，想要等头痛缓一缓后再出门找哲哲。可是由于上班太累了，不一会儿，妈妈就靠在沙发上睡着了。

等妈妈睁开眼时，妈妈发现已经是晚上九点钟了。妈妈心下一惊，急忙踩着鞋子准备出门找哲哲，却发现哲哲正在书桌前安安静静地写着作业。妈妈问：“什么时候回来的？肚子饿不饿？”

哲哲嘟囔着说：“都怪你，我躲在公园里那么久也不来找我。要是我作业写不完了，我就不吃饭了！”

妈妈想了想，知道是怎么一回事了。

此后，妈妈一回家就再也不出去找哲哲了，而哲哲也总是边嘟囔边写作业，再也不用妈妈的监督、催促……

放学，哲哲把书包放在家里后就跑出门，然后等着妈妈来找自己，这似乎已经成了哲哲的一种习惯了。当有一天，妈妈突然没有像往常一样来找回自己时，哲哲反而会害怕：妈妈怎么不来找我呀？妈妈再不来叫我回家，我的作业就写不完了！

这个时候，妈妈还没着急，哲哲自己就着急了。

其实，孩子在学校时，一定是非常重视作业的，因为老师，也因为身边的同学，小孩子也是“爱面子”的。

所以，当孩子不想做作业时，父母们如果越是逼迫孩子，那么孩子就会越不想写。但是，如果父母们故意不理会孩子，而且故意让孩子做不成作业，那么孩子自己就会着急了。

例如父母可以在孩子不做作业的时候对孩子说：既然你不做作业，那就把练习本送给小表妹吧，她可喜欢了。孩子一听：作业本送人了，我就写不了作业，老师会批评，同学们说不定也会嘲笑我……

欲擒故纵，让孩子把学习当成是自己的事情，让孩子自己对学习产生紧迫感，这是促使孩子重拾认真学习态度的好办法。

第三节　允许孩子不喜欢，但不允许孩子放弃

孩子在家里被娇纵惯了，到了学校之后，受到老师严厉的管教后，心里可能就会对老师产生不满，甚至厌恶。很多老师反映，他们在批评教育孩子之后，孩子可能会害怕他们，但也有的孩子会排斥、厌恶他们，甚至故意跟他们作对或者不听他们的课。

其实，无论是以上哪一种表现，对孩子的学习都会造成不良影响。所谓“亲其师，信其道”，孩子愿意亲近老师，听从老师的教诲，这是再好不过的了。

但是，如果孩子不喜欢老师呢？这个时候，父母们应该理解老师们

的批评教育，毕竟老师们也是为了孩子的前途，老师与父母的目的是相同的，都是希望孩子能成材。只有父母自己理解老师，然后积极配合老师，才能真正地对孩子有所帮助。

数学课时，蓉蓉由于没有认真听讲，而是在课桌底下玩游戏机，所以被老师点名批评了。看着老师严厉的表情，看着同学们的目光，蓉蓉的脸红得像苹果，恨不得找条地缝钻进去。

回到家，蓉蓉马上向妈妈诉苦，说是老师在所有同学面前批评了她，她再也不想去学校上学了。

听到女儿受了这么大的委屈，妈妈也很生气，在蓉蓉面前就骂起了老师。听到妈妈对老师也很不满，蓉蓉的气总算消了一点儿，但是对老师却更加厌恶了。

虽然第二天蓉蓉还是按时上学了，但是上数学课时，蓉蓉故意不听老师讲课……

数学测试的成绩发下来了，蓉蓉第一次考了不及格。面对妈妈的责骂。蓉蓉振振有词地说："我就是不喜欢数学老师，我就是不听她的课！妈妈，你不是也很讨厌数学老师吗？"

听了蓉蓉的话，妈妈后悔极了。妈妈弯下腰对蓉蓉说："蓉蓉，其实你们的数学老师是为了你好，才批评你的，你不应该讨厌他。"

蓉蓉因为上课不认真，所以才被数学老师批评，这本来就是蓉蓉的不是。当蓉蓉向妈妈"告状"时，妈妈应该弄清事实，然后做出正确判断，而不应该为了让女儿消气，故意在女儿面前辱骂数学老师。

其实，如果妈妈当时向蓉蓉分析其中的道理，并告诫蓉蓉上课时要认真听讲、不可以玩游戏，那么蓉蓉也不会那么讨厌数学老师，更不会故意不听数学老师的课。

当然，由于教学风格不同，并不是每一位老师都能让孩子喜欢。可能某位老师由于太严厉了，孩子无论如何就是不喜欢他。这个时候，父母可以不必强迫孩子一定要改变自己对老师的看法，但是父母们必须告诉孩子：你可以不喜欢这位老师，但是你不能不听课！

一、培养孩子对教师的喜爱之情

父母是孩子最信任的人，再加上孩子自身缺乏判断能力。因此，一般说来，只要是父母说好的东西，孩子也会认为这是“好东西”。父母在孩子面前说老师的不是，孩子也会对老师形成不好的印象。

一旦孩子对某个学科的老师不满，或者厌恶某个学科的老师，那么孩子很可能就会连带讨厌这门学科。孩子学习偏科的问题，就这样产生了。

因此，作为父母，如果你希望孩子能够全面发展，取得更好的学习成绩，那么你应该做的是培养孩子对教师的喜爱之情，而不是让孩子厌恶他的老师。

今天放学回家，斌斌对妈妈说：“妈妈，你骗我！”

妈妈很诧异地问：“妈妈什么时候骗你了？”

“你说兔子吃胡萝卜，可是我们的语文老师说兔子是不吃胡萝卜的。”斌斌说。

听了斌斌的话，妈妈不高兴地说：“你们的语文老师？就是那个‘小矮人’？她懂什么，乱讲！不要听她的！”

斌斌点点头：“哦，那好吧！反正我也不是很喜欢她……”

自此，斌斌跟同学们在私底下都称呼语文老师是“小矮人”，还说语文老师什么都不懂，甚至大家还约定：再也不听“小矮人”的课了。

果然，每次上语文课时，斌斌不是大声地说话，就是玩游戏机。被语文老师看到了，老师批评他时，他竟然公然骂语文老师是“小矮人”。语文老师向班主任反映后，班主任把斌斌的父母请到了学校……

当斌斌向妈妈抱怨时，妈妈应该根据事实作出判断，而不是当着斌斌的面，说起了语文老师的不是，甚至辱骂语文老师是“小矮人”。妈妈没有意识到，一旦斌斌对语文老师失去了尊重、喜爱，那么斌斌很可能就会越来越不喜欢语文课。

当斌斌对语文老师越来越不屑时，也正是斌斌渐渐讨厌语文这门学科的时候。

父母们平时如果不能理解、支持教师的工作，那么至少也不应该在孩子面前说老师的不是。因为一旦孩子厌恶老师，并且因此放弃了这门学科，那么孩子受到的伤害将会是最大的。

二、在成就感中慢慢改变

孩子不喜欢老师，原因是多方面的。可能是由于老师上课严厉，也可能是因为老师在某种情况下批评过孩子。要想让每一位孩子都喜欢每一位老师，这几乎是不可能办到的。在这种情况下，父母们应该怎样才能把孩子的损失降到最低呢？

当你费尽心机、磨破嘴唇，也不能令孩子喜欢某个学科的老师时，你可以试着改变说服孩子的重心：把说服孩子喜欢某位学科老师，变成说服孩子喜欢某门课程。实际上，很多孩子在喜欢上某门课程之后，对这门课程的老师也会有所改观。

熙熙不喜欢语文老师，这几乎是所有人都知道的。

原来，熙熙有一次忘了带作业，而语文老师却以为熙熙是因为没有做作业而撒谎，并且让熙熙重新写了一遍作业。从那以后，熙熙就开始讨厌语文老师了。

爸爸妈妈担心熙熙因为讨厌语文老师而导致偏科，于是逮着机会就向熙熙说语文老师的好话。但是这似乎不起任何作用，熙熙每天的乐趣之一，仍然是告诉爸爸语文老师又做了一些什么令他讨厌的事情。

爸爸妈妈没办法，只能对熙熙说：虽然你不喜欢语文老师，但是你也要认真听语文课。因为，你只有认真学习语文，才能变得比你的语文老师还厉害！

熙熙似乎明白这一点，他说他才不想比自己讨厌的人还差劲呢！事实上，熙熙在上语文课时，也显得非常认真。有一次，语文老师让熙熙回答问题，而熙熙回答正确时，老师笑着表扬了熙熙，并让同学们向熙熙学习。

当天，熙熙回到家后告诉爸爸：今天语文老师表扬我了，我觉得有时候他也不是那么的令人讨厌。

熙熙刚开始讨厌语文老师，是因为语文老师怀疑他撒谎，并且让他重新做了一遍作业。也就是说，熙熙讨厌语文老师，并不是他觉得语文老师有什么不好，而是因为语文老师怀疑他、惩罚他了。因此，爸爸妈妈所讲的“好话”，其实是没有多少作用的。

解铃还须系铃人，当语文老师因为熙熙回答正确而表扬他时，熙熙心里对他的愤懑就减少了很多，而且觉得语文老师并不是那么令人讨厌。而熙熙能够回答正确，离不开熙熙对学习语文的认真。

因此，当孩子实在没有办法喜欢上某位学科老师时，父母们不要训斥孩子，因为这只会让孩子更加厌恶这位老师。孩子对老师的态度，父母们可以顺其自然，但是父母们必须要求孩子不能放弃这位老师所任教的学科。

孩子认真学习这门学科，那么孩子慢慢地就会在这科学课中获得成就感，孩子对老师的看法也会有所改变。如果在这期间，孩子因为学习努力而受到这位老师的表扬，那么孩子对老师看法的改变，可能也会大大改善了。

第四节　失败乃成功之母，经验是成功之父

在孩子的学习过程中，无论父母平时怎样督促，无论孩子有多认真，失误总是难以避免的。失误并不可怕，真正可怕的是：这些失误如果打击了孩子的学习信心、削减了孩子的学习兴趣，那么这才是最大的损失！

怎样才能让孩子摆脱失败的阴影，汲取经验教训？这是父母们必须慎重对待的问题，因为重燃孩子的学习信心、激发孩子的学习兴趣，你的鼓励与指导是必不可少的。

奕奕的学习成绩一直很优秀，每次考试排名，在班上总是名列前茅。

又一次成绩排名下来了，令奕奕沮丧的是：他竟然排到了班上的第12名！

回到家，奕奕把自己闷在房间里不出来，连饭也不想吃了。

妈妈见奕奕心情不好，就想着带奕奕出去散散步。可是奕奕竟然说：排到了第十二名，我没脸出去。

爸爸对奕奕说："奕奕，你知道为什么你这一次排到了第十二名吗？"

奕奕摇摇头。

"那你希望下一次还排到第十二名，甚至十三、十四名吗？"爸爸问。

"当然不想！奕奕要当第一名！"奕奕大声地说。

爸爸笑着说："那爸爸教你一个好办法。你应该仔细看一下你的试卷，想一想，为什么这一次的成绩没有以前那么好……"

奕奕疑惑地说："考都考了，再看这张试卷还有用吗？"

爸爸肯定地说："当然有用！要是你知道你为什么做错了，那下一次你还会再错吗？不会了吧？这样你不就能考得更好了？"

奕奕的成绩一直很优秀，在班上名列前茅。突然成绩下滑，奕奕的心情当然好不到哪里去了。这个时候，父母的疏导就显得尤为重要了。如果爸爸没有给予奕奕指导、鼓励，那么奕奕就不会知道自己错在哪里，也不能重拾信心。

如果事态真的这样发展下去，那么奕奕很可能在遭受了这一次失败之后，就一蹶不振。

孩子可能遭受的挫折，其实是非常多的。很多原本优秀的孩子，突然间变得叛逆、不再优秀，很可能就是因为遭受打击之后缺少父母的指导和鼓励，开始自暴自弃。

当孩子考试成绩差、遭受打击时，父母们无论多么生气，都尽量不要在孩子面前表现出来。因为考试考砸了，孩子心里一定比任何人都难受。这个时候，我们需要做的，是鼓励孩子重拾信心，并帮助孩子找出失败的原因，给予孩子鼓励和指导。

一、弱化失败的结果，强调成功的过程

孩子受到打击了，父母们需要做的第一件事情就是给予孩子安慰和鼓励。然而，这并不是一件简单的事情。很多父母在安慰孩子的时候，不仅不能减轻孩子心里的痛苦，反而会加重孩子的心理负担，使孩子的挫败感越来越重。

为了帮助儿子彦彦巩固课堂知识，每天晚上，爸爸都会在小黑板上写上一些练习题，让彦彦算出答案，然后由妈妈评分。

小黑板上的练习题，都是爸爸针对当天所学的知识列出的，而且彦彦在课堂上也学得很认真，因此这些练习题根本就难不倒彦彦。小黑板上的十道题，彦彦总是能全部做对，只有少数情况下才做错一两道。

今天晚上，当妈妈评完分数的时候，彦彦惊呆了：他竟然做错了四道！

看着儿子红红的眼睛，妈妈安慰他："不就错了四道吗？没事！"

妈妈本来是想安慰儿子，可是没想到这样一说倒把儿子惹哭了。

见状，爸爸把彦彦拉到身边说："彦彦，爸爸出了十道题，你做对了六道呢！你看，十道题对了六道，也就是说，大部分题你都做对了！是不是？"

听爸爸这样一剖析，彦彦停止了哭泣……

很显然，妈妈的安慰加重了彦彦的负面情绪，使彦彦感到了更大的挫败感。妈妈说的是："不就错了四道吗？"妈妈所强调的是：错了四道。而彦彦之所以感到难受，正是因为"错了四道"。

妈妈的这句话，令彦彦把所有的注意力，全放在错了的那四道题上，而忽视了那六道做对了的题。爸爸的安慰则不然，爸爸说："十道题对了六道"。这样一来，彦彦的注意力就会从做错的题，转移到做对的题上，心理当然也就不会那么难受了。

在安慰、鼓励孩子的时候，父母们一定要注意说话技巧。当孩子遭遇失败时，你应该尽量找出孩子失败中的成功，而不是一直强调孩子的失败。

找到孩子做得好的地方，然后告诉孩子：你这里做得真棒。这样，孩子的挫败感就会大大减少，孩子就会知道他还有可取之处，而不是一无是处。孩子意识到了这一点之后，就会更加努力，让"做得真棒"的地方越来越多。这样，孩子就不会一蹶不振，更不会自暴自弃了。

二、要鼓励，也要指导！

在孩子遭受失败之后，我们除了要对孩子进行安慰、鼓励之外，一定也不能忘记对孩子加以指导。否则，虽然孩子这次能摆脱失败的痛苦，可下一次就不一定了。

因此，对于遭受失败的孩子，父母们不仅要加以安慰、鼓励，还要加以指导。例如，你可以帮助孩子找出失败的原因，并为孩子指明努力的方向，使孩子不再遭受同样的失败。

成绩单发下来了，源源只考了63分。

拿着源源的成绩单，妈妈虽然很生气，但是看到源源垂头丧气的样子，妈妈只好努力平息自己的怒气，安慰源源。

"妈妈，我考得不好……源源是不是很差劲啊？"源源低下头说。

妈妈弯下腰对源源说："在妈妈心里面，源源是最棒的！"

源源抬起头，看着妈妈，问："真的吗？就算源源这次只考了63分？"

妈妈肯定地说："当然是真的！"接着，妈妈又说："源源一直都很优秀，这次只是不小心，所以才考得没有以前那么好。妈妈知道，源源下一次一定能考得很好很好的！”

听妈妈这么讲，源源也信心百倍地说：“嗯！源源下一次一定能考得很好很好！”

……

又一次考试成绩出来了，源源考了个不及格。

源源第一次考得不理想的时候，妈妈安慰、鼓励了源源，使源源重拾信心。但是，妈妈忽略了一个重要工作，那就是对源源失败原因的分析，以及对源源加以指导。

如果妈妈在促使源源重拾信心之后，能够趁热打铁，帮助源源分析做错题的原因，那么相信源源对做错的题一定印象深刻。这样，当源源再遇到这样的题时，源源就不会再做错了。

孩子考得不好，父母安慰和鼓励孩子是必不可少的。但是帮助孩子分析错误原因，对孩子进行指导，也是父母们不可忽略的重要工作。

第九章

帮助孩子创造更好的环境

在孩子的成长过程中，环境的熏陶作用至关重要。从古时候的“孟母三迁”，到当今时代许多父母们为了孩子的学位奔波，无不说明了人们对环境教育的重视。

环境的浸染是无时无刻不在进行着的，是无孔不入的。它不是一种强制性的灌输，而是一种渗透性的浸润。也就是说，环境教育虽然看起来是无迹可寻的，但是它却能时刻作用在孩子身上。正如我们看不见空气，却时刻都离不开空气一般。

帮助孩子创造更好的环境，就是让孩子接受更好的教育，让孩子在不知不觉中越来越优秀。

第一节　重视耳濡目染

在众多的教育方法中，有一种为人称道的教育方法，叫“环境教育法”。所谓的环境教育法，指的是利用环境，随时随地对孩子加以影响，使孩子在潜移默化中，朝着我们所期望的方向发展。这种教育方法，也被人称为是“润物细无声”的真实写照。

古时有“孟母三迁”的故事，这其实可以说是环境教育法的最早体现了。

越来越多的人坚信这一点，孩子在什么环境下长大，就会成为什么样的人。为了让孩子更好、更健康地成长，很多父母在买房时，也会选择“名校”附近的高价房，为的也是让孩子在良好的学习氛围中长大。

除了这些，父母能为孩子创造的良好环境，其实还有很多。例如，父母们为孩子创造一个民主、和谐的家庭环境，在这样的家庭环境下长大的孩子，一般也会成为一个民主、自信、温和的人。

为了让未来的孩子在良好的环境下成长，亚天和慧涵夫妻俩起早贪黑、艰苦奋斗了两年多，再加上东拼西凑，终于凑齐了买房首付。

儿子艺峡出生了，夫妻俩为孩子能有一个好的成长环境而感到庆幸、舒心。

一晃三年过去了，艺峡该上幼儿园了。为了让艺峡进入当地有名的幼儿园，亚天夫妻俩又开始了更加奔波、劳碌的生活，忙得几乎好几天才能回得了一次家。所幸艺峡的外婆还算健朗，可以帮忙照看艺峡。

当艺峡进入名校时，亚天夫妻俩觉得只要他们的孩子能有一个好的学习环境，他们所有的忙碌都是值得的！

当老师告诉亚天：艺峡的性格孤僻，与同学们极难融洽相处时，亚天惊呆了！他本以为，让孩子在良好的环境下成长，至少性格上就不会出现大问题。

亚天始终想不明白，为什么孩子的性格会孤僻？为什么孩子与同学们极难相处？当老师询问亚天，平时是否会抽出时间陪伴孩子时，亚天惭愧地摇了摇头：为了给孩子创造良好的生活和学习环境，他与妻子几乎一个月都难得回家一次……

为了让艺峡有一个良好的生活和学习环境，亚天夫妻俩起早贪黑，经常忙得一个月都回不了家一次。亚天夫妻俩的努力并没有白费，他们确实在艺峡出生前就凑够了买房首付，给了艺峡一个较好的生活环境。

在艺峡即将进入幼儿园时，他们又开始了更加奔波、劳碌的生活：他们要让艺峡进入名校！最终，他们的目的也达到了，艺峡进了当地有名的幼儿园。

然而，正当亚天满心以为自己已经为孩子创造了良好的生活和学习环境时，老师所说的孩子性格上的缺陷让亚天惊诧不已。他原以为，让孩子在良好的环境下长大、让孩子进入名校，孩子就不会出大问题，至少性格上不会有什么问题。

确实，亚天夫妻俩为孩子创造了很好的物质环境。但是，亚天他们忽略了孩子成长中，最为重要的环境是家庭环境。作为父母，他们没有陪伴艺峡一起成长。

在这样的家庭环境下成长，艺峡会变得孤僻、极难相处，也是可想而知的了。

为了让孩子健康成长，父母们在重视物质环境的同时，一定也不能忽视孩子的情感环境。要知道，家庭是孩子成长的主要环境。外在的物质环境即使再好，如果家庭环境不完整，那么孩子的成长同样会受到不良影响。

一、创建和谐家园，培养自信的孩子

一般说来，在拥有和谐氛围的家庭长大的孩子，他们在面对事情时，往往显得更自信一些。因为和谐的家庭氛围，能够使孩子们健康、快乐地成长，自己能够解决自己所面对的难题。

莹莹的性格比较内向，而且平时也比较胆小，不敢与人交流。而淑仪则不然，跟莹莹比起来，淑仪显得更加大方、自信一些，总是能帮莹莹解决一些难题。

莹莹和淑仪两人的性格有着天壤之别，怎么能成为这么要好的朋友呢？其实，正是因为她们两人的性格不同，所以才能形成一种互补，成为好朋友。

当老师再次见到性格迥异的两个人形影不离时，老师的好奇心也被调起来了。老师觉得，这两个学生为什么性格就差这么多呢？为了弄清楚这个问题，老师分别到两人的家里进行了家访。

原来，莹莹之所以比较胆小、内向，是因为莹莹的爸爸脾气比较暴躁，妈妈也是一个急性子的人，因此家里两天一小吵、三天一大吵的，把莹莹吓得胆子都小了，人比较内向一些。

而淑仪的家里则比较和谐一些，父母遇到事情总是能和平解决，不会动辄打打骂骂。因此，淑仪在面对难题时，会自信地认为：这些都没什么，我能把一切处理好的。

父母脾气暴躁、急性子，因此家里争吵不断。这对一个孩子而言是一件非常恐怖的事情。同时，她也是容易被影响的。在这种家庭环境下成长，莹莹的性格显得内向、胆小，也是可以想见的。

与莹莹比起来，淑仪则幸运许多。因为，淑仪的家庭环境是非常和谐的。父母在遇到事情时，总是能心平气和地解决，不会以争吵作为解决问题的方式。受到这种家庭环境的影响，淑仪在长大后，也会变得自信一些。她相信，所有的难题就像家里遇到的问题一样，她总能找到解决的办法。

为了孩子的健康成长，也为了家庭的稳定，父母们应该心平气和，努力维持家庭和谐才是。否则，相吵无好言，可能在争吵时，你们的怒火确实得以发泄了，但是你们对孩子心理造成的伤害也是难以弥补的。

二、创建民主家庭，培养有主见的孩子

当家里出现不同意见时，你是怎样处理的呢？是由一家之主说了算，还是经过讨论后共同决定？一个不争的事实摆在眼前：从古至今，家里的事情都是大人们说了算，家里的小孩很少有插得上嘴的时候。

其实，这对孩子是非常不公平的，因为作为家庭的一员，他也有权利参与家庭决策。父母们如果没有这个意识，而是一直压制孩子，那么孩子很可能也不会形成这种民主意识。这样一来，孩子就会形成这样一种性格：没有主见，随波逐流，别人说怎样就是怎样。

在老师同学们眼里，鸿鸿是一位很能干的班长。每次班里计划集体活动时，鸿鸿总是能提供许多好主意，把活动办得有声有色，大受好评。

而且，在同学们看来，鸿鸿还是一位很“大胆”的班长。在班上，只有鸿鸿才敢对老师的话提出意见，甚至有一次，鸿鸿还写信给校长，向校长提意见！

这一天，当老师设立了新的班规，却被鸿鸿“推翻”了好几条时，老师不禁觉得又好笑又好奇：为什么鸿鸿总是班上最有主见、最敢为人先的学生呢？

老师问鸿鸿：“鸿鸿，其他同学都觉得老师说的就是对的，为什么你会提出不同意见呢？”

鸿鸿似乎毫不在意地说：“我们家里从来就是这样子的呀，不能让一个人说了算……”

看着鸿鸿在班规上画来画去，老师似乎明白了些什么。

比起班上其他学生，鸿鸿显得更加有主见一些，这并不是因为鸿鸿天生聪颖，而是因为鸿鸿成长在一个民主的家庭。

尽管可能所有同学都听从老师，但是他依然坚持自己的看法。因为，民主的家庭环境，培养了他坚持民主、坚持自己有主见的性格。

如果你想让孩子成为有主见而不随波逐流的人，如果你想让孩子成为会思考而不人云亦云的人，如果你想让孩子成为敢于争取自己合法权益的人，那么，就请你为孩子创建一个民主的家庭环境吧！

只有让孩子在这样民主家庭环境中成长，孩子才习惯于自我思考，并发出与别人不同的声音。

三、创造真善美世界，培养幸福、乐观的孩子

作为一名成人，可能你见识过社会上不少虚伪、丑恶，可能你经历过世态炎凉。只是，作为小孩子的父母，你不应该把社会上这些负面的东西，如数地展现在你孩子面前。因为，他还只是个孩子，我们需要保护他幼稚而充满美丽梦想的心灵。

太早地让孩子经历人情冷暖，未必是一件好事。毕竟，孩子的自我调节能力还未成熟，对他而言，社会的假丑恶是一个不小的打击。

当孩子还小的时候，我们需要为他营造一个到处充满爱的世界，让他的心灵接受爱的洗礼，而不是丑恶的浸泡。孩子在一个充满真善美的社会环境中成长，孩子就会觉得幸福，就会对世界充满乐观、积极的情绪。而这，不正是父母给予孩子最好的礼物吗？

一天，德誉陪着四岁的儿子去游乐园。路上，儿子指着路灯下乞讨的老人说："爸爸，为什么那位老爷爷这么晚了还不回家？他为什么穿得破破烂烂的？他的儿子为什么不给他买一件新衣服呢？"

面对儿子的一连串问号，德誉沉默了。一时之间，他确实不知道该如何回答儿子的问题。那个老人的身世，他多少听说过一些：含辛茹苦

养大儿子，结果儿子娶了媳妇后就不管他了，随他自生自灭去了……

“我知道了！”儿子突然说话，吓了德誉一跳。德誉问儿子：“你知道什么？”

儿子得意地说：“我知道为什么他儿子不给他买新衣服了！”

德誉好奇地问：“那你说说，我看你说得对不对。”

儿子认真地说：“因为他的儿子现在还没有钱，他的儿子正在努力地赚钱，等赚到钱了，他就会带老爷爷去买一件最好的衣服！”

德誉看着儿子天真的笑容，点了点头说：“你说得对！”

四岁的孩子，正是天真烂漫的年龄。如果这个时候，德誉把老爷爷乞讨的实情告诉四岁的儿子，那么儿子很可能就会对社会上的人感到失望，甚至害怕。与其让孩子过早地接触丑恶，不如将错就错，编织一个美丽、善意的谎言。

可能，很多父母会担心孩子长大后被骗，因此早早地就对孩子进行“社会是很复杂的”之类的教育，希望提高孩子的警惕，减少孩子上当受骗的机会。父母的这种忧虑无可厚非，但是对孩子进行此类教育时，一定要适可而止，坚持“九美一丑”原则。

孩子还没有真正进入社会，我们应该让孩子对社会、对世界充满希望，而不是充满恐惧或者厌恶。我们要让孩子觉得，我们正过着非常幸福的生活，生活是很美好的。

如果你爱你的孩子，如果你希望你的孩子幸福，希望你的孩子成为一个积极乐观的人，那么就请你让你的孩子感受这个世界的真、善、美！

第二节　注重言传身教

我国著名的教育家叶圣陶先生有一句关于教育的名言，诸位家长们不妨参考参考，相信一定能获益匪浅。叶圣陶先生说：“身教最为贵，知行不可分”。这句话原本是叶圣陶先生为了鼓励教师们以身作则地教育孩子而提出来的。但是，在家庭教育中，这句话同样显得非常重要。

为了让孩子成材，父母们对孩子有着很多严格的要求，这无可厚非。但是，父母们不妨扪心自问一番：这些严格的要求，自己都做到了吗？当我们要求孩子不准这样、不准那样时，我们又是怎样的呢？

根据调查，80%的父母并没有真正做到“身教”。甚至，有些父母连“言传”都做不好。当你在抱怨孩子不听话，你是否检视过自己，留意自己是怎样说话的？絮絮叨叨的话，孩子早就听腻了；恐吓的话，孩子也早就听烦了！你，怎么办？

“宜宜，你又顽皮了！妈妈跟你说了多少次了，不要把小猫锁在柜子里，这样会把小猫闷死的。要是下次你再这样做，妈妈就把你也锁进柜子里！”妈妈边絮絮叨叨地说着，边拿出锁头，作势要把四岁的宜宜锁进柜子。

“嘻嘻……妈妈你昨天就是这样子说的，你已经说过很多次啦！妈妈你不会把宜宜锁进去的！”面对妈妈的恐吓，宜宜不仅不害怕，反而拍着手掌哈哈大笑。

可是，妈妈这一次真的动手了。妈妈把宜宜的衣领揪住，就要往衣柜里塞。

宜宜吓得哇哇大哭，连忙说“宜宜再也不敢了！”妈妈这才消了气，继续做其他家务活去了。

当妈妈做完家务后，打算换身衣服出门采购。可是，当妈妈拉开衣柜时，妈妈惊呆了：家里的小猫再次被宜宜锁进衣柜，而且活活闷死了。

可是，面对妈妈的责问，宜宜却振振有词地回答：“妈妈可以把宜宜塞进衣柜，宜宜为什么不能把小猫也塞进衣柜？”

活蹦乱跳的一只小猫，就这样被活活闷死了，这到底是谁的错？虽然是宜宜把小猫塞进衣柜的，但是小猫的死，妈妈也有不可推脱的责任。在对宜宜进行教育时，妈妈没有采取正确的方法，而是一而再、再而三地犯错。

从妈妈说的“妈妈跟你说过多少次了”就可以知道，宜宜已经不是第一次把猫咪塞进衣柜里了，妈妈也不是第一次因为这件事情教训宜宜了。但是，妈妈的教育，并没有起到任何作用。

妈妈的最初目的，是想让宜宜不要再把猫咪塞进衣柜，但是，妈妈自己却想把一个大活人塞进衣柜。不管妈妈只是出于恐吓，还是真的想把宜宜塞进衣柜，当妈妈开始动手的时候，宜宜就已经认定：妈妈自己都这样做了，其实我是可以把猫咪塞进衣柜的！

在教育孩子的时候，或许父母们的首选方式是“言传”。但是很多父母都有过这样的体会：“言传”根本没有效果，或者效果很不显著。这个时候，父母们应该尝试“身教”，而不是重复的絮絮叨叨。

当孩子看到父母们怎样做的时候，孩子或许就会开始尝试着也这样去做，这就是身教的可贵之处。但是，需要注意的是，父母们的“身教”必须是正面的，能够给予孩子正确的引导。例如，你如果想让孩子把饭碗里的饭吃完，那你自己就要先这样子去做。

一、注意“言传”的技巧

单一的重复，会使人麻木；严厉的恐吓，则令人厌恶。那么，在教育孩子的时候，我们应该怎样开口呢？

为了让珊珊不养成“公主病”，妈妈总是会适时适量地让珊珊分担一些家务活。

每当妈妈买菜回来，姗姗看见了，马上就会飞奔到门口，把妈妈手里的菜接过来，拿到厨房。

有一次，陈阿姨来家里找妈妈叙旧，正好妈妈买菜回来刚走到家门。陈阿姨看到姗姗飞奔过去，把妈妈手里的菜抢过来拿到厨房时，陈阿姨对妈妈露出了羡慕眼神。

“姗姗真懂事！这么小的年纪，就会心疼父母！不像我们家的瑜瑜，在家里不是吃零食就是看电视。”陈阿姨笑着对妈妈说。

妈妈也笑着说："哪里哪里，姗姗以前也是在家里看电视、吃零食的，一点活儿都不干……"

"那为什么……"妈妈的话还没说完，陈阿姨就连忙问。

妈妈神秘地笑了笑，说："有一次，我回到家，故意躺在沙发上对她说：菜真重呀！妈妈刚才差点摔倒了，幸好有一个小女孩帮妈妈拿了一些。妈妈真喜欢那个小女孩，她就跟你差不多高呢……"

陈阿姨顿时笑了起来，说："你呀，真行！这旁敲侧击的办法，真不错！"

每当妈妈买菜回来，姗姗就会飞奔出去，这并不是因为妈妈给了姗姗什么诱人的奖励，而是因为妈妈的教育方法收到了显著的效果。

当妈妈对姗姗说，有一个跟姗姗差不多高的小女孩，帮妈妈提了菜，妈妈真喜欢那个小女孩时，为了让妈妈也喜欢自己，为了证明这件简单的事情自己也能做，姗姗从此变得特别积极。

每个小孩都有不听话的时候，父母们在多次劝说无效时，不妨用用"旁敲侧击"的办法。要知道，比起大量无趣的说教，一个生动的"故事"更能让孩子认真倾听，更能在孩子的心里激荡起涟漪。

二、看重"身教"的作用

在成长阶段，人们模仿能力和模仿欲望是最强烈的阶段，就是童年时期。在与小孩子相处时，我们会发现，孩子总是在模仿着成人的行为。例如，孩子会学着大人们讲话的语气、语句，孩子会做一些父母们经常做的动作……

孩子的善于模仿，如果再加上父母的正面影响，那么这就是绝佳的"身教"了。

今天晚上，妈妈像往常一样，做了一桌子可口的饭菜后，招呼一家子老小开始吃晚饭。

突然，一双胖胖乎乎的小手伸了过来，笨拙地夹起一块牛肉，放进妈妈的碗里。

看着碗里的那块牛肉，妈妈既惊喜欲狂又惊诧不已：儿子才三岁，而且又没有人教他夹菜，他怎么会给自己夹一块牛肉呢？

看着儿子笑眯眯的脸蛋，妈妈差点儿就热泪盈眶了。

“来，这个肉好吃，您多吃点儿！”儿子说的话，更是让妈妈觉得一切都不像是真的：这简直太不可思议了！

只是……妈妈突然觉得，儿子说的话怎么这么耳熟呢？仔细想了一想，妈妈突然笑了起来：这不正是自己给婆婆夹菜时经常说的话吗？敢情儿子是向她学的呀！

看着碗里的牛肉，妈妈觉得以后自己一定要注意行为举止，不要让儿子把自己的坏毛病也学了去。

平时大人们也没有教三岁的小孩子怎样夹菜，但是这个孩子竟然会夹菜给自己的妈妈，还让妈妈“多吃点”，这看起来似乎有点儿不可思议，但是仔细一想，这又是偶然中的必然。

妈妈平时勤劳孝顺，总是为一家老小准备丰盛的晚餐，还不停地给家里的老人夹菜、关心老人。这些，实际上都被三岁的儿子看着呢！三岁的小孩子尤其喜欢模仿，看得多了，自然也就会跟着做了。

不是有这样一句话吗？孩子的今天，就是你的昨天。父母们如果想要把孩子培养成一个怎样的人，不如先让自己成为那样子的人。

做人方面的道理，你对孩子说了，可能孩子记住了或者忘记了。但是，如果你就是这样子的人，你做给孩子看了，那么孩子也就懂得了、会了。

第三节　逆境有时也是好环境

每个人的一生，都会遇到无数的困难、逆境与挫折。虽然我们希望孩子一生无忧，但是我们也清楚地明白，这只能是一个美好的愿望。我们的孩子必须学会坚强、勇敢，才能在逆境中得以生存、发展直至成功。

妍妍是个爱哭的小女孩，每当遇到困难，她想着的不是怎样去克服，也不是怎样向他人求助，而是放开嗓子大声哭。

就在刚才，妍妍想要把电视机顶上的小玩偶拿下来，但是她又够不着，这时候，妍妍又开始跺脚、哭喊了。

爸爸听见妍妍的哭声，赶忙从房间里跑出来。等知道妍妍为什么哭的时候，爸爸连连叹气：再这样下去，这孩子怎么办呢？

爸爸指着一旁的小板凳儿，对妍妍说："妍妍，这里有一张小板凳，你踩在小板凳上，就能拿到玩偶了。"

看着小板凳，妍妍开始撒娇："不要嘛！要是妍妍摔下来了呢？"

爸爸严肃地说："不会的，爸爸扶着妍妍。如果妍妍摔下来了，爸爸赔妍妍十个玩偶！"

妍妍想了想，站上了小板凳……

当妍妍从电视机上拿下玩偶时，妍妍高兴得又笑又跳。她兴奋地对爸爸说：妍妍真厉害！以后妍妍还要自己拿玩偶！

妍妍并不是拿不到玩偶，妍妍是从来没有想过靠自己去拿玩偶。当妍妍发现自己够不着玩偶时，她想到的只有跺脚与哭喊。其实，只要她眼睛稍稍一转，她就能看到小板凳的。

即使后来爸爸给她提供了办法，让她尝试着踩在小板凳上，她也不愿意这样子做。因为，她想到的不是"踩上去就能拿到"，而是"踩上去就会摔倒”。可以说，妍妍的表现和思维是比较怯懦、消极的。

后来，当她听取了爸爸的意见，踩上小板凳、拿到小玩偶时，她非常的兴奋，并决定以后还要靠自己拿玩偶。

爸爸的教育，可以说是非常成功的。因为爸爸不仅让妍妍自己拿到了玩偶，而且还让妍妍体会到了克服困难的喜悦。或者，从这以后，当妍妍再遇到自己够不着的东西时，妍妍就会想起这一次的成功，然后开始为了自己想要的东西而奋斗。

一、让孩子尝试自己突破逆境

父母们都明白，自己不可能一辈子都守候在孩子的身边，让孩子时刻得到自己的保护、帮助。消极的父母会想着：能保护一天是一天，以后就让他自求多福吧！但是聪明的父母，却懂得让孩子尽早脱离自己的羽翼，让孩子自己尝试着在长空中搏击。

从幼儿园回家后，静静拿出了一大堆五光十色的纸片。

静静告诉妈妈，六一儿童节快到了，幼儿园要举办活动呢！

原来，幼儿园的老师发了一些纸片，让小朋友们回家做成一件“披风”，欢度六一。

吃完晚饭，静静就开始忙活了。对于一个四岁的孩子而言，要用纸片做成一件“披风”，并不是一件简单的事情。看着小孙女忙得焦头烂额，奶奶心疼地说：“老师没有一定要自己做的吧？来，让奶奶来帮你做，你去喝点水去。”

静静摇摇头，说：“不，老师说了，不可以让家长帮忙，要自己做。”

“不用怕，老师又不知这是谁做的，奶奶绝对不告诉老师。”说着，奶奶就要动手。

“妈，让她自己做吧，这样穿着才更有意思。静静，对不对？”爸爸笑着说。

静静用力地点点头，开始做“披风”的领子……

终于完成了！静静披上亲手做的“披风”，度过了又一个快乐的六一儿童节。

让父母们帮着做“披风”，一定更加省时省事，也会做得更漂亮。幼儿园的老师们，岂会不知道这样一点？但是，让小朋友为自己做“披风”，不是更有意义、更能锻炼孩子吗？

这样做，更能让孩子懂得“自己的事情自己做”、困难是可以克服的。

小孩子对父母有着强烈的依赖性，但是孩子成长到三至五岁时，开始有了自己的独立意识。这个阶段的孩子，更希望能由自己决定一些事情、由自己做一些事情。父母们应该给予孩子这样的机会，而不是剥夺孩子独立的权利。

二、适当地为孩子创造逆境

对于网络上盛传的“虎妈”、“狼爸”式教育，有些父母拍掌叫好，认为小孩子就应该多加历练。但是，对这种教育方式予以强烈谴责的也大有人在，他们认为这样对小孩子太残忍了，根本就是虐待儿童。

父母们既想历练孩子，又心疼孩子的心情是可以理解的。“虎妈”“狼爸”式的教育，确实应该慎重，根据孩子自身情况而定，不可盲目跟风。虽然如此说，但是对孩子进行一定逆境训练，还有必要的，这也将使孩子收益终生。

关上网络新闻的窗口，林兴陷入了沉思：如果一直让孩子这样安逸地成长，将来孩子长大了，怎么比得上那些受过“虎妈”、“狼爸”式教育的人？

看着儿子甜美的睡容，他有些不忍。这么小的孩子，怎么舍得让他在雪里“裸跑”？

第二天，他去了朋友家，朋友也算得上是“名师”了，他想让朋友出出主意……

从朋友家出来，他感到轻松多了："狼爸"咱当不成，那"鼠爸"自己总当得了吧？

原来，朋友给他的建议，就是让他当"鼠爸"。所谓鼠爸，是指暗地里搞小破坏，给孩子制造一些通过努力后最终能解决的"适用困难"。

此后，当儿子想放风筝时，林兴总是让儿子自己努力把风筝放到空中。林兴还故意给儿子买了一本生僻字较多的故事书，让自己自己查字典去……

过了一段时间，儿子想学滑冰，却总是摔跤。当林兴想要牵着儿子一起滑冰时，儿子拒绝了。听到儿子说"我不怕摔跤，我可以好好学，我一定能学会"时，林兴知道，自己这段时间的努力，已经有了明显的回报。

父母们如果既想要锻炼孩子、培养孩子的抗挫能力，又不想让孩子经受太大的磨难，不妨也学着当一回"鼠爸"、"鼠妈"。

第四节　帮助孩子成为自己的"环境设计师"

一直以来，你是否已经习惯了为孩子安排、布置一切？你是否包办了孩子生活中的大小事务？事实上，很多家长都正在这样做。他们想让孩子生活在他们所创造的环境中，包括生活环境、情感环境、人际环境等等。

只是，终有一天孩子会长大，到时候，你确定孩子懂得自己创造的环境吗？你有把握帮孩子创造一辈子的环境吗？答案是否定的。包办孩子的环境，而不让孩子学着自己创设环境，实际上无异于饮鸩止渴。

幼儿园里规定：下午一点钟至两点钟，所有的小孩子必须上床睡午觉，不许走动、吵闹。

冰冰上幼儿园的第一天，就把幼儿园闹得鸡犬不宁。原来，老师坚持要让冰冰睡午觉，而冰冰却坚持要打游戏机。老师见实在没有办法说服冰冰午睡，于是同意让冰冰玩游戏机，只是必须在小房间外面，不能吵到其他小朋友。

这样一来，冰冰可就不乐意了。冰冰开始大吵大闹，直嚷嚷："我就要进去！""我爸爸今天早上交了钱的！"

老师们急忙联系冰冰的爸爸，让冰冰的爸爸最好尽快来到幼儿园。

爸爸妈妈来到幼儿园之后，妈妈向老师们赔着笑说："真是对不起，给你们添麻烦……"

当妈妈知道冰冰吵闹的原因之后，妈妈委婉地向老师们请求：能不能让冰冰进房间玩游戏，把游戏的声量调小一些？

爸爸听到妈妈的请求后，急忙说："不行！小孩子不懂事，大人怎么能跟着一起胡闹？"

转过身，爸爸对冰冰说："在幼儿园里，就要遵守幼儿园的规定，要听老师的话，不能再像在家里那样子胡闹了。"

幼儿园里规定小孩子必须睡午觉，但是由于冰冰不想睡午觉，所以妈妈就想让老师同意冰冰打游戏。其实，这是非常不合情理的，这对冰冰的成长也是非常不利的。

如果父母一直帮冰冰创造这样的一个顺心顺意的环境，那么当冰冰长大进入社会后，谁有能力使整个社会也变成顺着冰冰心意的大环境呢？

父母们现在可能有能力为孩子建造一个"顺境"，可是当孩子长大之后呢？孩子会适应环境、为自己创造良好的环境吗？恐怕不见得，这并不是一件简单的事情。例如，父母们如果一直不让孩子接触陌生人，那么以后，孩子就可能不懂得如何为自己创造一个更好的人际环境。

一、帮助孩子适应环境

我们经常说，自己要学着适应环境，而不是让环境来适应你。那么，在面对孩子的时候，你是否也按照这样的想法来培养孩子呢？当孩子与环境明显不融洽时，你是选择用你的能力来改变环境，还是努力帮助孩子适应环境？

暑假到了，妈妈带着宇峰到乡下去见外婆，宇峰已经很久没有见到外婆了。

到了乡下老家后，宇峰一下车就捂住鼻子，直嚷嚷着："好臭！"

外婆马上吩咐家里人："赶快清理一下猪圈，不要熏着了宇峰！"还没等家里人开始行动，妈妈就急忙制止："不用不用，小男孩，不要太骄纵了他！"

看到小鸡，宇峰就忘了猪圈里的臭味了，直追着小鸡跑。

过了一会儿，宇峰嘟着小嘴回来了，向外婆直报怨："外婆，小鸡跑得真快！宇峰根本就追不上嘛！外婆……"

外婆笑呵呵地说："没事儿！外婆把小鸡都抓起来，放在小箱子里，全都给宇峰玩！"说着，外婆起身就要抓小鸡。

妈妈连忙叫住婆按，说："哎呀！妈，你就不用管他了，他这人就是这样！"接着，妈妈回头对宇峰说："要小鸡，你自己抓去，别总使唤别人！"

宇峰"哦"了一声，就跑出去捉小鸡了……

过了几天，宇峰完全适应了乡下的生活，他奇怪地问妈妈："妈妈，为什么猪圈一点都不臭了，小鸡也跑不快了呢？"

刚到乡下时，宇峰由于还没适应乡下的环境，因此觉得乡下"好臭"，而且小鸡跑得特别快，自己根本就追不上。

当外婆处于疼爱孙子的心理，想要清理猪圈、帮宇峰捉小鸡时，妈妈连忙拒绝了。这是因为妈妈知道，如果外婆真的这样做了，那么宇峰永远也不可能适应真正的乡村生活。

乡村生活，本来就是这样子的。即使现在外婆能够改变一些事情，使宇峰暂时得到舒适的环境，但是若宇峰以后遇到的环境比现在还差呢？没有人帮他改善环境，他自己更不懂得如何适应环境，这样，对宇峰不是更加残忍吗？

二、帮助孩子学会建设环境

仔细观察孩子现在所处的环境，包括情感环境、人际环境，是否让孩子觉得舒适、愉悦？如果答案是肯定的，那么这种舒适、愉悦，是由孩子亲子创造的，还是你为孩子提供的？

虽然孩子年龄还很小，但是不可否认的，即使是三岁小儿，他也有自己的情感、交际。孩子创设环境的能力还很低，但也正是因为这样，所以我们才更要让孩子学习，学习怎样创设让自己觉得舒适、愉悦的环境。

刚上幼儿园，荣荣几乎与每一个小朋友都合不来。不是跟良良争夺玩具，就是跟姿姿吵架了，简直没有一天是与小朋友们相安无事的。

爸爸妈妈没办法，只好决定：挨到这学期结束，就把荣荣送到另一个幼儿园。

当幼儿园的老师知道爸爸妈妈的想法后，老师表示，小孩子之间的矛盾、冲突是很常见的，虽然不可能完全避免，但是她可以想办法让荣荣尽量融入幼儿园生活。

刚开始，爸爸妈妈以为老师只是在说客气话。但是，当周末荣荣吵着要上幼儿园时，爸爸妈妈惊呆了！妈妈问荣荣为什么那么急着上幼儿园，荣荣的回答更是让妈妈诧异：幼儿园就是我们的快乐家园，是我们自己创造的世界！

原来，老师在小朋友之间设立了一套规定，让小朋友们自己在规定内行动，创建自己的快乐王国。

小朋友们为了自己的快乐王国，都努力维护共同的玩具，一起发明了许多有趣的游戏……

荣荣在幼儿园里总是会出一些状况，连爸爸妈妈都没办法了。当爸爸妈妈已经放弃，准备给荣荣换一个新环境时，幼儿园老师的规定，成功地使荣荣融入了幼儿园的大家庭。

其实，老师并没有做一些督促、监督之类的事情，而是设立了一套规定之后，让小朋友进行自我调解，并成功创立自己的快乐王国。

如果孩子适应不了环境，就马上想到让孩子换一个环境，那么几乎可以断定：这个世界上，永远不会有适合你的孩子的环境。

可是，如果你的孩子能够靠自己来改变环境、创设环境，那么无论你的孩子走到哪里，哪里都是欢迎你孩子的到来的。

帮助孩子创造环境，父母们需要做的是指导。就像幼儿园老师设立的规定一样，所谓的“规定”，其实就是对孩子行为的指导。指导孩子、教会孩子创造环境的方法，就能让孩子无论走到哪里都如鱼得水。

第十章

孩子情况不同，管教策略亦不同

你发现了吗？今天的孩子，跟昨天的孩子已经不一样了！或许昨天你让他背唐诗，他会乖乖地拿起《唐诗三百首》，可是今天你让他再背一次，他可能就会拒绝再看一眼《唐诗三百首》！

每个孩子都在长大，每个孩子都是独一无二的。面对你的孩子，你不能用其他孩子做标准，也不能用昨天的孩子做标准，成长中的孩子每天都是一个全新的孩子！

第一节　孩子在长大，您发现了吗？

孩子的成长速度是很快的，但由于家长们天天围着孩子转，会容易忽视孩子每天都存在的细微变化。可能你会发现，以前很管用的育儿办法，突然间就不起作用了！其实，这正是孩子在慢慢长大的表现。

在家人眼中，俊轩一直是个很安静、乖顺的小男孩。每当俊轩闹别扭时，妈妈只要稍微哄一哄俊轩，俊轩就会乖乖听话。

但是，妈妈发现，最近俊轩越来越不听话了。

就拿喂金鱼这件事情来说吧，以前俊轩喂金鱼的时候，总会问妈妈"这样喂对吗？是不是够了呢？"如果妈妈说"够了"，那么俊轩就不会再往鱼缸里投一颗饲料。可是现在，尽管妈妈又哄又恐吓，俊轩就是听不进妈妈的劝告，总要把鱼喂得肚子鼓鼓的。

妈妈觉得很奇怪，俊轩怎么会变得这么叛逆？当妈妈向幼儿园的老师说出自己的疑问时，老师告诉妈妈，俊轩之所以会这样，是因为俊轩"长大了"！

原来，在妈妈的不知不觉中，俊轩已经达到了人生中的第一个独立意识发展高峰，他多么渴望能由自己决定一些事情。偏偏这个时候，妈妈总是对他的行为横加干涉，这当然会令他感到不快，并故意跟妈妈对着干。

俊轩并不是一个霸道、固执的小男孩，而且在做一件事情的时候，他是非常愿意听取妈妈的意见的。只是，当俊轩成长到一定阶段后，他开始渴望独立，并希望由自己决定一些事情。

其实，每个小孩子都有这个渴望独立的阶段。一般说来，儿童在三至四岁时，会变得比较叛逆、固执，也就是父母们经常说的“越来越不乖了”。

父母们只是意识到孩子“越来越不乖”，却没有想到这是孩子在慢慢长大的表现。父母们知道，几乎所有儿童的成长，都会经历这样的阶段。这个时候，之前教育孩子的方法已经没有作用了，父母们应及时使改变教育方式，而不是试图改变孩子必经的成长之道。

一、四岁的孩子对你说：“我又不是三岁小孩！”

当孩子突然听不进你的劝导时，你该怎么办呢？当孩子认为，他就要这样子做时，你用什么来说服他呢？确实，当孩子四岁时，他已经达到了渴望独立的第一个高峰！

历历最近特别不听话，让妈妈心烦极了。例如，妈妈刚擦完地板，嘱咐他“好好待在沙发上”，那么历历就会故意穿上球鞋，在地板上跑来跑去。

这一天吃晚饭时，妈妈夹了一块儿鱼肉给历历，说：“来，吃块儿鱼肉。”

谁都没想到，历历会突然大发脾气，把碗摔在地上，大声地向妈妈嚷道：“谁让你夹给我了？我不吃！”妈妈被吓了一跳，爸爸则勃然大怒。爸爸一甩手，一个巴掌落在了历历脸上：“不想吃就给我滚出去，不要无理取闹！”爸爸大声地说。

“不吃不吃就不吃！”说着，历历捂着脸，哭着跑进了房间。

妈妈呆呆地看着历历，不知道这孩子最近是怎么了……

从历历的种种“劣迹”看来，历历是因为渴望独立，才有如此偏激的表现。从表现看起来，历历是故意要与妈妈作对，跟妈妈对着干。实际上，历历并没有任何这样做的动机，历历只是不懂得怎样向妈妈表达自己想要独立的想法。

当妈妈嘱咐“好好待在沙发上”时，历历会反抗；当妈妈说：“吃块鱼肉时”，历历还是反抗。这说明，历历不想按照别人的指令做事，即使他原本就是想要这样做的。

假如妈妈不是使用祈使语气，而是使用征询意见的语气，那么相信历历会愉快地接受妈妈的意见。因为渴望独立的他，当遇到有人征询他的意见时，他是非常愉快并非常乐于表达自己的意见的。

二、孩子对你说：“你别烦我了行不行？”

当孩子对你说“别烦我了”、“你很啰唆！”之类的话时，你是否会觉得不可思议？这个时候，你是暗自垂泪，还是对孩子破口大骂？其实，这些都大可不必。

既然孩子觉得你的话使他心烦，那你又何必再去烦他呢？简单、直接的语言灌输行不通，不如尝试着使用“春风化雨”式的细节感动。

小沛今年13岁了，妈妈开始小心翼翼地跟他交流、相处。妈妈知道，孩子在13岁时，又是一个叛逆期。

这一天，小沛放学回家，妈妈看到小沛的鞋子满是泥土，于是便随口一问：“怎么把鞋子弄得那么脏？”

谁知道，小沛突然大发脾气，把鞋子一下子塞进垃圾桶，大声地说：“脏了脏了，脏了又怎样？脏了丢掉不就什么事都没有了吗？真烦！”说着，小沛连饭也不吃了，“砰”的一声就关上房门。

由于第二天是星期六，不用上学，因此小沛便和同学约好一起去踢足球。刚走出房门，小沛就说：“糟糕！忘了昨天已经把鞋子丢了……”当小沛的目光落在鞋架上时，小沛看到妈妈已经把自己的鞋子擦得锃亮，整齐地放在鞋架上。

小沛想起自己昨天对妈妈说的话，心里愧疚极了……

很多父母都知道十三四岁的孩子，正处于叛逆期。但是像小沛妈妈那样的父母，实际上却少得很。当孩子向父母们发脾气时，父母们往往控制不住自己，也向孩子表达自己的愤怒。其实，这样做的结果无非是两败俱伤。

正处于叛逆期的孩子听不进劝告，那么父母们不妨用另一种方式来表达。既然灌输式的教育不起作用，那么渗透型的传输就派得上用场了。

当孩子对你的话感到厌烦时，你不妨用行动、用细节，向孩子表达你的关心、你的期盼。语言说出来，还未到达孩子心里，便消失得无影无踪。但是，用行动、用细节铸就的表达，却能留在孩子心里。

第二节 你真的了解孩子吗?

对孩子实行教育的第一步，就是了解孩子。或许很多父母会说："孩子是我生养的，我看着他长大，能不了解他吗？"或者还有的父母认为他们已经足够了解孩子了，认为自己已经把孩子看透了：这小子一动脚趾头我就知道他想要干吗！

实际上，这些父母并不是真正地了解孩子，他们只是觉得：我知道他就是这样的。但是，父母的"知道"，到底准不准确呢？答案不得而知。

煦煦离家出走了！无论谁都想不到，平时乖巧、孝顺的煦煦竟然会离家出走！

今天晚上，妈妈如往常一样，做好丰盛的晚餐，在沙发上等着煦煦放学回家。可是，时间慢慢过去了，已经晚上八点钟了，煦煦还是没有回家。刚开始，妈妈还以为煦煦又到小东家里写作业了，也不十分在意。

可是，当妈妈再也忍不住打电话到小东家时，妈妈被吓呆了：煦煦根本没有在小东家做作业！

那么，煦煦跑到哪里去了呢？妈妈慌里慌张地骑上自行车，到派出所登记后，还跑到学校寻求老师的帮助。老师带着妈妈一起来到煦煦的课桌，看看煦煦有没有留下什么痕迹之类的。

煦煦的课桌上，静静地躺着一张纸条。

原来，煦煦离家出走是因为不想读书了。煦煦在纸条里里面写着：我不读书了，我要出去赚钱，这样我就不是家里的负担了。

看着这张字条，妈妈后悔极了。因为就在昨天，她跟丈夫开玩笑："等煦煦长大了、工作了，家里没有负担了，我们就可以到处游玩了。"

平时乖巧、孝顺的煦煦，竟然会离家出走，这看起来有点不可思议。但实际上，却是妈妈不了解自己的孩子所致。妈妈如果真的了解煦煦，那么妈妈就不会在煦煦面前，说出"负担"一类的话来。

妈妈只知道煦煦是一个孝顺的孩子，但是妈妈并不知道，孝顺的煦煦在听到"负担"二字时，他的心里已经被激起了轩然大波。

作为父母，或许你觉得没有谁比你更了解孩子了。但即使是这样，可能你所了解的，只是孩子已经表现出来的，而孩子的内心世界、情感世界以及思维方式，你真的了解吗？了解孩子，才能真正做到因材施教！

一、你知道孩子想表达的是什么吗？

虽然说小孩子很纯真，不懂得藏心事，但孩子的心事，你了解多少？当孩子对你说：我的梦想是当杂货店的老板时，你觉得孩子是真的想当杂货店的老板吗？可能，孩子只是想吃杂货店里的糖果了。

孩子的语言系统还未发展成熟，当孩子在表达一些事情的时候，可能孩子嘴里说的跟心里想的是两码子事。也就是说，孩子也会"言不由衷"。

今天是星期天，爸爸妈妈带着瑶瑶到郊外野餐去了。

到了郊外，刚铺上席子，爸爸就拿着竹竿想要钓鱼。爸爸信心十足地说：“你们看着好了，我一定能钓到一尾又大又肥的鱼。再过一会儿，我们就能吃上喷香的烤鱼啦！”

正当爸爸提起钓竿时，瑶瑶就扯住了爸爸的裤腿，说：“爸爸坐这儿，瑶瑶不要吃鱼！”

爸爸以为瑶瑶害怕待在郊外，想要自己陪着她，于是就说：“瑶瑶不用害怕，由妈妈在这儿呢！爸爸钓鱼给瑶瑶吃，好不好？”

听爸爸这样以后一说，瑶瑶更加着急了。瑶瑶一下子抱住爸爸的腿，就是不让爸爸走开。爸爸有点儿恼怒地说：“瑶瑶，听话！”

一旁的妈妈见瑶瑶要坏事，赶忙把瑶瑶拉过来说：“瑶瑶，为什么不让爸爸去钓鱼？不用怕的，妈妈陪瑶瑶洗苹果好吗？”

瑶瑶看着妈妈说：“瑶瑶不怕，瑶瑶只是不想吃鱼。”

“为什么呀？烤鱼多香啊！瑶瑶一定没有吃过。”爸爸笑着说。

瑶瑶看着钓竿，说：“可是，渔钩那么锋利，会把鱼嘴割破的，鱼会很痛的……”

其实，瑶瑶不让爸爸去钓鱼，并不是因为瑶瑶不想吃鱼，更不是因为瑶瑶在郊外感到害怕。瑶瑶看到爸爸拿着钓竿，想到的是，渔钩很锋利，会把鱼的嘴巴割破的。小孩子的心灵多么的善良，渔钩对鱼造成的伤害，瑶瑶简直感同身受了。

如果没有后来妈妈的追问，可能爸爸就会真的生气了，因为爸爸以为瑶瑶这是在无理取闹。之所以会造成这样的误会，不仅是因为爸爸妈妈没有仔细地揣摩瑶瑶的话，还因为瑶瑶无意间的“言不由衷”。

父母们在倾听孩子孩子的梦想、孩子的心事时，是否也会经常遇到这样“牛头不对马嘴”的情况呢？答案是肯定的。只不过，父母们常常以一句“小孩子胡闹”就搪塞过去了。

如果想要真正地了解孩子，父母们不妨耐心地多听几次孩子的叙述，弄明白孩子究竟想说些什么。

二、你认为的，不一定就是对的

作为孩子的父母，孩子需要些什么，可能再也没有人比你更了解了。但在日常生活中，你是否也经常自恃“了解孩子”，而以你的经验、想法来满足孩子的需求？

下班后，妈妈带着凡凡来到商场，选购未来几天的食品。在商场选购水果时，凡凡变魔术似的拿出一个冰激凌说：“妈妈，凡凡想要这个！”

妈妈看了看凡凡手里的冰激凌，对凡凡说：“凡凡乖，把冰激凌放回去。妈妈给凡凡买苹果吃，好不好？吃苹果对身体可有好处了呢！”

“凡凡不要苹果，就想要这个！”凡凡把冰激凌放进购物车。

妈妈拿出冰激凌，对凡凡说：“凡凡，相信妈妈，吃苹果更有好处！”

凡凡还是不依，一直看着冰激凌不肯离开。妈妈有些不耐烦了，说：“凡凡，你再这样不听话，妈妈就不带你回家了！”

听到妈妈的呵斥，凡凡委屈地扁着嘴，沮丧地跟着妈妈走出超市。

父母们是否也经常这样对待孩子呢？可能根据你的了解，你会为孩子选择一样你觉得“很不错”的东西。但是，这样东西往往不是孩子最想要的。

在与孩子共同成长的过程中，父母们虽然一切都是为了孩子，但也应该注意：不要让自己的生活经验、常识，来代替孩子去选择他最想要的事物。因为这只是你的选择，而不是孩子的需求。

第三节　你的孩子不比别的孩子差

我们经常说“尺有所短，寸有所长”，每个人的特长、短板都是不一样的。当你羡慕邻居家的孩子精于围棋时，你是否注意到了你的孩子把滑板玩的得心应手？

在众多父母育儿的过程中，有一种非常常见而又非常不可取的做法存在：拿自己孩子的短板跟其他孩子的长处相比较，并总认为：孩子总是别人家的好！

“你看隔壁的小焙，从来不玩游戏机，一回家就学习，还帮家里做家务。你呢？整天就知道玩，成绩也不好。别人家的孩子多让爸爸妈妈省心呀！哪像你？天天都让爸爸妈妈操心个没完……”妈妈又在耳边唠唠叨叨了。

小耿听烦了，把游戏机一扔，对妈妈大吼：“别人家的孩子，别人家的孩子！你就只会说别人家的孩子多么的好！既然别人家的孩子那么好，你去养别人家的孩子不就行了？干吗还要管我？”

妈妈生气极了，拿出藤条就要往小耿身上抽。小耿扯住藤条说：“我也会说别人家的妈妈多好啊！从来不打自己的儿子，你呢？就只会骂人、打人！”

妈妈天天在耳边唠叨“别人家的孩子”，这当然会让小耿恼怒。因为当妈妈这样说的时候，实际上已经否定了小耿，而极大地捧高了“别人家的孩子”。不要说是小孩子，就算是父母，如果你听到孩子说“别人家的爸爸妈妈真好”，你作何感想呢？

实际上，每个孩子都有自己的优缺点。这个世界上，完全没有缺点的“别人家的孩子”根本是不存在的。当你在要求自己的孩子去标榜“别人家的孩子”时，说不定其他父母也在说你孩子的好处呢。

实际上，当你觉得“别人家的孩子”什么都好，而自己的孩子就是比不上别人时，事实往往不是这样，而是你的认识、思维出现了偏差。

一、发现孩子的优点

每个孩子都有自己的闪光点，但是由于父母们天天看着孩子，所以即使孩子的闪光点再珍贵，也是很容易被父母们忽略的，因为父母们已经习惯了孩子现在所拥有的优点了。

当父母们从其他孩子身上，看到自己孩子身上所没有的闪光点时，父母们就会异常羡慕。因为这种闪光点是你没有发现过的，因此它对你的冲击也是非常大的。于是，你开始希望自己的孩子也拥有这样的闪光点。

其实，当你羡慕其他孩子身上的闪光点时，或许其他父母也在羡慕你。例如，你羡慕朋友的孩子安静、听话，说不定你的朋友对你那活泼、可爱的孩子十分喜爱呢？

刚送儿子世辉到学校，方醇就急忙往公司赶：儿子又赖床了。

幸好没有迟到，要不然又该受批评了。刚打完卡，方醇吁了一口气。

“方醇，我可真羡慕你呀！你看，你们家世辉多活跃呀！昨天晚上又得了游泳冠军！”同事小威说。

“唉，游泳冠军有什么用？我才羡慕你家小君呢！那么听话，从来不用你操心。这不，我刚刚就是因为送世辉去学校，差点儿没迟到。”方醇叹了一口气。

“要是我那儿子也能像世辉那么争气，我可乐意天天送他上学。得了个冠军还不得好好奖励啊？小孩子就该活跃一点儿，那么安静干吗！”小威羡慕地说。

听了小威的话，方醇不禁想：孩子昨晚奋力参加比赛，得了冠军又兴奋了一整晚，赖床也是情有可原的……为什么自己之前没有发现儿子游泳时的认真劲儿呢？

即使世辉刚刚得了冠军，但在方醇眼里，世辉还是比不上安静的小君。为什么？因为世辉不安静。如果世辉很安静，而小君昨晚刚刚得了游泳冠军，那么或许妈妈又会羡慕小君的活跃了。这就是所谓的“孩子总是别人家的好”。

琐碎的生活，往往会遮掩了孩子的可爱之处，令你忽视了孩子的闪光点。其实，如果你能客观、公正地观察你的孩子，那么不出三分钟，相信你也能从孩子身上找到许多优点。

二、忘掉“别人家的孩子”

毫无疑问，“别人家的孩子”已经成为每一个孩子心里边的恶魔。因为“别人家的孩子”，会随时随地跑出来让自己变得一无是处。

那么，是谁创造了“别人家的孩子”呢？不是“别人家的父母”，而是自己的父母。因为完美的“别人家的孩子”实际上是不存在的，一切都只是你对孩子的期望。

老师家访，妈妈忙不迭地招呼着老师。当老师问起儿子智智的情况时，妈妈叹了一口气说：“这孩子，一点都不让人省心！不像小艺，多听话呀！”

老师笑着说：“其实在班上，智智已经是一位比较优秀的孩子了。甚至可以说，智智是班上最聪明、最乐于助人的孩子！”

“老师您是说，智智比小艺还要好？这怎么可能！”妈妈还以为老师是在说客套话。

老师认真地说：“当然，从某一方面来说，智智当然比小艺优秀。例如智智的思维比较灵活，也比较会体贴人。小艺虽然比较安静，但是这几方面还是没有智智做得好。”

听了老师的话，妈妈仔细想了想，觉得老师说的也不无道理。于是妈妈笑着说：“还是老师观察得仔细一些，我还没发现智智原来也有这么多优点呢！”

老师也笑了：“其实每个孩子都有优点，也有缺点。我也是刚从小艺家家访出来，就在刚才，小艺的妈妈还一直赞扬智智呢。”

智智并不是一无是处，相反，在老师看来，智智在班上算得上数一数二的了。但是，作为智智的妈妈，为什么却没有发现智智的优点呢？还是“别人家的孩子”惹的祸！因为小艺身上，有着智智所缺少的安静的性格特点，因此妈妈觉得：智智比不上小艺。

父母们希望孩子博采众长，这种心情是可以想见的，但是要知道，你的孩子有着自己的特点，与其让孩子成为第二个“隔壁的小孩”或“班里的同学”，不如让孩子就做一个最独特的自己。

第四节　孩子的兴趣是开启成功的钥匙

兴趣是最好的老师，这句话已经是经过无数次验证之后，被无数人肯定的真理了。相信不少父母们在培养孩子时，也会根据孩子的兴趣，制定最佳的培养方案。这是一个值得肯定的教育现象。

只是，你了解孩子的兴趣所在吗？你知道怎样根据孩子的兴趣，来制定培养方案吗？很多父母在这两个问题上，出现了不小的纰漏。

小美从小就喜欢跳舞，在幼儿园里还参加过不少演出，得到过不少奖状。妈妈见小美有跳舞的兴趣，于是开始张罗着把小美送进舞蹈培训班。

妈妈拿着培训班的宣传单，指着上面多种多样的舞蹈问小美：“小美，你是喜欢芭蕾舞呢？还是喜欢霹雳舞？”

小美睁着大眼睛问：“妈妈，什么是芭蕾舞呀？霹雳舞又是什么？”

妈妈觉得跟小美解释不清楚，于是自作主张地帮小美报了芭蕾舞，还说：“女孩子，学芭蕾舞好一点，特别有气质，哈哈！”

可是刚学了没几天，小美就再也不愿意到培训班去了。妈妈对小美说：“小美，三天打鱼两天晒网可不行，你得继续学！”

后来，为了不上芭蕾舞蹈班，小美装病，甚至故意摔跤。

小美喜欢跳舞，并且跳得很不错，这本来是一件令人觉得愉快的事情。可是，妈妈不恰当地干涉，却让跳舞这样愉快的事情变成了小美的噩梦。

当孩子对某些事情表现出浓烈的兴趣时，父母们不应该把这些兴趣变得具有功利性，更不应该用这些事情来压迫孩子。如果你想让孩子继续保持对事情的兴趣、热情，那么你最好什么都不要做，直到孩子向你发出请求帮助的信号。

首先，孩子的兴趣，不是你觉得“有用”的那一件事情，而是孩子喜欢的那一件事情。其次，根据孩子的兴趣来培养孩子，并不是意味着把孩子送到市面上大大小小的“特长班”、“兴趣班”，而是让孩子选择自己最想要的做事方式。

一、帮助孩子找到他的兴趣所在

每个孩子都有自己喜欢做的事情，一旦孩子对某件事情产生了浓烈的兴趣，并不断地重复做这件事情，那么这件事情很可能就会成为孩子的特长。

发现孩子的兴趣，并且给予孩子一定的指导，让孩子在这件事情上取得一定的成就感，然后产生更大的兴趣，进而进行更深的探索，这才是父母们培养孩子兴趣与特长的正确步骤。父母们在培养孩子的兴趣时，最不可取的，就是把“有用的”当成孩子感兴趣的。

欣欣的口头禅是“真没意思”，她总是觉得做什么事情都是没意思的。

身边大大小小的孩子，学钢琴的学钢琴，练书法的练书法，就只有欣欣总是待在家里看电视。这些，妈妈看在眼里，急在心里。

这一天，妈妈终于忍不住了，打电话给欣欣的老师，希望得到老师的帮助。经过沟通后，老师的最终建议是：多带欣欣到外面走走，多让欣欣参加一些活动，先帮欣欣找到自己喜欢的事情。

妈妈照着做了，天天带着欣欣逛公园、逛博物馆。皇天不负有心人，妈妈终于发现欣欣喜欢做一些什么事情了。

原来，看画展就是欣欣兴趣的初步表现：欣欣喜欢画画，尤其是漫画。

妈妈连忙买回了画笔，还买回了很多漫画书，让欣欣可以随心所欲地描、画。

有了妈妈的物质和精神支持，欣欣的漫画画得越来越好了。在一次公益宣传画的比赛上，欣欣的漫画还得了一等奖。

后来，欣欣又迷上了动画设计。高考填志愿时，欣欣报了动漫设计专业，以高分被重点大学录取。

或许欣欣一直以来的兴趣都是漫画，但是欣欣却没有意识到这是自己的兴趣，更没有为自己的兴趣做一些什么事情。欣欣所做的，仅仅是看电视上的动画片。

后来，在妈妈的帮助下，欣欣走进了漫画世界，并且为自己的兴趣付出了极大的热情与精力。一次得奖经历，更是让欣欣对漫画增添了许多信心，并坚定地朝着漫画世界前进。欣欣把漫画由兴趣变成了特长，并因此取得人生中的第一次成功。

父母们不能决定孩子的兴趣，但是却可以帮助孩子发现自己的兴趣，并给予孩子一定的帮助。兴趣是一笔宝贵的财富，每个人都拥有这样的财富。作为父母，我们应该帮助孩子发现、挖掘这笔财富，而不是任孩子埋没了这笔财富。

二、“兴趣班”不等于有兴趣

发现了孩子的兴趣之后，是不是就要忙着帮孩子找一个兴趣班呢？当然不是。虽然很多家长正在这样做，甚至有些家长在不清楚孩子有什么兴趣的情况下就这样做，但这确实是不正确的。

要知道，兴趣班里的培训内容，并不一定就是孩子感兴趣的内容。毕竟，兴趣班的培训内容大同小异，而孩子的兴趣却是千差万别的，是独特的。

当伦伦还在妈妈肚子里的时候，妈妈就经常播放一些胎教音乐，希望孩子出生后，能成为一个喜欢音乐的人。

不知道是不是妈妈的胎教起作用了，伦伦在几个月大时，听到音乐就会眨眨眼睛……

在伦伦上幼儿园的时候，伦伦每天都要哼一哼儿歌，还会摆弄摆弄幼儿园的电子琴。

妈妈看到伦伦的表现，可把妈妈乐坏了。在伦伦四岁的时候，妈妈迫不及待地帮伦伦报了电子琴的兴趣班。

令妈妈感到困惑和失望的是，伦伦只上了几天的兴趣班，之后就再也不想去了。

原来，伦伦刚开始觉得电子琴只要轻轻一按，就会发出好听的声音，挺好玩的。但是进了兴趣班之后，枯燥的系谱、繁琐的规定，让伦伦对电子琴彻底失去了兴趣，甚至感到厌恶……

先不提胎教是否有用，伦伦在很小的时候就对音乐表现出强烈的敏感性和兴趣，这个是事实。只是，后来由于妈妈把伦伦送进了兴趣班，伦伦对兴趣班里枯燥的培训内容以及诸多规定感到厌烦，失去了对音乐的喜爱。

儿童的天性是玩乐，小孩子刚开始对某件事情表现出极大的兴趣，也是因为觉得这件事情“很好玩”。

例如孩子刚开始喜欢画画，并不是孩子觉得画画有什么用，而是孩子觉得这样子做很有趣。可是父母们如果想要使画画产生一定的作用，并把孩子送进兴趣班，那么孩子就会觉得很厌烦。

因为，孩子喜欢的是画画这个游戏，不喜欢画画这门课程。游戏和学习，孩子当然喜欢前者。这也是为什么，很多父母们把孩子送进兴趣班之后反而使孩子失去了兴趣。

第十一章

男孩女孩有差异

当今社会，不少人对性别的认识，即将或者已经产生偏差。

人们对性别的认识，始于儿童时期，大概分布在三至五岁。那些认为孩子还小，不用对他进行性别教育的父母，是否有必要重新考虑一下自己的观点呢？

第一节　男女有别，从小培养

有的家长认为，孩子还小，没有必要过早地涉及性别问题。然而，研究显示，三岁以后，男孩和女孩之间的性别差异就日渐明显了。从三岁开始，男孩体内开始大量分泌睾丸素，更加“精力旺盛”，喜欢动手，而女孩则更善于观察。性别激素还会影响大脑发育，使大脑活动优势区域出现差别，具体表现为女孩的语言能力更强，而男孩的空间识别能力更胜一筹。

因此，在孩子三岁左右，家长就应该采用不同的方式来对待男宝宝和女宝宝，从小就让培养孩子“男女有别”的意识。

孩子如果发现有些小朋友的衣服和自己差不多，有些不一样，经过思考，就会逐渐产生正确的性别归属感。裙子是女性天然的代表，而裤子则属于男性。裙子的摇曳能让女孩从小就从中获得温柔如水的特质，并且百变的裙子也能培养女性特殊的审美。而裤子直挺挺的，男孩穿上更能让他们养成坚毅、果断的性格。

生活中男孩可以多穿蓝色、绿色等；而女孩则要多穿粉色、红色等。在国外，一般是爸爸带儿子洗澡，妈妈带女儿洗澡。专家指出，这是为了让孩子从小就知道，男孩的身体跟爸爸一样，女孩跟妈妈一样。这是孩子最早了解人体和性别的启蒙教育。如果男孩从小接触的都是女性，阳刚气会越来越少。爸爸一定要多抽时间陪伴儿子，带他接触成年男性，学习男子汉的责任和坦率；而对于女孩，妈妈可以带着她和阿姨们一起做家务等，培养温婉贤惠的性格。

与女孩相比，男孩更需要自己的独立空间，在家可以给他开辟一块“私人领地”，给他探索和思考的机会。而女孩子则可以多陪伴在大人的身边，从观察大人的生活细节中开阔视野、增长见识。

男人需要认可，女人需要呵护。男孩如果做得好，父母可以拍拍他的肩膀，告诉他“你长大了”，让孩子得到肯定和鼓励；而女孩则最好抱抱她或送上一个吻，让她感受到你的保护和关爱。

家长要根据孩子的不同特点选择适当的活动。男孩可以多玩机器人、汽车等机械类玩具，开发创造力，而女孩则要多玩布娃娃、过家家等，激发善良体贴的母性本能。男孩可以多进行爬山、溜冰等户外运动，让心胸更开阔；而女孩可以学学体操、游泳等，培养优雅的气质。

如今，中国父母在管教孩子上，普遍有性别教育的缺失。这其中也有目前的独生子问题带来的无奈：有儿子的缺少个女儿，有女儿的想有个儿子，致使一些家长在教养方式上有意无意地“男女不分”。把男孩当女儿养，穿花衣裙，留长头发，起个女性化的名字；把女孩当儿子培养，留短发，穿中性衣服，不知道内情的人以为是个男孩，此时大人还可能会很得意：“就这么一个女儿，将来要顶门立户，就当儿子来养着吧。”这种儿时的教养方式加上成长过程中的不断强化，就为儿子阳刚不足，女儿阴柔缺失打下了坚实基础。

另外，外界环境也对孩子的性别管理产生了一些不良影响。从幼儿园到小学，孩子的老师绝大多数都是女性，男孩子在校缺少可模仿的男性榜样。在小学，担任干部的绝大多数都是女孩，男孩一直在女孩的指挥之下，有时一些男孩还受女孩子的气，因此变得唯唯诺诺，胆小怕事。而有些女孩，由于很小就充当了管人的角色，变得蛮横粗鲁，缺乏同情心；另外，《我的野蛮女友》之类的影视剧风靡一时，给女孩的“野蛮”提供了肥沃的土壤。再看看现在电视中红得发紫的偶像明星，其装扮、发型、做派大都趋于中性，真正的男子汉和淑女越来越少。

一、培养小淑女细心温柔的气质

强调男女之间的性格有分别，并不是歧视任何一方性别，而是让孩子学会接受自己性别的特点，认识这个社会的准则。我们家长可以通过适当的引导，让女孩子的温柔、贤惠获得充分的发展。

雅雅是一个非常活泼的女孩儿，甚至雅雅的活泼已经让爸爸妈妈开始头疼了。爸爸妈妈觉得，雅雅活泼得简直接近调皮了，雅雅捣蛋的次数和程度，远远超过了邻居家的小男孩。

这一天，雅雅从幼儿园回家后，一直抿着嘴巴笑。见状，妈妈知道雅雅在幼儿园肯定又干了一些什么“好事”了。妈妈问雅雅：“雅雅，今天幼儿园有没有发生什么好玩的事情呀?”

雅雅倒是坦白，直接说：“妈妈，今天幼儿园的摔跤比赛我报名了。老师说，再过几天就能举行正式的比赛了。妈妈，我一定能得到摔跤的冠军的!”

听雅雅这么一说，妈妈惊呆了。妈妈怎么也想不到幼儿园会举办这样的比赛，妈妈更想不到雅雅会报名参加，还想要得冠军!

妈妈趁雅雅正在看动画片的时候，给幼儿园的老师打了个电话，请求老师不要批准雅雅的报名。幸好，老师说这个比赛本来就是针对幼儿园的男孩子举行的。

看着雅雅，妈妈心下想：下个星期幼儿园就有钉纽扣的比赛了，一定要说服雅雅参加这个比赛。

当然，你家的小姑娘可能喜欢跟洋娃娃玩，喜欢穿粉红色的衣服，是个乖乖女。但对女孩子来说，家长千万不要轻视女性化的趣味。鼓励她喜欢自己是个小姑娘，做妈妈的和她一起打扮会使她感觉做女性很好。

父母应该让她知道自己很美，比如可以告诉她，她的头发很漂亮——她会很喜欢这种赞美。小姑娘一直都在学习，妈妈则是她的角色榜样。让她明白，作为一个女人能做些什么，等她长大了她就会有一个健康的观念。

许多女孩都很喜欢婴儿，喜欢和洋娃娃玩，喜欢照顾新生儿。她是在模仿你，这种模仿可以让她学到宝贵的做妈妈的技巧。总之，不管她选择做什么，妈妈要做的是鼓励你的女儿享受她所享受的。这样的话，无论是钉纽扣还是摔跤，她都不会错得太远。

淑琪是一个可爱的小女孩，在家里常常是语不惊人死不休。妈妈对女儿的开朗很欣慰，但是妈妈对女儿也有看不惯的地方，例如：粗枝大叶，大大咧咧。

淑琪的名字，是淑琪出生前妈妈就想好了的。之所以名字中带“淑”，就是因为妈妈希望女儿能成为一个淑慧、贤淑的女孩子，也就是淑女。但是随着淑琪的成长，妈妈越来越觉得这是一件不可能的事情了。

淑琪的最大特点不是“淑女”，而是粗枝大叶、大大咧咧，十足的假小子！当淑琪不知道第几次被误认为男孩子时，妈妈下定决心，一定要让淑琪成为一个细心、温柔的淑女！

妈妈开始要求淑琪学钢琴，说是可以培养气质。妈妈还要求淑琪每天必须静下心来读一两首诗，钉一两个纽扣……

妈妈的努力并不是没有效果，淑琪的耐心和细心程度明显有了很大的改善。尽管淑琪还是喜欢咧着嘴、拍着手大笑，但是淑琪的进步妈妈不是没有看到，妈妈已经觉得很满足了……

当妈妈下定决心要把淑琪培养成“淑女”时，妈妈并没有按照所有孩子的标准来要求淑琪。妈妈没有流于形式地改变淑琪，虽然淑琪还是会咧着嘴大笑，但只要淑琪有所进步，拥有女孩子心思细腻的特质，妈妈就会感到很满足了。

确实，父母们在培养女孩子的细心、温柔时，不必太在意孩子的外在表现，只要孩子逐渐开始拥有这些品质，那就够了。只追求外在的表现，而不注重内在的积累，那么反而会弄巧成拙，例如使孩子变得矫揉造作。

二、让小小男子汉果敢、刚强

果敢、刚强，是一种美好品质，更是一种抗挫、吃苦耐劳的能力。虽然说这种美好品质，无论男女都应该多少练就一些，但是由于社会要求不同，男孩女孩所需的果敢、刚强品质也有所不同。

用男子汉意识塑造男孩，适当委以重任。让孩子知道男子汉的内核就是责任、勇敢和坚强。要懂得保护弱者、保护女性，承担家庭和社会的重任。

培养小小男子汉，妈妈要有意识地在儿子面前“示弱”，以激发孩子的内在责任感和价值感。父亲要时时处处为儿子做出榜样。因为成长中的儿子最易模仿父亲的言谈举止。男孩和父亲在一起，对培养他的自信心及男子汉气质都有好处。

在幼儿园里，小靖是个比较特别的男孩子。

之所以说他特别，是因为在整个幼儿园中小靖显得特别爱哭。正如上一次打雷闪电，许多女孩子都没出声呢，小靖就开始哭起来了。

这一天，小靖趴在桌子上又哭了起来。原来，小靖跟同桌的小女孩梓梓吵架了，小靖吵不过梓梓，于是就趴在桌子上哭了起来。当爸爸了解事情的经过之后，爸爸给老师道了歉之后连连叹气。

不是爸爸存心想要小靖欺负人，而是爸爸觉得：跟女同学吵架也会哭，小靖实在太没出息了！

老师看出了爸爸的心事，于是像爸爸建议：多带小靖去参加一些需要体力、耐力的运动，例如爬山、长跑之类，培养培养小靖的胆量和毅力。

爸爸也觉得这是个不错的办法，于是决定从明天就开始行动……他一定要让儿子变得坚强、勇敢起来！

即使是男孩子之间争吵、打架，也很少会有“趴在桌子上哭”的时候。但是，小靖只不过跟同桌的小女孩斗嘴，可能说不过小女孩，于是就趴在桌子上哭了起来。无论怎样，这看起来确实有些令人啼笑皆非。

由于生理、心理特征不同，社会上更多的要求男孩子应该比女孩子坚强、独立。且不谈这种要求是否合理，但既然我们都是社会上的人，并且想要不被社会淘汰，那么我们就应该尽量地遵守社会规则。

父母们在教育、培养孩子的时候，也应该尽量让孩子懂得，怎样做才能让社会更好、更快地接受自己。

尤其是男孩子，当他们长大之后，可能他们就是一家之主，要担当整个家庭的大部分责任。因此，父母们应该注意对孩子的培养方式，切不可让男孩子也变得娇气、怯懦。

第二节　环境熏陶要分清

之前我们说过，在什么环境下长大的孩子，一般就会成为怎样的人。男女之间的差异，在这里也会有所体现。环境的熏陶作用，是“细无声”而又非常强大的，它是一种无孔不入的力量。

一、“粉红色”的男孩子

在为孩子选择、制造环境时，也要根据孩子的性别、性格特征，制定最适合孩子的方案。孩子生活在某种环境中，就意味着孩子无时无刻不在接受着这种环境的影响。因此，为孩子创造一个合适的环境，比为孩子请一位家庭教师还要有用得多。

虽然是男孩子，但是豪豪却非常喜欢玩芭比娃娃之类的小玩偶。而且，因为豪豪最喜欢的颜色是粉红色，爸爸妈妈为了让豪豪开心，几乎把家里布置成了“粉红世界”。

上小学了，豪豪越来越喜欢摆弄女孩子的玩具了。这本来没什么好忧虑的，可是令爸爸妈妈担心的是，豪豪不仅喜欢摆弄女孩子玩的布娃娃，豪豪的性格也像足了女孩子。

豪豪讲话时，声音比女孩子还要小，而且豪豪非常的腼腆，做事也不像男孩子那样果敢，而是要踌躇老半天。豪豪的胆子也特别小，遇到蟑螂、碰上打雷闪电的时候，豪豪就会吓得大哭大叫……

爸爸妈妈想让豪豪变得更像男子汉一些，于是带着豪豪出门旅行、登山、甚至探险。虽然在进行这些活动时，豪豪会表现得勇敢一些，但是只要一回到家，豪豪就会恢复原样。

当爸爸妈妈觉得好好缺少男孩子的气概时，爸爸妈妈还是比较明智的，陪着豪豪做一些有助于培养勇气、耐力的活动。一般来说，经过这样的训练，豪豪的勇气、耐力都会有所增加，也会变得更像男子汉一些。

确实，在进行这些活动的时候，豪豪确实是这样子的。但是只要一回家，回到熟悉的环境，豪豪就会恢复原样。所有的这一切表明：是环境，造就了这样一个豪豪。

父母们在试图改变孩子的时候，不妨先从孩子所处的环境入手。毕竟，这是比较温和而有效的改变方法，它能在不知不觉中影响孩子，并时刻熏陶着孩子的性格形成。

二、女孩当成男孩养

小曼不喜欢跟其他女孩子玩过家家，也不喜欢芭比娃娃。小曼最喜欢玩的，是男孩子之间追追打打的战斗游戏，最喜欢的玩具，是变形金刚、赛车等。总而言之，如果只看小曼喜欢玩的游戏、玩具，那么人们是绝对想不到小曼是一个女孩子。

为什么会这样？原来，妈妈在怀着小曼的时候，到医院做过B超，医生告诉妈妈，胎儿极有可能是个男孩子！

听了医生的话之后，爸爸妈妈就开始忙着给未出生的孩子添置新衣服、新玩具，布置新环境。当然，这一切都是按照男孩子的标准来置办的。

直到孩子出世之后，大家才知道，原来是个女孩儿。由于再行置办已经来不及了，而且会造成很大的浪费，因此爸爸妈妈还是把事先为孩子准备的东西，送给了小曼这个新生儿。

从小在培养男孩子的环境下长大，令小曼喜爱、关注的一切都是关于男孩子的玩具、游戏……

在孩子出世前，父母们是应该做一些准备工作，以迎接新生儿的到来。但是，像小曼的爸爸妈妈那样的准备，其实是大可不必的。

毕竟，这是孩子的环境，而且在孩子长大后，不妨让孩子选择自己喜欢的颜色、衣物、玩具等。环境熏陶的力量是非常强大的，与其让环境先入为主，不如让孩子作为自身成功环境的主宰。

三、人文环境莫忽略

想让孩子往哪个方向发展，就要给孩子传递哪一方面的信息、让孩子接受哪一方面的教育、熏陶。

而且，让孩子接受各方面信息的影响，并不止于古时候的故事。在传递信息给孩子的时候，父母们完全可以根据时间、地点，随机向孩子灌输某种理念。

同事们都非常羡慕榭桦，因为榭桦有一个既机灵又勇敢的儿子。借用李主任经常说的一句话，那就是："如果我的儿子像榭桦家的小孩那样有勇有谋的，我这辈子就不用愁了。"

每当听到同事们的赞扬，榭桦心里喜滋滋的。儿子皓皓聪明机灵又勇敢，这确实是他的一大骄傲。想到这里，榭桦心里再次对妻子感到深深的佩服。如果不是妻子，他还真不知道怎样把儿子培养成材呢！

原来，皓皓比同龄人显得更机灵、勇敢一些，是离不开妻子费尽心思的教导的。虽然大家平时没有看到皓皓的妈妈是怎样教导皓皓的，甚至没有人听到过妈妈呵斥皓皓，但是妈妈确实无时无刻不在对浩浩进行着教育。

下班后，榭桦到公园去接妻子和儿子回家，他看到妻子正指着路边的雕像不知道在说些什么。榭桦笑着对妻子说："又在跟皓皓讲什么故事啦？"

"爸爸来了！"皓皓首先奔向爸爸。

皓皓指着雕塑对爸爸说："妈妈说，在战争中牺牲的将士们，他骑的马是双蹄腾空的……"

虽然没有人看见妈妈是怎样教导皓皓的，但实际上妈妈却时刻都在教育着皓皓。也就是说，妈妈把教育融入到生活的点滴中，化有形为无形了。例如，当妈妈看到路边的雕像时，妈妈会跟皓皓讲述英勇的战士。

通过生活中的点滴小事，对皓皓进行教育，不仅能增加皓皓的知识，还能促使皓皓向有勇有谋的将士学习。

实际上，只要父母们留心身边的事物，那么父母们就会发现，生活就是一本最好的教材，内容无所不包，全是教育孩子的优秀素材。

第三节　富养女孩穷养男

在民间有着这样一句流传已久的古训："穷养儿子富养女"。意思是说，父母们在培养男孩子时，不能满足他的所有要求，要"穷"着养。而在培养女孩子时，则不能太苛刻，要尽量让女孩子见识最好的东西，也就是"富"着养。

古训之所以能够流传，就是因为它具有一定的作用、经得起考验。即使时代在不停地进步着，并随之涌现了许许多多的育儿教条，但是老祖宗的话我们还是应该予以一定重视的。毕竟，能被大家所认可，并广为流传的，一定是经得起考验的、人们不舍得丢弃的财富。

上中学了，辰辰还是没有改掉小时候的毛病：特别的娇气。

原来，辰辰是家里的独子，虽然家里的经济条件不是很好，但是爸爸妈妈特别注意辰辰的衣食住行，生怕委屈了儿子。

比起爸爸妈妈的疼爱，爷爷奶奶的宠溺更是让辰辰变得爱撒娇，喜欢无理取闹。老人家觉得，以前生活条件不好，自己受过的苦不能再让下一辈也重复了，因此总是尽力地为辰辰提供最好的衣食住行。

在家里，辰辰一个小男孩的吃穿用度，就抵得上四个大人的了。

刚开始，爸爸妈妈并没有觉得这有什么不妥，毕竟作为父母，他们也想要让儿子过上幸福的生活。可是，等辰辰上小学的时候，爸爸妈妈才意识到事态不妙了。辰辰不仅跟同学们攀比物质，辰辰还显得特别的娇气，受不得半点委屈。

勉强在小学里待了六年，上中学时还是靠托关系，辰辰才能上得了中学的。可就是上了中学后，辰辰还是像个三岁小孩一样爱撒娇。动不动就哭鼻子，东西也要挑最好的来用。

爸爸妈妈不适当的教育方式，再加上爷爷奶奶的宠溺，使作为一个男孩子的辰辰变得十分娇气，受不得半点委屈。不得不说，这又是应了一句流传已久的育儿真理了：从来富贵多淑女，自古纨绔少伟男。

作为男孩子，辰辰本应比女孩子显得更加勇敢、能担当一些，可是辰辰却是娇气异常，还十分爱攀比。如果爸爸妈妈注重对辰辰“穷”着养，那么可能辰辰就不会有这么多的坏毛病了。

一、穷养，不单指物质上的“穷”

男孩子要穷养，那么具体应该怎样“穷”养呢？很多父母在听到穷养的时候，以为穷养就只是少给孩子买玩具，少给孩子买一两件衣服了，很明显这是父母们的理解出现了偏差。

培养男孩子的“穷养”，不单指在物质上不能无限度地满足孩子，它更注重生活中点滴小事的历练。

为了教育好儿子迩伽，洞云可谓殚精竭虑、呕心沥血。博士毕业的洞云，为了让儿子成材，还报了一个培训班，听着年龄、学历都比自己低的大学生讲授的育儿课。

当台上的老师说“穷养儿子富养女”的时候，洞云仔细品味后，觉得如获至宝。回到家，他马上实施了“穷养”战略，不仅把儿子的高档玩具如数锁起，还向妻子宣布了一项新家规：“以后不准再给儿子买高档衣物和进口食品了！”

经过一段时间的“穷养”，洞云发现儿子除了见到他就瞪眼，没发现儿子有其他什么变化。当儿子对他说：“我真讨厌你”时，洞云终于承受不住了。他急忙向培训班的老师请教，想知道问题出在哪儿。

听了洞云的叙述，老师笑着说：“所谓‘穷养’，并不是单单在物质上实行封锁，它更多的是指内在品质的培养……”

听着老师的阐述，洞云恍然大悟。

不得不说，洞云确实希望自己的孩子能够成材，尽管洞云认可了“穷养”的重要性，但是在具体实施时，洞云还是走了歪路了。

洞云对儿子的穷养，只是在物质上做文章，这远远是不够的。如果没有对儿子加以教育，那么物质上的封锁只会引起儿子的不满，而不能培养儿子艰苦奋斗的美好品质。

父母们在实行穷养政策的时候，一定也不能忘记对孩子的正面教育与历练，让“穷养”发挥真正的作用，让家里的小男孩成为真正有骨气、能担当的男子汉。

二、富养，不等于宠溺

女孩子要富养，当然不等同于物质上的“富”。跟男孩子的“穷”相对应，这里的“富”也是更多地指向孩子的眼界、精神世界。

秀秀，人如其名，长得斯文、秀气，而且还特别懂事。

当朋友小娜向自己请教育儿经时，秀秀的妈妈笑了。她说：“哪里有什么经好取？还不是靠着老祖宗的经验教训？”

小娜问：“这话怎么说？”

妈妈解释：“也就是‘穷养儿子富养女’，女孩子要富着养。‘从来富贵多淑女’，见识的好东西多了，孩子也就不会显得小家子气了。”

小娜啧啧称道，觉得秀秀的妈妈讲的话非常有道理。于是回到家后，小娜也跟着如法炮制一番：给女儿买最贵的芭比娃娃、高档时装，还带女儿进出西餐厅……

谁知道，小娜的“富养”不仅没有使女儿变成淑女，还使女儿变得骄纵、爱耍脾气。小娜百思不得其解，不得不再次登门向朋友请教。

很显然，小娜并没有真正领悟到“富养”的真正含义，而只是望文生义。女孩子要富养，不仅仅只是让她在物质上得到满足，而是要尽量地开拓她的眼界，使她的心胸变得开阔。

富养女孩，并不是让女孩子成为家里的“小公主”，尽情地骄纵她，而是要让她见识各种不同的事物，丰富她的内心和精神世界，是她以后能够抵制诱惑。

接受这样的教育，还能使女孩子拥有高贵的气质，不拜金，懂生活。但如果富养仅仅停留在物质上，那么反而会让女孩子变得拜金、爱攀比。

第四节　男孩女孩一样好

男女平等，这是已经被大多数人认同的理念了。但是，可能由于封建的传统思想，也可能由于自身偏好，很多父母并没有真正做到这一点：视孩子男女平等。

世世代代家住农村的显唯，是家里第一个进入城市发展的年轻人。以优异的成绩考上大学后，显唯本硕连读，毕业后就职于城里的一家国企，之后还在城里娶妻生子，从此算是在城里落了根了。

家里的老人非常希望显唯的孩子是个小男孩，因为家里没有男孩子的话，在乡里就挺不直腰杆儿。可是，显唯的第一个孩子晶玉出生后，令所有人大失所望：是个女孩。

虽然妻子觉得生男生女都一样，但是显唯心里还是觉得很失落，显唯做梦都想有个儿子。他觉得，女儿长大后都是要嫁人的，到头来自己只是在帮别人养孩子。

女儿三岁的时候，不小心碰到了显唯实验室里的试管，显唯马上就朝着女儿大吼：你给我出去，赔钱货！

女儿被吓呆了，妈妈急忙把女儿抱起来，瞪了丈夫一眼。

“妈妈，什么叫做‘赔钱货’呀？”晶玉天真地问。妈妈一时之间不知道怎么回答，只能说：“别理你爸爸，他乱说的。”

只是后来，显唯一次次“赔钱货”的吼声，深深地刻在了晶玉的心里。

显唯无疑是一个重男轻女的父亲，而且重男轻女的思想可以说已经深深地扎根显唯心中了。

显唯觉得女孩子始终要嫁到别人家去，是个“赔钱货”，而自己只不过是在帮别人养孩子，到头来一场空。实际上，这是非常典型的重男轻女的表现。

现实生活中，存在着不少像显唯这样的父母。他们受传统思想影响，觉得只有儿子才能传宗接代，女儿是个“讨债的”。这种想法很明显是错误的，带有非常浓重的性别歧视色彩。这对孩子是非常不公平的，同时也是非常不利于孩子成长的。

孩子已经诞生了，父母们就应该尽职尽责地培养孩子，而不是重男轻女。因为害怕老无所依而重男轻女，只会让家里的女孩子心生不平、甚至怨恨。到头来，这些重男轻女的父母们，可能真的就会老无所依了。

一、摆脱传统思想的束缚，让家庭更美好

即使你在成为父母之前，多么希望家里能添一个小男孩，即使孩子并不是你理想中的小男孩，但只要孩子诞生了，她就是上天的赐予，

是你的后代。作为父母，你必须抚养、教导她，而不是歧视她、甚至厌弃她。

女儿含含出生之后，鹏达像霜打的茄子一样——蔫了。

鹏达记得，那一天妻子做完B超检查之后，他还开心地呼朋唤友地连夜痛饮，因为医生告诉他，胎儿的性别是男性！

当他抱着女儿询问医生时，医生却告诉他："因为在做B超时，由于胎儿的小腿蜷曲着，所以导致了判断失误。"

鹏达真是欲哭无泪。

见丈夫整天闷闷不乐，妻子便提出一家人一起去散步。走到公园的时候，鹏达突然听见女儿在叫："爸——爸"。尽管听得并不真切，鹏达还是显得兴奋异常。

"这孩子！才多大呀就会叫爸爸了，都还没叫妈妈呢！我吃醋了，哼！你抱她吧！"看到丈夫兴奋的笑脸，妻子故意埋怨，并把儿女塞到丈夫怀里。

看着女儿可爱的笑脸，鹏达想：女儿也很好呀！不是说女儿是父母的贴心小棉袄吗？这样想着，鹏达轻轻地吻了一下女儿可爱的小脸颊……

既然小宝贝已经诞生了，那么父母们操心的应该是如何让孩子健康成长，如何把孩子培养成材，而不是为孩子的性别而郁郁寡欢。要知道，孩子的性别，在生命刚刚诞生时就已经注定了，是不能更改的。

因此，与其为了孩子的性别而让自己闷闷不乐，也让孩子遭受不公待遇，不如放开胸怀，接受你的孩子。

二、切勿按照心中所盼的性别对待孩子

可能很多父母在孩子未出生前，就想着以后要把孩子打扮得漂漂亮亮的，让孩子成为可爱的小公主或者帅气的小男孩。但是孩子出生后，如果父母们发现孩子的性别跟自己之前所期望的不一样，那么父母们可

能就会感到失落。

为了弥补自己没有完成的“梦想”，可能父母们还是会按照之前的设想来培养、打扮孩子，以求寻得心理安慰。而实际上，这种做法是非常不可取的。

怀孕后，丽彤一直对身边的人说：“我一定把我的女儿打扮得漂漂亮亮，让她穿上好看的裙子，给她买最可爱的发卡！”

如果有人笑着说：“那要万一是个男孩子呢？”丽彤就会马上回嘴：“不可能的，我的孩子一定是个可爱的小女孩，不是男孩子。”

丽彤如此渴望能诞下一个女孩儿，可是当孩子出生后，丽彤感到非常的失落。因为，她的孩子是个小男孩。

看着之前为孩子准备的一大堆可爱的衣物、玩具，丽彤不断地叹气。当丽彤发现儿子长相清秀时，丽彤心里又开始活跃了。原来，丽彤心想：虽然是小男孩，但是孩子还这么小，还是可以把他当成女孩子来打扮的，男孩子也漂漂亮亮的，多好呀！

于是，丽彤给儿子穿上裙子，还让儿子留起了长头发，帮儿子编小辫子、戴发卡……直到有一天，儿子蹲着小便时被丽彤看见了，丽彤才意识到：不能再把孩子打扮成女孩子的模样了。

丽彤由于特别想要一个女儿，因此在儿子出生后，丽彤仍然按照培养女孩儿的方式来培养儿子。直到他看到儿子像小女生一样蹲着小便，丽彤才意识到了事态不妙。

确实，三至六岁的儿童，开始有了性别意识，懂得分辨男女。可是，如果父母像丽彤那样，把男孩当成女孩培养，或者把女孩当成男孩培养，那么就很容易造成孩子的困惑：我到底是男是女？

在这种情况下，如果父母们仍然按照自己的方式来培养孩子，那么就很有可能导致孩子对性别的认识产生障碍。可想而知，这对孩子的成长和发展是非常不利的，甚至会导致孩子产生诸多的心理问题。

第十二章

让孩子接受“海外教育”

当你知道“老外”是怎样教育自己的孩子的吗？中国文化博大精深，中国的家庭教育也是历史悠久，但是把眼光放向海外，博采众长又有何不可？

对孩子的爱没有高低之分，教育孩子的方法也不分国界，取其精华，去其糟粕才是真谛。

第一节　国外的孩子很轻松

你知道吗？游戏是孩子的天性，是孩子最喜欢做的事情。通过游戏这件事情，孩子的大脑得到充分的刺激，心智得到飞跃式的发展。所有的智力因素和非智力因素培养，都能通过孩子的游戏来实现。

在加拿大，人们就充分地认识到了这一点。他们认为，小孩子的任务就是“玩”。即使他们对孩子的礼仪等都有着比较严格的规定，但是他们对小孩子玩游戏这件事情也毫不含糊。

这是一幅怎么样的景象？当乐尹到加拿大的幼儿园进行访问时，他看到是孩子们在教室里跑来跑去。

幼儿园的老师哪里去了呢？在角落里。原来，幼儿园的老师除了观察孩子之外，基本上不会干涉孩子的游戏，除非孩子的游戏已经开始含有危险的内容。

当乐尹问幼儿园的老师，孩子们上课时都学习一些什么知识时，老师微笑着告诉他：孩子现在就是在上课，他们的学习内容就是游戏，他们无时无刻不在学习。

乐尹觉得有些不可思议，甚至他以为老师正在跟他开玩笑。

坐在回国的飞机上，乐尹脑海中不断地出现两幅图画。一幅是加拿大幼儿园里，孩子们正在开心地游戏。而另一幅，则是中国孩子背着重重的书包、扛着画板到处参加培训班……

当乐尹也有了自己的孩子时，当他想要把孩子送进培训班时，他总是回想起那一次出国采访的经历。“那些学习游戏的孩子，并不比学习画画的孩子笨。”乐尹总是这样提醒自己。

在国外，游戏确实是儿童生活中必不可少的内容。在游戏中，孩子们尽情发挥自己的想象力，尽情发挥自己的创造力，孩子们的交际能力也会得到很大的培养、提高。

然而，中国父母似乎没有意识到这一些。他们觉得与其相信这些虚无缥缈的东西，还不如让孩子多学学画画、钢琴，多背几条公式、几首唐诗。

中国的孩子所承受的压力，远远要比国外许多孩子所承受的要多得多。他们的游戏时间被大大剥削，他们缺少充分的自由。一个令人震惊的现象是，虽然中国孩子考试成绩比国外的孩子高很多，但是中国孩子长大后的办事效率却整体低于国外的孩子。

不可否认，游戏确实能充分地挖掘孩子的潜能，促进孩子智力的发展。可能在短时间内你并不会发现游戏的效果，但这也正是游戏的魅力所在：它能让孩子在不知不觉中，快乐地到达成功。你的孩子会“玩”吗？

一、让游戏开发孩子的智力

作为父母，你支持孩子玩游戏吗？当我们把这个问题抛向中国父母时，很多人会回答“不”。这多少令人觉得沮丧，因为孩子最喜欢做的事情，竟然是父母们所不支持的。

究其原因，无非是父母们觉得“玩物丧志”、玩游戏没出息等。但是，游戏的主要功能不是让孩子获得知识，而是让孩子收获快乐、收获智力。知识与智力，这是相互关联而又有着明显区别的两样东西。

“妈妈，你看，这是我画的！”妈妈正和朋友小莉聊天时，儿子雄雄举着一幅画跑了过来。

还没等妈妈开口，小莉就惊叹道：“真厉害！雄雄，这是谁教你画的呀？画得真好！”

“雄雄自己的画的。阿姨，这个吃西瓜的人是我，这是爸爸在帮我玩拼图，这是妈妈。妈妈在切西瓜……”雄雄认真地指着画里的人，一一为小莉解释。

“雄雄，咱们家的小狗呢？你是不是画漏了呢？”妈妈提醒雄雄。

雄雄拍了一下手，说：“哦，对了！还有狗狗呢！我这就画上去！”说着，雄雄拿着画走开了。

“雄雄在哪儿上的美术班呀？画得真好呢！”小莉问。

妈妈笑着说：“哪里上过什么培训班？小孩子自己画着玩的呢，这孩子，就是喜欢玩。呵呵……”

看着雄雄认真的样子，小莉一下子不知道该说什么才好了。她不好意思告诉朋友：他的儿子已经上了将近一年的美术培训班。因为儿子绘画的东西，是老师好不容易才教会的一个红苹果。

小莉的儿子在美术培训班学习了将近一年，好不容易才学会了画一个红苹果。但是，雄雄没有接受过任何美术培训，却能把全家人的生活景象画出来，而且画得十分认真。这到底是为什么？

雄雄的妈妈告诉小莉：“小孩子自己画着玩呢，这孩子，就是喜欢玩。”妈妈的这句话，似乎解开了上面的疑问。因为雄雄把画画当成了一个好玩的游戏，所以雄雄可以非常积极、非常认真地画画。

当我们认真做一件事情时，我们就很有可能把这件事情做得很好。这也是为什么，雄雄画画能画得很棒。

二、让孩子在游戏中发展交际能力

孩子的游戏，总是需要很多人共同配合的。例如“老鹰捉小鸡”、“过家家”、“捉迷藏”，我们几乎没有发现任何一种一个人的游戏。这说明了什么？

在游戏过程中，孩子之间往往需要经过交流、约定，甚至当出现矛盾、纠纷时，孩子之间还要互相协调，直至达成一致协议。这个过程，其实不正是在培养、增强孩子的交际能力吗？

从幼儿园到中学，洛洛一直是班里的班长。邻居们经常对嘉豪说的话，无非是："你们家洛洛就是优秀，从小就是班长！""一直被老师们关注着，想不优秀都难！"

对于儿子洛洛的表现，嘉豪心里当然很满意，很骄傲。但是面对邻居们的夸赞，嘉豪少不了谦虚地说："哪里！洛洛就是会玩！"

确实，嘉豪本来也没想把儿子培养成"专业班长"，但是不知道为什么，洛洛在幼儿园里总是能跟小朋友们玩得很好，在小学、中学里也能跟同学们相处得很好，并让同学们都愿意接近他。

嘉豪最终得出了答案：洛洛的人际，都是"玩"出来的。洛洛从小就特别喜欢玩，但小朋友之间出现争纷时，游戏就不得不停止。为了继续游戏，洛洛总是第一个站出来调解。

洛洛的交际能力并不是天生就有的，而是"玩"出来的。在游戏中，洛洛大量的与小朋友们接触、交流，甚至尝试调解纠纷。这一切，无不是在培养、锻炼着洛洛的交际能力。

在孩子的成长过程中，父母们不应该视游戏为洪水猛兽，而要让孩子尽量地投入游戏，扩宽孩子的人际。要知道，孩子的朋友多半是通过游戏来结交的。一个孩子如果没有参加任何游戏，那么毫无疑问，他的朋友也将是少之又少的。

第二节　尊重孩子

虽然很多父母也想要做到尊重孩子，让孩子成为自立自强的人。但在生活中，中国父母们对孩子的尊重，远远比不上某些国外父母。

这其中，最典型的是瑞典。在尊重孩子这件事情上，再没有任何国家的父母，能做得比他们还要好、还要周到。

对于响文而言，能到瑞典来学习，这绝对是一次愉快的经历。虽然自己对家庭教育有一些认识，但是经过这次瑞典之旅之后，他彻底颠覆了自己之前的某些观念。

这一天，响文正在公园里看书，突然听到一阵哭声：是一个小男孩跌倒了。

响文看到，小男孩的妈妈跑过来。小男孩的妈妈让小男孩站起来后，自己却蹲了下来，对小男孩说："你是个懂事的孩子，你已经长大了，对吗？现在，你还会因为跌倒而哭泣吗？"

跌倒的小男孩看着妈妈的额头，想了想，愉快地捡起地上的球说："让我们继续玩足球吧！"

响文一直在想，为什么妈妈不把小男孩扶起来？既然后来小男孩自己站起来了，那妈妈为什么还要蹲下来呢？

后来，响文终于想明白了。让小男孩自己站起来，是尊重小男孩的能力，妈妈相信他能做得到。

而后来小男孩站起来了，妈妈却蹲下去了，这也是妈妈尊重小男孩的表现。妈妈想让小男孩知道：他已经长大了，他可以平视妈妈的眼睛，而非仰望妈妈，他跟妈妈一样是大人了。

要想教育好孩子，首先就要学会尊重孩子。家长不要总是居高临下，总是让孩子仰望着你，这样孩子会有压迫感、约束感。家长最好是弯下腰或蹲下身与孩子平等交流沟通。这不仅是表达情感的方法，更是尊重孩子的表现。而孩子最初受人尊重的感觉也是从父母那里获得的，这样的意识会随着孩子的成长逐渐加深，并且会在实际生活中体现在尊重别人的身上。

一、允许孩子挑战权威

"我不准你这样做！"

“你必须这样子！”

“你是我的孩子，你必须听我的！”

这些都是非常常见的命令式语气，中国家长经常用在孩子身上。

因为家长是大人，是一家之主，所以孩子就必须严格依照你的指令行事。那么孩子什么时候，才能拥有自己的想法和判断力呢？

或许，有的中国父母认为孩子根本不需要有自己的看法。

但在国外，教育孩子却完全不是这么一回事。

在美国，有一个人因为奥巴马而成为美国最牛的小学生。他就是美国佛罗里达州运河点小学5年级学生达蒙·威沃。

11岁的威沃是学校电视台的小记者。他不仅访问了不少美国名人，如美国前国务卿柯林·鲍威尔、副总统乔·拜登以及肯尼迪的女儿卡罗林、NBA球星韦德、电视著名脱口秀节目主持人奥普拉·温弗瑞。而让小威沃真正红遍美国的，还是他对美国总统奥巴马的访问。

小威沃的经历在我们中国简直是不可想象的。一个11岁的小屁孩儿，别说访问总统，连访问自己学校的校长几乎都不可能，甚至连访问自己的任课老师都不会被接受。

在美国的学校里，无论是小学还是大学，都要上讨论班。五六个或十几个学生与老师围坐在一起，各抒己见，老师只是起引导协调的作用。在这样的环境下，每个受教育者都成了教育者，每个学生不仅有学的义务，更有为课堂讨论作贡献的压力。

在这样的教育体制中，学生来源是多元化的，而不是以考分单一画线。因为不同背景的学生可以把自己在不同阶层、种族、文化中的经验带进课堂，社会各个集团的思想在这里交锋、整合。

这样的学校，说到底是一种允许孩子挑战权威的文化精神。美国的孩子从小就受之熏染。

先给大家看一下一道作文题目——《中国的昨天和今天》。大家猜猜这是美国几年级学生的作文题。

这种题目在我们中国会是什么级别的题目呢？大学生？研究生？博

士生？还是需要一个由博士生导师带领的课题小组来做？

而在美国，这只是一个小学四年级学生的一道普通的作文题！我们来看看美国的小学生如何写这篇文章。

先说明一下，这是一个华裔美国小学生马克的作文题目：介绍自己祖先生活的国度，要求概括自己这个国家的历史、地理、文化，分析它与美国的不同，说明自己的看法。

那么这个华裔小学生怎么做呢？当然，他首先得询问自己的父母；其次，他需要在互联网上查阅资料；最后，他需要把这些资料根据需要，组织成一篇文章。

一般情况下，像这种性质的作文题，美国学生会写成一本二十多页的小册子。而这位华裔小学生也不例外，从九曲黄河到象形文字，从丝绸之路到五星红旗，洋洋洒洒，绝对超出了我们中国学生的想象。

我们再来看看美国小学生的另外一道作文题：《我怎么看人类文化》。

同样的，这也是一道美国四年级小学生的作文题，大家有什么看法呢？你是不是觉得，让一个四年级的小学生去做这么大的题目，真是不知道天高地厚。

那么美国小学生怎么做这道作文题呢？

幸运的是，一位华裔母亲记录下来了她陪儿子凯文一块儿做这道题目的过程。

凯文真诚地问她："饺子是文化吗？"

"当然是。"这位母亲回答。

接下来，这位母亲和儿子一起查阅权威的工具书。费了一番气力，他们终于完成了从抽象到具体又从具体到抽象地反复折腾。儿子又是几个晚上坐在计算机前煞有介事地做文章。

同样的，这篇文章又是十几页的"论文"，图文并茂，而且还必须分章节。最重要的是，学生的每篇作文后面必须注明参考书目。这一点是最重要的，美国的学生从小就被灌输这种思想：你写的文章必须是你自己的，如果有引用，一定要注明出处，否则就是剽窃。

为了完成这个作业，母亲和凯文需要一起查阅权威的工具书，那么他们到哪里去查呢？

很显然，互联网是第一选择，资源又多，又方便。然而，美国学生查阅资料的途径远远不止这些。美国数量庞大的图书馆可以说是一座储量及其丰富的“知识金矿”。无论是学生、老师、公司职员，还是卖鸡蛋的、卖水果的、修汽车的，只要有需要，他们都可以到附近的图书馆查阅资料。此外，美国的图书馆大多数不需要借阅证，你只要有自己的社会保险号（相当于我们中国的身份证号）就可以了。

说到这里，我们还可以列举一些美国学生的作业给大家看看：《你怎么看待第二次世界大战》、《你觉得希特勒是坏人吗》、《你觉得为什么美国会超过英国》……

这些题目，在我们中国家长眼里，孩子简直没有资格就这些问题发表言论。为什么呢？因为我们的课本里已经都写出标准答案了。然而，美国的老师并不需要这种答案，他们需要的是学生自己的看法，他们给孩子挑战权威的权利，因为一个人一定要敢于挑战权威，才能有自己的观点、自己的思想。

二、尊重孩子的选择和尝试

中国父母普遍认为：“因为我是你的父母，因此你必须听我的。”很少有父母真的与孩子平起平坐，孩子帮忙做事也是天经地义的事。但是在西方，父母让孩子帮忙做事，总会对孩子说“谢谢”。

当父母带孩子去参加活动时，中国的父母习惯于让孩子自己去玩。当大人们在谈话时，孩子不允许插嘴，中国的父母会对他们的孩子说：“大人谈事，你一个小孩子插什么嘴。”可是在西方，你会经常看到小孩们夹在大人堆里，时常问大人一些十分可笑的问题，他们的父母非但没有呵斥他们，反而耐心地为他们做解答。孩子与父母们谈话没有一点孰长孰幼的概念。

中国父母常常教训孩子这个不行，那个不许，认为“没有规矩不成方圆”，而西方的父母习惯于放纵孩子，让他们自己去寻找自己的兴趣，而且还常常鼓励孩子去做他们认为是对的事。在美国，父母经常在餐桌前对小孩说："你没有试过，怎么知道不行呢？"的确，没有试过，怎么知道不行。

下面这篇文章，是一位美籍华人对孩子在美国学校中俱乐部活动的记述。

自从今年秋天我儿子上了中学后，各种俱乐部的活动，就占据了他很多的课余时间。亚裔俱乐部就是他最喜欢的一个。

我问他："你们同学喜欢亚洲哪个国家的文化？"

他说："日本。"

我问："为什么啊，难道他们不喜欢中国？"

儿子说："其实大伙对中国知道的不多。"

"那他们总该知道长城、故宫啊。"

儿子答："爸。大伙喜欢活的文化。谁会天天去看长城、故宫。可是，我们天天想看日本卡通。你看，美国电视天天放日本卡通，小孩子都喜欢。"

他说的是实情，只要有点空闲时间，一打开电视，他就想看日本卡通。不但他这样，他妹妹也是如此。平时上学，早上都得喊他们起床。可一到了星期六早上，本来是睡懒觉的时候，但是，不用我喊，一到7点半，他们俩就自动起来，下楼，开电视，音量调小，安安静静地看日本卡通，眼睛看得都发直了。

到图书馆借书，只要有流行的这类日本卡通录像带，他们都借，看了一遍又一遍。在书店中，日本卡通的漫画，摆满了好几个书架，一些青少年站在前面，一本接一本地翻。

就连画画，他们画的也是日式卡通，大大的眼睛，瓜子脸，小嘴。上次回国乘飞机，兄妹两人都带了纸和笔，在飞机上看电影看累了，就画画，画日本卡通人物。

他们亚裔俱乐部组织了许多活动，比如，参观日本在美国的商场，去吃韩国饭。最近，他们准备放亚裔影片，俱乐部的成员各自提名，我儿子提名《卧虎藏龙》。上个星期，俱乐部的几个头头看了十来分钟后决定，就看《卧虎藏龙》了。

我儿子说，他本来想提名《英雄》，可怕大伙看不懂。其实最好玩的是那个什么血案啦。啊，《一个馒头的血案》。对，就是它，可惜没有英文的，要不，一看它，大伙肯定得乐死。”

这个俱乐部的主席是韩裔，正上高四，他曾经去中国学中文，到广州，住在一个富人家。他说，他住的那家房东领他去吃好东西——猴头、蛇，把他吓坏了。我儿子告诉他，那是贵的东西，他把你当成重要客人了，请你吃好吃的。韩裔说，后来他明白了，但还是不敢吃这些东西。

很显然，在亚裔俱乐部里，孩子们自己决定看什么电影、去哪个地方体会亚洲文化，学生们的活动积极性自然很高。不仅美国的学校如此，在英国，学校也给学生很大的空间来选择自己感兴趣的课程和活动。刘女士的丈夫去英国进修一年，带着13岁的女儿随往陪读。在英国生活一年的时间虽不算长，但她却感受多多：

英格兰的中学，很多科目都可自由选修，家庭作业也多半要学生到图书馆找资料写报告，“社会学研究”一科还要做社区服务培养爱心，为将来顺利融入社会打基础。英语课要求活学活用，老师常带她们到超市去读商品，去邮局实地演练。

英国人喜爱戏剧，所以每周都有一堂戏剧课，而且有些教学活动也以戏剧的形式进行。英国中学有许多兴趣小组，任由学生选择。女儿喜欢音乐，在老师的力邀下参加了本地中学生组成的中学乐团。这个乐团是受本地农民捐助，交换条件是乐团成员帮他们捡垃圾。女儿所在的中学筹资修缮音乐教室，举办学生“跳蚤市场”，动员学生将自己的旧书、旧玩具、旧制服等拿来卖，卖的钱和门票钱便是修缮经费。

女儿所在的班每天都有人缺课，大抵是陪父母去度假。这在中国是不可想象的，但英国校方却鼓励家长多带孩子见世面，仅要求一定得办请假手续，以免孩子钻空子旷课发生不测。英国的老师并不以诱导学生读书为己责，认为那是家长与孩子去沟通的问题。然而他们却很重视对学生进行“山野教育”，让学生经受磨炼，训练学生的体能、冒险精神和生存能力。

英国学校都是九点钟才上课，所以从未出现中国中学生的常见景观。在一篇中国中学生的作文里曾经这样记述：“大清早，家中就传出一阵杀猪似的惨叫，‘哇！妈，你干吗不叫我？还有15分就上课，我死定了！’说完，我就以百米冲刺的速度向学校奔去。”

第三节　你是孩子的好朋友吗？

在中国，很多父母极力地想在孩子面前保持自己的威严，生怕稍不注意，孩子就会“没大没小”。然而，国外的父母们，他们的做法却不是这样。甚至，他们希望孩子不要觉得父母是难以亲近的，他们渴望与孩子成为好朋友。

当然，并不是说中国父母们的这种做法是错误的。确实，在教育孩子时，我们需要一定的威慑力，但是，在日常生活中，在平时的相处中，我们是不是应该适当地放下父母的架子，与孩子共同成长，成为孩子的好伙伴呢？

振斌是一个非常乖巧、优秀的小男孩，不仅成绩在班上名列前茅，而且还乐于助人。

每次召开家长会时，老师总是会表扬振斌的爸爸妈妈，赞扬他们教子有方。邻居们见到振斌的爸爸妈妈时，也会竖起大拇指，说振斌又考了第几名了，或者振斌又做了什么好事了。

虽然如此，但是爸爸妈妈暗地里却在苦笑：振斌这么优秀当然是好事，可是振斌这孩子跟爸爸妈妈一点儿也不亲近呀！

原来，在家里振斌从来没有对爸爸妈妈表示亲近的动作和语言。放学回家后，振斌躲进房间里后，基本上就不会再走出来了。

爸爸妈妈知道，这是因为从小振斌就受到他们严厉的管教，所以才会不敢亲近他们。现在振斌已经长大了，成为一个懂事的孩子了，爸爸妈妈想跟振斌亲近一些，却不知道该怎么做了。

在振斌还小的时候，爸爸妈妈出于管教的目的，对振斌的态度自然严厉了一些。

虽然，爸爸妈妈的严厉管教，确实起着很大的作用，促使振斌朝着良好的方向发展。但是，由于爸爸妈妈没有及时地转型，所以等到振斌长大后，爸爸妈妈想跟振斌亲近一些时，却也不知道该怎么做了。

父母管教孩子，可能确实离不开威严。但是，若只靠威严来震慑孩子，这也是不可取的。

因为总有一天孩子会长大，当孩子羽翼渐丰时，或许孩子还是会听从你的教导，但孩子却难以与你亲近了。也或许孩子会开始反抗，并且拒绝听到你的任何教导，这时候就更别提孩子会与你亲近了。

一、向孩子发出友好的信号，与孩子成为朋友

在对孩子进行严厉的教导之后，你是如何面对孩子的呢？很多父母为了让震慑作用持续的时间长一些，可能会板着面孔面对孩子。但实际上，父母们的这个做法是弊大于利的。

孩子在受到训导之后，他的心里是非常难受的，是需要你的安慰的。可是这个时候，你不但没有给予孩子安慰，反而继续板着面孔对待他，一副余怒未消的样子。这样的你，让孩子怎么亲近呢？

余余踢足球的时候，不小心把球踢到了窗户上，砸碎了窗户上的玻璃。

正在厨房里忙活的妈妈听到响声之后，急忙跑了出来。看到满地碎片后，妈妈马上就明白了这是怎么一回事。妈妈一开口，就是一连串的教训：“我跟你说过多少次了？踢足球不要在客厅里踢，要踢就到小区外面踢去！你是听不懂呢，还是故意跟妈妈对着干……”

妈妈训了将近15分钟之后，才渐渐安静下来。看到余余低着头，满脸都是犯了错的神色，妈妈突然发觉：自己是不是教训得太过火了？

妈妈向余余招手："余余，过妈妈这里来。"

余余看了看妈妈，摇了摇头说："妈妈，余余再也不敢在客厅里踢球了，真的……"

妈妈连忙说："余余，妈妈刚才也有不对的地方，妈妈太激动了……我们一起到外面玩球，好不好？让妈妈当守门员，余余负责射门。"

打破窗户之后，余余受到了妈妈的教训。如果妈妈只是一味地教训余余，那么或许余余以后会安分守已一些，可是余余跟妈妈之间的距离也会随之变得越来越远。

妈妈在对余余进行教育之后，并没有就此撇开，而是对余余进行了安慰，还提出要与余余一起到户外玩球。妈妈这样做，不仅能拉近母子之间的距离，也能使余余对这次教训的印象更加深刻，不再轻易犯同样的错误。

父母们在教导孩子之后，一定要让孩子明白：你只是针对这件事情发表看法，你还是很喜欢他。

二、深入孩子的世界，才能成为孩子真正的朋友

你是孩子的好伙伴吗？孩子的世界，你了解了多少？我们知道，朋友之间是平等的，那么你与孩子之间是否也是平等的呢？

实际上，父母们只有跟孩子站在同一线上，而不是站在高处俯视孩子，才能真正地进入孩子的世界，成为孩子的朋友。

妈妈正在厨房包饺子，佳佳哭着跑进来了。

"妈妈，小馨说她再也不跟我玩了……"佳佳说。

原来两个小孩子又发生矛盾了。小馨是邻居家五岁的小女孩，平时总跟佳佳玩在一起，只是时不时地两个人会闹一点儿矛盾。

妈妈没有停下手里的活儿，只是扭过头对佳佳说："佳佳乖，妈妈正在包饺子呢！别哭了，等一下就有饺子吃了。"

佳佳抱着妈妈的大腿不撒手，说："妈妈，佳佳不要饺子，小馨她不跟我玩了。"

妈妈突然想到，自己正在做一件蠢事：答非所问。

于是妈妈停下手中的活儿，弯下腰对佳佳说："小馨这样说，你一定很难过，对吗？因为你希望跟小馨成为好朋友，可是你惹她生气了。"

佳佳点点头，停止了哭泣。

妈妈接着说："那你现在帮妈妈把冰箱里的饺子皮拿过来，等妈妈把饺子做好了，你把饺子分给小馨一些，然后向她道歉。妈妈觉得，小馨一定会原谅你，跟你成为好朋友的！"

"好！我现在就去拿饺子皮。"说着，佳佳快乐地跑向冰箱。

佳佳刚开始对妈妈说，小馨再也不跟他玩了时，妈妈觉得这只是一件小事，小孩子之间的小矛盾。于是妈妈没有停下手里的活儿，而是答非所问地说："妈妈正在包饺子"、"等一下就有饺子吃了"。

或许在妈妈看来，"小馨不跟佳佳玩了"这只是一件小事，不值得大惊小怪。但妈妈开始没有意识到，对于佳佳而言这并不是一件小事：佳佳失去了一个要好的朋友。

幸而后来妈妈及时认识到自己的错误，站在佳佳的角度上为佳佳着想，体会佳佳失去朋友的难过之情，并为佳佳提供了挽回朋友的好主意。

父母们如果想成为孩子的好朋友，就应该深入孩子的内心，感受孩子的感受。而不是站在大人的高度，俯视孩子的感受，并对此不屑一顾。

第四节 对孩子的恶作剧应作分析

面对孩子的恶作剧，许多父母感到无奈、厌烦，甚至愤怒。因为孩子的恶作剧，总会给父母们带来或多或少的麻烦、损失。只是，父母不妨回想一下孩子的恶作剧，想一想孩子为什么要这样做？是因为好玩、有趣吗？孩子制造的恶作剧，你能想得到、做得到吗？

当你把上面这几个问题解开后，你会发现，孩子的恶作剧或许是情有可原的。而且，每一个恶作剧，要依照孩子最初的设想，产生某种效果，这也是孩子通过大量努力才能实现的。可以说，每一个恶作剧，都是孩子的心血、智慧的结晶。

在美国，不会恶作剧的小孩往往会令父母和老师们感到担心，他们害怕孩子是否遭遇了什么不开心的事情，或者遭受了一些打击。在这个提倡自由的国度，孩子们自由自在地翱翔在创意的天空，为他们的人生增添了丰富的色彩。

这一天，妈妈正打算带艾克出外游玩。

当妈妈走近艾克时，妈妈发现艾克迅速从桌子上撤走什么东西，然后露出神秘而得意的笑容。

"艾克，你在做一些什么有趣的事情呢？妈妈看到你快乐的笑容了。"妈妈笑着对艾克说。

艾克扬起头，对妈妈说："我很乐意和你分享我的快乐，你看……"

说着，艾克把手里的东西展示在妈妈面前：是一截小金鱼的尾巴。

妈妈看着艾克，问他为什么要这样伤害小金鱼。艾克这才意识到，妈妈可能并不喜欢自己现在正在做的事情。艾克对妈妈说："我并不想伤害金鱼，只是书上说小金鱼是靠尾巴来游泳的，我想看看这到底是不是真的……小金鱼不能像壁虎一样，再长一条尾巴吗？"

妈妈蹲下身子，询问艾克有没有什么新的发现，然后认真地告诉艾克：小金鱼跟壁虎是不一样的，不能自己再长出完好的尾巴了。妈妈还告诉了艾克壁虎能长出新尾巴的原因。

之后，艾克写了一篇名为“儿童新发现”的文章，投到了报社，并被报社登载。

这是发生在国外的一个真实事例。当发现艾克的“恶作剧”之后，妈妈并没有大发脾气，而是耐心地对他进行了知识和道德教育。

如果你的孩子也跟艾克做了同一件事情呢？你会如何处理？不可否认，许多父母在发现孩子的恶作剧之后，往往会失去耐心，对孩子大吼大叫，甚至责打。他们认为，孩子的恶作剧就是给他们添麻烦。

并不是每一个孩子的恶作剧都是出于恶意的，有时候是出于好奇，有时候则是出于被忽视的不满。发现孩子的恶作剧，父母们应该先弄明白原因，然后对症下药。

一、成功制造恶作剧，孩子不容易

现在，让我们进行一个过程展示，看看一个恶作剧是如何产生的：

孩子经过大量的设想，确定了恶作剧所要达到的目的。然后，根据这个目的，孩子需要使用发散思维，搜集所有关于恶作剧的材料。接着，孩子要把它搜集到的信息进行整合，并动手把可以利用的材料组合起来。最后，孩子完成了恶作剧的整个制作过程。

现在，你觉得孩子制作一个恶作剧容易吗？

当妈妈找到立颖的时候，立颖正和邻居们的孩子蹲在一起，不知道在说一些什么悄悄话。看到有大人走近，原本聚精会神的孩子们，一下子全都散开了。

妈妈觉得很诧异：孩子们这是怎么了？

当妈妈询问立颖时，立颖神秘地说：“不用问了，明天你就知道啦！”妈妈以为这又是孩子们在故作神秘，于是也没有多加理会了。

第二天傍晚，当妈妈像往常一样准备晚饭时，突然听到邻居惊叫一声，妈妈赶紧出门一看，发现邻居的院子里用来浇花的水管在自行喷水，而邻居家的阿姨则被淋了一身的水。

妈妈这才明白，原来这就是孩子们昨天的“神秘计划……”

要制造一个这么大型而逼真的恶作剧，孩子们肯定是花费了不少心血的。可以看到，在制造这个恶作剧的时候，孩子们前所未有的团结、聚精会神，甚至相互安排、计划、协调、布置……

这一切，都是在保密的情况下进行的，孩子们尽管兴奋却都守口如瓶。这样的恶作剧，即使是成人都不一定能做得到。

每一个恶作剧，都包含着孩子的想象力、创造力和动手能力，甚至还有协调能力。虽然我们不鼓励孩子进行恶作剧，但是当孩子的恶作剧并没有造成什么损失时，我们何不用一颗宽容的心来对待，与孩子共享欢乐？

二、醉翁之意不在恶作剧

事实上，有许多孩子并不是一心总想着要制造恶作剧的，因为恶作剧所带给他们的，很可能是父母的训斥、责打。既然如此，那孩子们为什么总是要炮制这么多令人头疼的恶作剧呢？

在家里，松君总是喜欢把一些常用的东西藏起来，让爸爸妈妈想用时却怎么也找不着。

别看松君人小，鬼主意可真不少，凡是他藏起来的东西，爸爸妈妈很少能找得到。而且，虽然爸爸妈妈不止一次地恐吓松君“不许再藏了”，但松君却不会被这些恐吓吓倒，依然故我。

当松君喜欢藏东西的毛病越来越严重时，爸爸妈妈简直无法忍受了，他们带着松君，敲开了心理咨询师的门。

后来，心理咨询师告诉爸爸妈妈，松君并不是有意要给他们添麻烦，而是松君觉得只要他把东西藏起来了，那么爸爸妈妈就一定会找他协商，请求他把东西交出来。

原来，爸爸妈妈都是生意人，平时根本顾不上跟松君多交流，更不会关心松君在做些什么。家里又没有其他人可以陪松君玩，松君只好跟爸爸妈妈玩起“捉迷藏”的游戏了。

把东西藏起来，并且不能轻易地让爸爸妈妈找到，这可真是一门脑力兼技术活。虽然松君只是个小孩子，但是为了引起爸爸妈妈的注意，他不得不想出了“藏东西”这个办法。

不要说小孩子，即使是大人，又有谁能有这样的耐心与智慧呢？而这一切，都是松君“被迫的”恶作剧。如果爸爸妈妈平时对松君多一些关注，那么松君也就犯不着费尽心机地寻找藏东西的好地点了。

有时孩子恶作剧并不是都出于游戏、好奇的心理，父母们在发现孩子喜欢恶作剧时，一定要认真检视自己，看看是不是自己平时没有给予孩子一定的关注，是不是孩子心里产生了被忽视的不满。